RENCONTRES
474

Série *Histoire religieuse*
2

Prêcher dans les espaces lotharingiens

Cet ouvrage paraît dans le cadre du projet de l'ANR « Chrétientés lotharingiennes – Dorsale catholique, IXe-XVIIIe *siècles » (LODOCAT) coordonné par Frédéric Meyer puis Christine Barralis.*

Ouvrage publié avec le soutien de l'université de Lorraine

Prêcher dans les espaces lotharingiens

XIIIe-XIXe siècles

Sous la direction de Stefano Simiz

PARIS
CLASSIQUES GARNIER
2020

Stefano Simiz est professeur d'histoire moderne à l'université de Lorraine et directeur du Centre de recherche universitaire lorrain d'histoire. Ses travaux portent sur l'histoire de la religion, de la pastorale et des dévotions urbaines en France de l'Est sous l'Ancien Régime. Il a notamment publié *Prédication et prédicateurs en ville, XVI*[e]*-XVIII*[e] *siècles*.

ISBN 978-2-406-08975-9 (livre broché)
ISBN 978-2-406-08976-6 (livre relié)
ISSN 2103-5636

INTRODUCTIONS

L'introduction à la publication des actes d'une rencontre scientifique est un exercice singulier car relevant de deux logiques séparées dans le temps. Texte de circonstance, il justifie en ouverture l'argumentaire du colloque, annonce les pistes retenues pour traiter du sujet, les inscrit dans une filiation historiographique et méthodologique, actualisant au passage les connaissances accumulées, enfin il déroule le programme et soulève une quantité non négligeable de points d'interrogation ; le rendez-vous qui débute (colloque) a naturellement pour mission sinon d'en effacer le plus possible – ce serait prétentieux et discutable –, du moins de renouveler perceptions et compréhensions des phénomènes et des situations observées à la loupe. Repris par la même personne quinze mois plus tard, le texte acquiert une toute autre dimension. Sans enlever les questions d'hier, il ne peut néanmoins se contenter de les répéter comme si la connaissance n'avait encore été ni exposée ni approfondie. Aussi, bon nombre de remarques à lire juste après sont-elles guidées par l'écoute faite des communications, leur lente maturation au gré des relectures de contributions qui sont d'ailleurs elles-mêmes nécessairement transformées à l'occasion de leur mise par écrit. Pour autant, le commentaire qui suit n'a pas pour objectif de se substituer aux conclusions librement énoncées à la fin de ce volume par Frédéric Meyer, spécialiste des réalités religieuses et politiques des frontières, grand témoin des deux journées des 16 et 17 juin 2016. C'est ainsi que les lignes à venir possèdent un inévitable côté hybride, oscillant entre un avant et un après, ce d'autant plus que certaines prises de parole n'ont hélas pu être publiées alors que des textes inédits s'y sont depuis ajoutés.

LA PRÉDICATION ET LES HISTORIENS

Si la rhétorique de façon générale et les sermons en particulier sont des domaines d'études très classiques et anciens, notamment de la part de nos collègues littéraires très attentifs aux textes[1], la prédication intéresse désormais beaucoup les historiens du religieux, du culturel et du politique. À preuve, les travaux qui ne cessent de s'accumuler pour la période allant du Moyen Âge au XIXe siècle, du Sud au Nord de l'Europe, à propos des christianismes bien sûr[2] mais pas au détriment des autres religions instituées (le judaïsme médiéval, moderne et contemporain ; l'Islam contemporain). Grâce à cet élargissement dans de multiples directions – temporelle, spatiale, confessionnelle, communautaire – l'intérêt est progressivement passé du texte au contexte, du contenu des discours

1 Aux classiques Fumaroli, Marc, *L'Âge de l'éloquence : rhétorique et « res literaria » de la Renaissance au seuil de l'époque classique*, Droz, 1980 ; rééd. Albin Michel, 1994 et Zoberman, Pierre, *Les cérémonies de la parole : l'éloquence d'apparat en France dans le dernier quart du XVIIe siècle*, Paris, H. Champion, 1998, s'ajoutent de nombreuses publications, en particulier Régent-Susini, Anne, *L'Éloquence de la chaire*, Paris, Seuil, 2009; Meli, Cinthia (dir.), *L'Éloquence de la chaire entre écriture et oralité*, Paris, Champion, 2018.

2 Il ne peut être question de dresser ici une bibliographie exhaustive, mais simplement de rappeler quelques études pionnières auxquelles s'ajoutent des travaux récents, le tout limité aux espaces de la dorsale ou proche d'elle : Martin, Hervé, *Le métier de prédicateur à la fin du Moyen Âge, 1530-1520*, Paris, Cerf, 1988 ; Bériou, Nicole, *L'avènement des maîtres de la parole. La prédication à Paris au XIIIe siècle*, Paris, Études augustiniennes, 1998 ; Arnold, Matthieu (dir.), *Annoncer l'évangile (XVe-XVIIe siècles). Permanences et mutations de la prédication*, Paris, Cerf, 2006 ; Boutry, Philippe (dir.), *Prédication et prédicateurs, XIXe-XXe siècles*, dans *Revue des sciences religieuses*, LXXVIII, 2004/3 ; Muzzarelli, Maria-Giuseppina, *Pescatori di uomini. Predicatori e piazze alla fine del Medioevo*, Bologna, Il Mulino, 2005 ; Gaffuri, Laura et Quinto, Riccardo (dir.), *Preaching and society in the Middle Ages : Ethics, Values, and Social Behaviour / Predicazione e società nel Medioevo : riflessione etica, valori e modelli di comportamento*, Padova 2002 ; Dovere, Ugo et Martina, Giacomo (dir.), *La predicazione in Italia dopo il Concilio di Trento*, actes du colloque de 1994, Rome, Dehoniane, 1996 ; Brian, Isabelle, *Prêcher à Paris sous l'Ancien Régime, XVIIe-XVIIIe siècles*, Paris, Classiques Garnier, 2014 ; Borello, Céline, *Du Désert au Royaume : parole publique et écriture protestante (1765-1788), Édition critique du Vieux Cévenol et de sermons de Rabaut Saint-Étienne*, Paris, H. Champion, collection « La vie des Huguenots » n° 65, 2013 et (dir.) ; Chevalier, Françoise, *Prêcher sous l'édit de Nantes. La prédication réformée au XVIIe siècle en France*, Paris, Labor et Fides, « Histoire et sociétés », 1994 ; Simiz, Stefano (dir.), *Prédication en ville, XVIe-XXe siècles*, dans *Histoire Urbaine*, 2002/34 et *Prédication et prédicateurs en ville, XVIe-XVIIIe siècles*, Villeneuve d'Ascq, P.U. du Septentrion, 2015 ; Gomis, Stéphane (dir.), *Les évêques des Lumières : administrateurs, pasteurs et prédicateurs*, Clermont-Ferrand, PUBP, 2015.

aux conditions très variées dans lesquelles il est composé, prononcé et, parfois, pérennisé sous une forme écrite grâce au phénomène répandu – et recherché – de l'édition des meilleurs sermons ou des meilleurs orateurs sacrés. À dire vrai, la différence entre les multiples spécialistes de la prédication n'est pas si forte que cela, les collaborations existent et sont vraiment fructueuses[3] ; pour autant l'investissement des historiens, jamais aussi grand par le passé, a modelé et facilité de nouvelles approches. Les résultats auxquels ces diverses recherches aboutissent ont permis de démontrer qu'une véritable institutionnalisation se mettait en place depuis la fin du Moyen Âge, rendue possible par des moyens humains, financiers et matériels toujours plus importants. Ils sont le fruit de l'heureuse conjonction de la volonté des autorités religieuses et politiques (états et plus encore municipalités), et de l'attente des fidèles auditeurs. De telle sorte que dans les sociétés anciennes fortement marquées par les pratiques d'une rhétorique de conviction, par l'affrontement verbal et un crédit intact conservé à l'oralité jusqu'aux portes du XXe siècle, personne ne demeure en marge d'une réalité vraiment incontournable. L'impression dominante est celle d'une progressive saturation de l'espace et des calendriers. Le prix à payer de ce succès est évidemment un contrôle accru des prises de parole, soumises à des autorisations préalables. Si cela est jugé nécessaire, elles sont au besoin censurées ou poursuivies, et leurs auteurs écartés des chaires. Enfin, comme la prédication publique est soumise à un régime d'autorisation préalable, toute parole librement assumée comme tout prêcheur auto-proclamé, s'exprimant au nom d'un charisme personnel ou prophétique en temps de crise et de lutte, font l'objet d'une sévère vigilance.

Ainsi, une première approche de la réalité prêchée invite à se concentrer sur celui qui a la charge de s'exprimer. Or, la figure du prédicateur, très familière, est absolument centrale dans le dispositif. Quels que soient les lieux et quelles que soient les églises ou confessions envisagées ce médiateur et instructeur est partout présent. Aucun dénombrement d'époque ne rend vraiment compte de cela, ce qui est bien problématique pour l'historien désireux de repérer les mouvements et de quantifier les acteurs. Bien sûr, chaque ville, chaque ordre ou consistoire, chaque

---

3 Simiz, Stefano (dir.), *La parole publique en ville. Des Réformes à la Révolution*, Villeneuve d'Ascq, P.U. du Septentrion, 2012 et Borello, Céline, *Argumenter. Rhétorique sacrée et éloquence profane – XVIe-XVIIIe s.*, dans *Histoire, monde et cultures religieuses*, 2015/3.

sanctuaire tient des listes sur lesquelles on couche avec plus ou moins de rigueur les noms des orateurs, qu'ils soient des hommes renommés ou simplement des gloires locales. La publication à Paris dès le milieu du XVIIe siècle des noms retenus pour donner les grands cycles (stations), sorte de guide des « spectacles », reste un document sans vraiment d'équivalent ailleurs, notamment sur les zones de frontière. Il n'est donc guère possible de rendre compte de l'ensemble des prédicateurs officiellement en action dans l'Europe occidentale de ces périodes et, pour s'inspirer d'une expression utilisée par Robert Darnton à propos des petits écrivains des Lumières[4], combien de « Bourdaloue des ruisseaux » échappent encore et toujours à l'œil pourtant averti du chercheur ! *In fine*, les plus célèbres aujourd'hui restent ceux qui ont traversé les siècles grâce à la publication de leurs discours et instructions. Dès lors on les imite, on les copie voire on les plagie tant la nécessité et la soif de beaux discours, adaptés aux publics, est grande. En France, ils sont honorés par le *Dictionnaire portatif des prédicateurs françois, dont les sermons, prônes, homélies, panégyriques et oraisons funèbres sont imprimés*[5]. La préface dit « [qu']il seroit bien surprenant que dans un siècle ou il paroit tous les jours un nouveau dictionnaire [qu']on laissoit dans l'oubli les prédicateurs évangéliques et leurs ouvrages », car la période est un temps fort de la prédication et nous rappelle « les siècles des Démosthènes et des Cicérons ». Rien n'est plus juste tant « les prédicateurs sont les organes de cette voix forte qui brise les cèdres, qui ébranle les déserts, qui retient la mer dans ses bornes… ». Pour en prendre une mesure partielle mais significative, les noms sont égrainés par ordre alphabétique, puis, dans une seconde partie, on livre les titres utiles car il faut bien préparer ses propres discours. Une source si précieuse permet-elle de cerner groupes ou individus à l'œuvre sur l'axe lotharingien ? Bénédictin actif au début du XVIIe siècle, le messin André Valladier a droit à sa notice, laquelle précise « qu'il passoit en son tems pour un des meilleurs orateurs », très demandé hors de sa cité, à la Cour et dans différentes villes. Suit une remarque sur le passage des ans – « il faut cependant convenir que le goût de ce tems-là étoit bien différent de celui de notre siècle[6] » –, en

4 Robert Darnton parle des « Rousseaux des ruisseaux » dans *Bohême littéraire et Révolution. Le monde des livres*, Paris, Gallimard, 1983.

5 Imprimé à Lyon en 1757, Préface, page I.

6 *Ibid.*, p. 267-268.

revanche aucune attention particulière n'est portée à son activité frontalière, pourtant effectuée au cœur d'un territoire urbain de coexistence et d'affirmation, le long de la dorsale.

La place prise par le prédicateur dans la pastorale est tellement considérable, qu'on a même suggéré qu'il puisse être un authentique « professionnel » exerçant un métier, ce dès la fin du Moyen Âge[7]. L'affirmation interpelle non sans raisons, elle reste toutefois à vérifier car il faut se demander si son activité relève vraiment d'une carrière complète et monovalente, celle d'un spécialiste, ou si l'art de prêcher est le travail d'un moment, une étape dans un cursus. La question posée au moins à l'ensemble des confessions chrétiennes reste ici secondaire, en revanche l'impact supposé ou réel des discours tenus non, et pas seulement pour des questions de style. En effet, n'oublions pas que la prédication n'est pas tournée sur elle-même mais intègre un horizon d'attente composé d'un public, d'abord auditoire puis, éventuellement, lectorat. Son auteur est-il entendu et forcément convaincant ? On dit souvent dès le XVIIe siècle que le prêcheur en chaire a la partie facile car il ne souffre aucune contradiction, au contraire de l'avocat plaidant ou de l'homme politique haranguant à la tribune. Dans cette guerre des arts oratoires[8], le mérite des orateurs sacrés serait donc moindre, leur triomphe aisé. Ce n'est évidemment ni totalement vrai, ni très juste, car la parole offerte est commentée, quelquefois immédiatement. Une fois prononcée elle ne se gèle ni ne se fige, au contraire elle alimente des débats et suscite des réactions. Parfois elle est directement associée à une action d'ordre prophétique[9] ou politique, à l'exemple des sermons entendus à Paris sous Charles VI[10] et ceux d'opposition castillans à la politique de Charles Quint au début des années 1520. Les discours enflammés catholiques ou protestants du temps des Guerres de religion françaises constituent une réalité bien manifeste, relevant de la catégorie des « combats de

7 Martin, H., *Le métier de prédicateur*, *op. cit.*

8 Simiz, Stefano, « Éloquence de la chaire et éloquence du barreau : une rivalité dans la seconde moitié du XVIIe siècle ? », *Histoire, monde et cultures religieuses*, *op. cit.*, p. 23-34.

9 Récemment Labbe, Thomas, *Les catastrophes naturelles au Moyen Âge*, Paris, CNRS éditions, 2017, a rappelé combien le discours eschatologique du XVe siècle a utilisé le canal commode de la prédication pour toucher l'opinion publique de Plaisance (Chronique de Ripalta, 1440-1463).

10 Fargette, Séverine, « Rumeurs, propagande et opinion publique au temps de la guerre civile (1407-1420) », *Moyen Âge*, 2007/2, p. 309-334.

chaire » dont font partie les inévitables occasions d'affrontements plus ecclésiologiques (devoir paroissial contre attractivité des couvents) ou doctrinaux (la querelle janséniste s'est aussi jouée en chaire)[11]. Pour en revenir aux scansions plus politiques, l'analyse des situations de crise est toujours révélatrice d'usages polémiques, orientés et mobilisateurs, mais aussi de remises en cause structurelles tant de l'institution que de son fonctionnement, à l'image des révolutions du XVIIIe et du XIXe siècle, à commencer par la Révolution française[12].

La prédication d'essence religieuse n'est donc pas qu'un objet politiquement neutre qu'on envisagerait routinier par sa fréquence et répétition. Elle demeure foncièrement reliée (connectée) aux contextes qui la voit s'exprimer et ne cesse d'interroger la communauté historienne. La tenue récente d'une université d'été consacrée à ce thème en est un énième révélateur[13]. Interroger la présence de cet objet et ses évolutions s'est imposé comme un point de passage obligé des études en histoire religieuse. Omniprésente et nécessairement variée en territoires de contacts, la prédication ne pouvait échapper à une forme d'enquête au sein de cette « ANR ».

UNE PRÉDICATION DES FRONTIÈRES ?

La rencontre de Chambéry prend place dans la tâche 2 du programme validé par l'ANR, consacrée aux « modèles pastoraux », coordonnée par Christine Barralis (Université de Lorraine) et Frédéric Meyer (Université Savoie Mont-Blanc), lequel a également rédigé les conclusions. L'idée de départ du dossier abordé par le colloque de juin 2016, puis prolongé dans cette publication, est de mesurer la part prise par la prédication, ses

11 Simiz, S., *Prédication et prédicateurs en ville*, *op. cit.*, p. 275-300.

12 Lebrun, François, *Parole de Dieu et Révolution. Les Sermons d'un curé angevin avant et pendant la guerre de Vendée*, Toulouse, Privat, 1979 et Brian, Isabelle, « La parole des prédicateurs à l'épreuve de la Révolution », *Annales historiques de la Révolution Française*, 2009/35, p. 25-48.

13 La XXVe session du Carrefour d'histoire religieuse s'est tenue à Toulouse en 2016. Elle a enquêté sur « la question des transformations de la prédication au cours de l'histoire, depuis l'Antiquité jusqu'à nos jours ».

hommes et ses thèmes, le long d'un champ d'observation bien précis. Il s'agit de savoir si le positionnement de frontière à la fois confessionnelle et politique, mais aussi linguistique, qui caractérise la spécificité de la Lotharingie-dorsale catholique est l'occasion d'une singularité. En d'autres termes, y aurait-il une dramatisation particulière de la parole dans notre zone, parce que celle-ci aurait été exposée aux hétérodoxies plus qu'ailleurs en Europe ? Sur ce sujet, on ne peut honnêtement nourrir le moindre *a-priori*. Rien n'est en effet moins sûr, et il ne s'agit absolument pas de trouver dans les archives et études de cas exposés les seuls éléments qui répondraient par avance à cette attente. Les conclusions souligneront certainement à la fois la fécondité et les limites inhérentes à une question, même bien posée. Pour autant, la démarche a ses raisons d'être car la conscience de la frontière, de sa porosité et des échanges qu'elle permet ou interdit, tout cela est omniprésent dans les mentalités et donc pris en compte par les acteurs, religieux et autres.

À vrai dire, les participants à ce colloque font presque face à un paradoxe : universelle par essence – le Christ et les premiers apôtres ont en effet aboli toute frontière religieuse, sociale et géographique par leur annonce de l'Écriture –, la prédication religieuse peut-elle traduire des identités particulières et véhiculer des discours de la frontière ? Oui en partie, si on dépasse le stade des généralités en portant son attention aux diverses « conditions dans lesquelles [les sermons] se déroulaient[14] » et à la carrière des orateurs prenant la parole sur les marges. Afin de cerner du mieux possible l'art oratoire des confins, en l'appréciant pour ce qu'il était réellement, le programme déroule trois axes complémentaires : les contextes et les rapports aux autorités ; la mobilité des prédicateurs ; les espaces et sanctuaires de la prédication.

Le premier volet réfléchit à la mise en rapport des discours à caractère religieux et les pouvoirs institués (les cours, les villes, la hiérarchie ecclésiastique), puis envisage leur contrôle rendu nécessaire du fait de leur dimension de porte-parole des minorités ou à cause des contenus entendus ou craints. Avec la communication de Laura Gaffuri, on se demande si les prédicateurs autorisés ne travaillent qu'à la plus grande gloire de Dieu ou si leur service à la cour ducale et auprès des pouvoirs urbains, organismes qui ne se contentent pas de financer mais entendent également peser sur le choix des hommes, ne leur donnent pas un rôle

---

14 Brian, I., *Prêcher à Paris*, *op. cit.*, p. 11.

tout à la fois religieux et politique. Les communications de Federico Zuliani sur le XVIe siècle et de Sylvain Milbach à propos du XIXe siècle[15] nous plongent au cœur des tensions parfois générées par le pouvoir de la parole à des périodes différentes : le rappel du devoir de prédication est un élément fort du XVIe siècle, débuté bien avant le concile de Trente, dans un contexte d'affirmation réformée et de concurrence verbale. La conséquence de cela est de tracer comme une ligne de démarcation, opérant un tri entre les prédicateurs mobilisés et ceux qui, pour différentes raisons à découvrir – parmi lesquelles se trouvent la non-orthodoxie et la non-autorisation – sont éloignés ou interdits de chaire ; la contestation du sermon ne concerne pas que les conflits au temps des recompositions et affrontements confessionnels, elle peut aussi émerger de la prédication ordinaire et locale, cet autre « temps de tous les dangers » auquel presqu'aucune communauté n'échappe au XIXe siècle. L'un des enjeux est celui de l'autorité du clergé paroissial sur les fidèles, ce qui va de pair avec celui de sa légitimité : est-il fait pour eux et eux pour lui ? Cela n'est pas sans rappeler l'article célèbre de Philippe Boutry sur le prédicateur des champs et le prédicateur de la ville, histoire d'une rencontre à Ars entre Jean-Marie Vianney et Lacordaire[16]. Pour l'une comme l'autre situation, les archives de la discipline, notamment judiciaires, sont très éloquentes. Enfin, un changement de contexte socio-politique a des conséquences sur le sort des églises minoritaires – entendez les protestantismes – de nos espaces. C'est l'objet croisé de la contribution de Céline Borello : entre 1780 et 1815, peu avant l'édit de tolérance de 1787 et jusqu'à la chute du Premier Empire, la progressive sortie de clandestinité – ou de semi-clandestinité – bouleverse la vie des communautés protestantes puisqu'il est à nouveau possible de paraitre et d'instruire dans l'espace public. Comment faire, alors, pour restaurer durablement l'église visible dans un contexte politiquement instable ?

Les territoires « lotharingiens » sont au cœur des deux sections suivantes : Quoi de plus incarné dans notre quête de singularités que d'y pister les prédicateurs en action. Deux portraits de célèbres figures contemporaines du début du XVIIe siècle, le minime François Humblot

15 Consacrée au thème suivant, « Les tentations de la chaire : discuter la parole du Prêtre, Savoie, 1815-1860 », la communication n'a pu être intégrée aux actes publiés. Nous le regrettons.

16 Boutry, Philippe, « Le prédicateur des villes et le prédicateur des champs : Lacordaire à Ars (4 mai 1845) », *Revue des Sciences Religieuses*, 2004/78/3, p. 335-357.

et André Valladier, ancien jésuite devenu abbé bénédictin, sont successivement envisagés. Si ce dernier, installé à Metz, est réellement impliqué dans une « prédication politique et frontalière », il faut se demander s'il existe des raisons amenant Humblot à exercer son art à Verdun et Lyon, avant d'être appelé à Tours au nom de la règle de mobilité des religieux mendiants. Pour l'un comme pour l'autre, ces lieux d'exercice sont-ils constitutifs de leur manière de parler, en particulier dans le contenu ? Avec le difficilement classable Hyacinthe Loyson, au cœur du XIXe siècle, c'est une autre idée forte, celle de zones frontières refuges et marquées par la diversité confessionnelle, qui apparait. L'ancien carme, prédicateur enflammé qui a déjà une carrière derrière lui, excommunié par Rome avant d'entrer dans l'Eglise Vieille Catholique, est accueilli à Genève par des catholiques non romains. Ses prêches des années 1870 portent-ils la marque de ce positionnement si particulier tant personnel que géographique ?

Le cœur de la seconde journée du colloque représente une plongée au cœur d'un espace de la catholicité occidentale important pour notre sujet depuis au moins le XVIe siècle. Prenant en compte l'élan donné par la famille Borromée (Carlo et Federico) à la tête religieuse de la Lombardie, Marc Fumaroli écrit que « l'atelier de rhétorique milanais n'eut de rival qu'en Espagne, devenue citadelle de la catholicité », attirant à lui des orateurs de renom[17]. Le triomphe d'une norme de la bonne prédication, strictement contrôlée en tous ses aspects, ferait de Milan et de la Lombardie un lieu observé et référent[18]. Ce laboratoire milanais existe-t-il vraiment au temps de la Réforme catholique tel un modèle s'imposant à tous, notamment aux évêques de la catholicité dits « borroméens » ? On sait depuis les travaux de Paola Vismara que la question doit être posée encore au XVIIIe siècle, période où certains héritages sont toujours observables[19]. Il suffit pour s'en persuader de lire le propos de Daniela Sora sur

17 Fumaroli, M., *L'âge de l'éloquence*, *op. cit.*, p. 142.

18 Vismara, Paola, *Settecento religioso in Lombardia*, Milano, NED, 1994.

19 *Ibid.*, Louis Châtellier qualifie par ces mots le terrain d'enquête de P. Vismara, en préface au livre p. 3 : « Qu'on ne dise pas : ce n'est qu'une province de l'Europe. Mais quelle province ! Celle qui fut modelée par Charles Borromée, et qui grâce à ce dernier, fut l'épicentre de la Réforme catholique, depuis le XVIe siècle. Regardons aussi une carte : Milan est sur cet axe médian de l'Europe catholique qui aboutit à Anvers après avoir couvert les Pays-Bas, les pays rhénans, la Lorraine, la Franche-Comté, Lyon et la Savoie. Ce furent les terres de choix du catholicisme tridentin ». Nous remercions Frédéric Meyer d'avoir attiré notre attention sur cet extrait.

la Visitation de la capitale lombarde[20] au temps où s'embrassent *Settecento* et *Ottocento*, dans un couvent féminin à l'heure du triomphe paroissial ; dans la seconde étude donnée par Ignazio Veca, c'est le printemps des peuples du milieu XIXe siècle, moment clé du pré-Risorgimento qui est observé sous un angle très antiautrichien. Les prises de parole assumées par quelques voix contribuent à réactiver une véritable croisade patriotique, un peu comparables à celles qui enflammèrent les villes de Castille au cours des années 1519-1522 ; nul doute que la tribune religieuse ne soit un outil de formation et de mobilisation d'une opinion publique indépendantiste. Quant au propos de Philippe Martin, il offre l'opportunité d'envisager la prédication dans sa matérialité, à l'autre bout de l'espace de la dorsale catholique, aux Pays-Bas, entre XVIIe et XVIIIe siècles[21]. Les fastueuses chaires dites de vérité, assez circonscrites sur un plan géographique (espace mosan), nous renseignent-elles sur l'existence de spécificités iconographiques dans la manière d'atteindre les publics[22] liées aux frontières confessionnelles ou ne sont-elles qu'un formidable élément patrimonial appréciable, relevant de l'exception ? À l'heure où les évêques de la Réforme catholique exigent partout l'édification d'un meuble dédié aux sermons, l'art déployé par Laurent Delvaux et ses confrères semble bien participer à une affirmation doctrinale visible à l'œil nu.

Ajoutons deux ultimes éléments complémentaires en guise de clé : il faut d'abord dire un mot sur le choix chronologique ouvert en aval, donc au-delà des bornes théoriques du XVIIIe siècle fixées par le programme strict de l'ANR. Il semble justifié de prolonger nos regards modernes sur la période révolutionnaire et le XIXe siècle afin d'y observer le jeu des continuités mêlées aux ruptures. Quatre contributions s'y inscrivent délibérément en particulier celles de Céline Borello et de Daniela Sora, enjambant les siècles et les convenances habituelles pour rendre possible une analyse plus fine des évolutions. Second point, un peu à la manière des

20 Daniela Sora est la dernière doctorante de Paola Vismara qui avait écrit « Le monastère de la Visitation et l'esprit salésien à Milan au XVIIIe siècle », *Visitation et visitandines aux XVIIe et XVIIIe siècles*, Saint-Étienne, CERCOR, 2001, p. 483-497.

21 Nous lui devons une approche méthodologique fondamentale : « La chaire : instrument et espace de la prédication catholique », M. Arnold (dir.), *Annoncer l'Évangile*, *op. cit.*, p. 397-415.

22 Martin, H., « la chaire, la prédication et la construction du public des croyants à la fin du Moyen Age », *Politix*, 1994, Vol. 7, n° 26, p. 42-50. L'auteur invite à affiner et bien contextualiser l'image classique du prédicateur en chaire, en fonction des publics et des lieux visés.

sermons connaissant un prolongement de l'oral vers l'écrit, la rencontre chambérienne a finalement connu deux vies : dans la première, celle de la rencontre des 16 et 17 juin 2016, l'apport médiéval est demeuré sous-représenté comparativement à son importance. Uniquement factuelle, la situation s'est transformée avec la préparation des actes et deux contributions inédites de Ludovic Viallet et de Claire Bourguignon apportent de précieux éclairages. L'analyse de C. Bourguignon, ciblée sur un espace voisin de la future dorsale (nous sommes au XVe siècle et le terme n'a réellement un sens qu'aux temps modernes), l'Auvergne, nous rappelle combien les évolutions d'ensemble de l'art prêché sont anciennes, constituant comme un amont sans lequel les progrès modernes n'auraient pas été ce que nous en savons aujourd'hui. Elle montre en outre le rôle prépondérant pris par les autorités municipales dans l'édification générale d'un paysage d'oralités sacrées offert au plus grand nombre. Le découpage des territoires en zones terminaires permet aux ordres mendiants d'organiser efficacement leur presque monopole des sermons aux peuples… et la pratique essentielle de la quête. L. Viallet aborde lui aussi la forte activité en chaire des mendiants du XVe siècle, ici observants franciscains, offrant une réflexion originale, approfondie et fine sur l'outil prédication mis au service de la lutte contre toutes les formes de l'hétérodoxie. Il n'est pas question dans ce texte que d'acculturation, ni de hantises diffuses et partagées (« Sous le soleil de Satan »), mais aussi de modernités et d'appréhensions de formes de rationalité. Or, ce processus complexe n'est non seulement pas étranger mais il rejoint pleinement nos espaces ; car on ne peut ignorer la convergence de vues et le partage des discours repérable entre péninsule italienne et vallée du Rhin. Au terme de ce passionnant jeu de pistes, empruntées ou signalées, l'historien clermontois peut parler d'une « faille volcanique travaillée par des forces diverses », toutefois les frontières concernées ne sont pas que géographiques et matérielles, elles sont tout autant si ce n'est plus intérieures et immatérielles, ce qui ne facilite pas la tâche de l'historien.

Stefano SIMIZ
Université de Lorraine – CRULH

Quelques mots de remerciements s'imposent. En premier lieu aux deux porteurs du projet Lodocat, Christine Barralis et Frédéric Meyer. Nous tenons enfin à évoquer la mémoire de notre collègue milanaise Paola Vismara, qui tenait beaucoup à cette rencontre. Au moins le monde italien qu'elle connaissait si bien occupe dans ce volume une place non négligeable. Ces actes lui sont dédiés.

PREMIÈRE PARTIE

CONTEXTES ET AUTORITÉS

PREDICATORI TRA CITTÀ E CORTE NEL PIEMONTE SABAUDO DEL QUATTROCENTO

La valutazione del fenomeno della predicazione e dei predicatori degli ordini mendicanti nella società sabauda del Quattrocento pone al ricercatore un problema in primo luogo di fonti. Da una parte, è indubbiamente ricca la messe di testimonianze documentarie conservate negli archivi storici del Piemonte e relative alla presenza dei religiosi e dei predicatori nelle città sabaude e a corte nel tardo medioevo, e ciò a dimostrazione della reciproca integrazione tra pastorale mendicante e società politica, dall'altra la rarefazione della tradizione manoscritta rende invece difficile accedere a quella testualità che sola può documentare le scelte oratorie dei predicatori impegnati nelle piazze e nelle chiese del Piemonte. Quindi, se siamo rassegnati alla perdita inevitabile dell'oralità[1] di cui altre aree regionali riescono ad avere una parziale memoria grazie alla conservazione delle *reportationes*[2], non possiamo invece che lamentare la difficoltà a ricostruire la relazione fra testo e contesto che dovrebbe sempre costituire una parte integrante dello studio del mestiere del predicatore. Mi riferisco in particolare alle tecniche di confezionamento del sermone e all'articolazione tra scelte esegetiche e tematiche a cui i frati affidavano l'efficacia della loro pastorale[3].

---

1 « Lost are the emotions, gestures, voice modulations, crowd interaction, and other elements that constituted the sermon in its actual historical setting »: Mayne Kienzle, Beverly, « Introduction », *The sermon*, éd. B. Mayne Kienzle, Turnhout-Belgium, Brepols, 2000 (Typologie des sources du Moyen Âge occidental, 81-83), p. 143-174, in particolare p. 143.

2 Bataillon Louis-Jacques, « Sermons rédigés, sermons réportés (XIIIe siècle) », *Medioevo e Rinascimento*, vol. 3, 1989 [*Dal pulpito alla navata. La predicazione medievale nella sua recezione da parte degli ascoltatori (secc. XIII-XV). Convegno Internazionale di Storia Religiosa in memoria di Zelina Zafarana*], p. 69-86. Tutto il volume è consacrato ai diversi aspetti della *reportatio*.

3 « Although the sermon is essentially an oral discourse, written sermons often served either for preaching or for reading. Moreover, modern readers deal with the medieval

A prescindere da questo limite, ciò che mi propongo in questa sede è presentare un primo bilancio di un lavoro sulle fonti per lo studio della predicazione nella società sabauda quattrocentesca, guardando a ciò che fa di esse uno « specchio » efficace del *modus operandi* dei predicatori: delle loro reti di relazioni e delle modalità del reclutamento, dei luoghi e dei tempi del loro intervento pubblico, fino ai contenuti e alla ricezione della loro parola presso gli ascoltatori.

PREDICATORI E PREDICAZIONE NELLA DOCUMENTAZIONE CONSILIARE URBANA

Nelle delibere e nei verbali delle assemble cittadine si specchiava la quotidianità delle relazioni tra la politica municipale e i predicatori degli ordini mendicanti alla fine del Medioevo[4]. Il fenomeno, di portata europea, coinvolge ampiamente anche il Piemonte.

Nella documentazione consiliare urbana del Quattrocento sabaudo (i cosiddetti *Ordinati*), la ricchezza di riferimenti all'attività dei predicatori nelle città e nei centri minori del Piemonte è ben nota alla storiografia più recente e non passò inosservata neppure alla storiografia erudita sabauda tra la fine dell'Ottocento e i primi del Novecento. Mi riferisco, in particolare, a studiosi come Luigi Cibrario, Casimiro Turletti, Pietro e Albino Caffaro, Ferdinando Gabotto. Alle loro storie di Torino, di Savigliano, di Pinerolo, di Cuneo e del Piemonte degli Acaia si deve il primo utilizzo di una documentazione che nel tardo Trecento aveva cominciato a verbalizzare le spese comunali anche in materia di cura religiosa dello spazio pubblico e di predicazione, con la conseguenza di costituire oggi uno strumento indispensabile per lo studio dell'avvicendarsi dei predicatori degli ordini mendicanti sui pulpiti delle chiese e nelle piazze del Piemonte. Nel capitolo

---

sermon only as a written text »: Mayne Kienzle, Beverly, « Introduction », *The sermon... op. cit.*, p. 143-174, in particolare p. 159.

4 Una importante iniziativa comunale di valorizzazione di questa tipologia documentaria è stata l'edizione degli « "Ordinati" del comune di Torino, a cura dell'Archivio storico della città, giunta attualmente al suo undicesimo volume e alla copertura degli anni dal 1325 al 1392: *"Libri consiliorum": trascrizione e regesto degli Ordinati comunali*, 11 voll., Torino, Archivio storico della Città, 1996-2008.

quinto del primo volume della sua *Storia di Torino* (*Provvisioni del comune in fatto di religione, di buon costume e di pubblica beneficenza*)[5], Luigi Cibrario illustrava l'impatto di alcune predicazioni quattrocentesche sulla cura urbana della morale pubblica: dalla predicazione del *magister* domenicano valenciano Vincenzo Ferrer a Torino nel 1402 contro le fazioni rivali (*partialitates*), « pagata » dal comune con « una carrata di vino », a quella del frate eremita di sant'Agostino Giovanni Marchisio da Milano nel 1446 cui fece seguito l'ingresso in città di quella comunità mendicante, alla predicazione nel 1458 di un altro frate agostiniano (Giacomo) contro la bestemmia e per la moralizzazione dei costumi, fino alle prediche del francescano osservante e vicario dell'Ordine Angelo Carletti da Chivasso davanti alla corte e alla duchessa Bianca di Monferrato. La rendicontazione comunale, anche con la « messa a libro paga » di alcuni predicatori, attestava l'utilità pubblica di quella pastorale ai fini della composizione del « bene comune[6] ».

Tra i nomi appena ricordati, quello del domenicano valenciano è tra i pochi di portata sovraregionale documentati anche negli anni e decenni successivi in quel Piemonte sabaudo che « dopo il 1418 » – come scriveva Francesco Cognasso – « da Aosta, da Ivrea, da Biella scendeva, attraverso Torino, a Pinerolo, a Fossano, a Cuneo, a Mondovì, a Tenda[7] ». Ne è conseguenza la sua ampia eco nella documentazione coeva[8] e nella storiografia erudita ottocentesca: ne danno riscontro, tra gli altri, la *Storia di Cuneo* di Ferdinando Gabotto[9], le *Notizie e docu-*

5 Cibrario, Luigi, *Storia di Torino*, 2 voll., Torino, Alessandro Fontana Editore, 1846, I, p. 377-378 (Rist. Anast. G.A. Caula Editore, Torino 1975).

6 Per il caso di Torino, si veda ora: Gaffuri, Laura, Cozzo, Paolo, « Linguaggi religiosi e rimodulazioni di sovranità in uno spazio urbano: Torino fra XV e XVII secolo », in *Marquer la ville. Signes, traces, empreintes du pouvoir dans les espaces urbains (XIIIe-XVIIe siècle)*, éd. P. Boucheron et J. Ph. Genet, Paris, PUB Sorbonne, 2014, p. 253-283.

7 Cognasso Francesco, *Storia di Torino*, Firenze, Giunti, 2002, p. 160.

8 Gaffuri, Laura, « "In partibus illis ultra montanis": la missione subalpina di Vicent Ferrer (1402-1408) », « *Mirificus praedicator* ». *À l'occasion du sixième centenaire du passage de saint Vincent Ferrier en Pays romand*, éd. B. Hodel o.p. et F. Morenzoni, Roma, Istituto Storico Domenicano, 2006, p. 105-120; Rusconi, Roberto, *L'attesa della fine. Crisi della società, profezia ed Apocalisse in Italia al tempo del grande scisma d'Occidente (1378-1417)*, Roma, Istituto Storico Italiano per il Medio Evo, 1979 (Studi Storici, Fasc. 115-118); Rusconi, Roberto, « Vicent Ferrer e Pedro de Luna: sull'iconografia di un predicatore fra due obbedienze », *Conciliarismo, stati nazionali, inizi dell'umanesimo. Atti del 25° Convegno storico internazionale (Todi, 9-12 ottobre 1988)*, Spoleto, Centro Italiano di Studi sull'Alto Medioevo, 1990, p. 213-233.

9 Gabotto, Ferdinando, *Storia di Cuneo. Dalle origini ai giorni nostri*, Cuneo, Giuseppe Salomone Editore, 1898, p. 91 (Rist. Anast. Sala Bolognese, A. Forni, 1985).

menti della Chiesa pinerolese di Pietro Caffaro[10] e la *Storia di Savigliano* del canonico Casimiro Turletti che per primo suggeriva la relazione fra la predicazione del *magister* domenicano e la legislazione statutaria emanata nel 1403 dal principe Ludovico di Acaia e dal giovane conte Amedeo VIII[11]. Di contro, a non calcare le piazze del Piemonte sabaudo erano soprattutto i grandi predicatori francescani del centr'Italia[12], pur con qualche possibile importante eccezione. Con certezza Bernardino da Siena passò nel Piemonte ducale prima del 1425. È lo stesso frate senese a darne notizia in una predica tenuta ad Assisi nell'agosto 1425: « *Scitis quod accidit mihi in civitate Thurini, ducis Sab*[*audiae*]. *Regitur ibi Studium; studentes supplicaverunt sibi, quod dignaretur constituere aliquem usurarium in civitate sive territorio suo prope, sed nunquam voluit assentire, et bene fecit*[13] ». Forse, fu ancora lui a predicare a Chieri nel 1430: il verbale della seduta consiliare del comune di Chieri del 3 maggio 1430 registra infatti la predicazione di un *venerabilis frater* Bernardino che Lorena Barale propone di identificare con Bernardino da Siena[14].

10 Caffaro, Pietro, *Notizie e documenti della Chiesa pinerolese*, III, Pinerolo, Attilio Zanetti Editore, 1897, p. 82.

11 Turletti, Casimiro, *Storia di Savigliano corredata di documenti*, I, Savigliano, Tipografia Bressa, 1879, p. 371 (Rist. Anast. Savigliano, L'Artistica Editrice, 1999); Comba, Rinaldo, « Da Vincenzo Ferrer ad Angelo Carletti: predicazione itinerante e dinamiche di disciplinamento nella Cuneo del XV secolo », *Bollettino della Società per gli Studi storici, archeologici ed artistici della provincia di Cuneo*, vol. 118, n° 1, 1998 [numero monografico: *Frate Angelo Carletti Osservante nel V centenario della morte (1495-1995). Atti del Convegno*, Cuneo, 7 dicembre 1996 – Chivasso, 8 dicembre 1996, éd. O. Capitani, R. Comba, M. C. De Matteis, G. G. Merlo], p. 127-138.

12 Checcoli, Ippolita, Dessì, Rosa Maria, « La predicazione francescana nel Quattrocento », *Atlante della letteratura italiana*, éd. S. Luzzatto, G. Pedullà, vol. I (*Dalle origini al Rinascimento*), éd. A. De Vincentiis, Torino, Einaudi, 2010, p. 464-476.

13 Sancti Bernardini Senensis *Opera Omnia*, t. VI, Quaracchi-Firenze 1959, p. 268 nota 3. Per il sermone assisiate di Bernardino si veda Pacetti, Domenico, « La predicazione di san Bernardino da Siena a Perugia e ad Assisi », *Collectanea franciscana*, 9 (1939), p. 494-520; 10 (1940), p. 5-28, 161-188.

14 La predica del *venerabilis frater Bernardinus* a Chieri nel 1430 verteva sul prestito a interesse e dialogava sia con la città sia, implicitamente, con la legislazione ducale appena emanata da Amedeo VIII con i *Decreta seu statuta*, al cui rispetto il frate intendeva richiamare la città. L'importanza della discussione giustificava l'inserimento nel verbale consigliare di ampi stralci di quella predica, « in una sorta di *reportatio* che – spiega la studiosa – ritrae il predicatore e il suo pubblico »: Gaffuri, Laura, Barale, Lorena, « L'Osservanza minoritica in Piemonte nel Quattrocento », vol. 18, 2011, p. 27-46: p. 49-51 [numero monografico: *"Fratres de familia". Gli insediamenti dell'Osservanza minoritica nella penisola italiana (sec. XIV-XV)*, éd. L. Pellegrini, G. M. Varanini]; ulteriori dati a sostegno di tale ipotesi sono ora in: Rosso, Paolo, « Da "Studium conventuale" a "Studium generale". La

Del viaggio compiuto invece da Milano al ducato di Borgogna nell'ottobre del 1442 da Giovanni da Capestrano in qualità di legato di Eugenio IV sappiamo solo che il francescano attraversò le terre ducali malgrado il consiglio del papa di tenersi lontano dai territori fedeli a Felice V. Tuttavia, nonostante la certezza del padre Lippens che « le pays de Félix fut le premier champ de bataille de Capistran[15] », possiamo escludere l'ipotesi di una pubblica presa di parola da parte del legato papale nella regione di ubbidienza basilese[16].

Tornando ora alla quotidianità della predicazione finanziata dall'erario comunale, a Pinerolo (sede del principato degli Acaia fino al 1419 e poi della luogotenenza del Piemonte fino al 1432) gli spazi della predicazione urbana continuarono ad essere quelli trecenteschi fino agli anni quaranta del Quattrocento: la collegiata di San Donato e la chiesa di San Francesco, dove intervengono a predicare i frati dei due principali ordini mendicanti (francescano e domenicano) a prescindere dalla presenza del solo convento francescano. Nel 1407 predica il domenicano Bartolomeo di Saluzzo; nel 1425 il frate minore e maestro in teologia Cristoforo di Ceva[17].

I tempi dell'incarico potevano variare, a seconda dell'efficacia e del successo del predicatore: nel 1428 il frate domenicano Giovanni di Ceva predicava tutto l'anno nella chiesa di San Francesco « *in bonam ediffi-cacionem populi Pynerolii* », e nel 1428 il frate domenicano Teobaldo di Bosco predicava con così grande successo da essere invitato dal consiglio comunale a fermarsi in Pinerolo a predicare fino al compimento della

---

scuola del convento di San Francesco di Chieri nel Quattrocento da scritture contabili minoritiche », *Rivista di storia dell'Università di Torino*, vol. 3, 2014, 2, p. 23-24.

15 Lippens, Hugolin, « Saint Jean de Capistran en mission aux États Bourguignons (1442-1443). Essai de reconstitution de ses voyages et négociations à l'aide de documents inédits », *Archivum franciscanum historicum*, vol. 35, 1942, p. 113-132, 254-295: p. 127.

16 Il 5 novembre 1439 il duca di Savoia Amedeo VIII era stato eletto papa dal concilio di Basilea, in sostituzione di Eugenio IV deposto dallo stesso concilio. Poco più di un mese dopo, il 17 dicembre, Amedeo VIII accettava formalmente la nomina diventando papa con il nome di Felice V: Stieber Joachim W., « Amédée VIII – Félix V et le concile de Bâle », *Amédée VIII – Félix V. Premier duc de Savoie et pape (1383-1451)*, éd. B. Andenmatten, A. Paravicini Bagliani, avec la collaboration de N. Pollini, Lausanne, Bibliothèque historique vaudoise, 1992, p. 339-362 (Fondation Humbert II et Marie José de Savoie, 103).

17 Ricordato come terzo addottorato nello *Studium* torinese: Vallauri, Tommaso, *Storia delle Università degli studi in Piemonte*, Torino, Paravia, 1875², p. 54; Rosso, Paolo, « Da "Studium conventuale", art. cit. » p. 19.

Pentecoste[18]. Se, dunque, gli impegni di spesa del comune ci dicono che la maggiore presenza dei religiosi è ascrivibile al calendario quaresimale o dell'Avvento, in alcuni casi gli stessi atti consiliari documentano mandati più lunghi che arrivano a coprire l'intera annualità liturgica.

Quanto all'identità dei frati, talvolta la registrazione consiliare ci informa solo dell'anno e del nome del predicatore tralasciando di indicare l'ordine religioso di appartenenza e il luogo della predicazione. Ne derivano elenchi di indubbia consistenza quantitativa ai quali sarà necessario affiancare indagini prosopografiche tese a verificare l'identità e la mobilità dei religiosi, il loro convento di appartenenza, il livello di formazione. Ciò che emerge dallo stato attuale degli studi è la conferma della provenienza prevalentemente locale dei frati e la predilezione dei consigli comunali per i frati laureati. Nel 1429 predica a Pinerolo il frate minore e maestro in teologia Francesco Arquati di Alba; nel 1432 il francescano Nicoleto, e nel 1433 e 1434 il suo confratello e maestro in teologia Gabriele Marini[19]; nel 1436 è la volta del maestro francescano Ponzio[20] e nel 1437 del suo confratello Bertramino, anch'egli *magister*; nel 1440 troviamo di nuovo Cristoforo di Ceva e nel 1443 il vicario francescano Obertino; nel 1445 ancora Gabriele Marini. Nel 1450 predica in Pinerolo frate Apollonio, che forse possiamo identificare con il francescano osservante Apollonio Bianchi di Piacenza che all'inizio di quello stesso anno aveva predicato con successo a Cuneo.

Ciò che emerge dai verbali comunali è anche la negoziazione tra governo comunale e ordine religioso nella scelta del predicatore. Nel 1453 il comune chiedeva all'ordine l'invio del francescano osservante Battista, che si trovava a Torino, e identificabile con il frate francescano e futuro vicario provinciale Battista Tagliacarne da Levanto che a Torino aveva predicato con successo quello stesso anno e che stava negoziando con le principali istituzioni ecclesiastiche e civili sia locali sia regionali (comune, vescovo, università, corte e consiglio ducale) l'ingresso del

---

18 Caffaro, Pietro, *Notizie e documenti della Chiesa pinerolese*, *op. cit.*, p. 81-104; Gabotto, Ferdinando, *Gli ultimi principi di Acaia e la politica subalpina dal 1383 al 1407*, Torino, Bocca, 1898, p. 554 nota 7; Caffaro, Albino, *Pinerolensia ossia Vita pinerolese specialmente negli ultimi due secoli del Medio-Evo*, Pinerolo, Tip. Chiantore-Mascarelli, 1906, p. 152-153.

19 Genovese, è il quattordicesimo addottorato nello *Studium* torinese: Rosso, Paolo, « Da "Studium conventuale", art. cit. » p. 21.

20 Forse il frate Ponzio della Motta che due anni dopo, nel 1438, disegnava il progetto per le costruende chiese urbane di San Domenico e Sant'Antonio? Cfr. Carutti, Domenico, *Storia della città di Pinerolo*, Pinerolo 1897, p. 330.

primo insediamento osservante francescano in quella città[21]. Che la scelta dei predicatori fosse concordata tra le amministrazioni cittadine e i vertici dell'Ordine è riscontrabile in tutte le pratiche di reclutamento dei predicatori quattrocenteschi, come anche il fatto che la fondazione di un nuovo convento fosse sempre precevuta da uno o più cicli di predicazione tenuti dai frati dello stesso Ordine candidato al nuovo insediamento. A Vercelli, il 15 gennaio 1481, il Comune chiederà a Paolo da Bergamo, vicario provinciale degli Eremiti di sant'Agostino dell'Osservanza, di permettere al frate Agostino *de Ana* di Carignano di predicare la quaresima in città nella chiesa di San Francesco, non avendo ancora gli agostiniani un proprio convento in Vercelli. A Vercelli il frate era conosciuto, poiché aveva appena predicato nella stessa chiesa di San Francesco probabilmente per l'Avvento. Il collegamento tra la nuova predicazione quaresimale di frate Agostino e la fondazione del convento cittadino emerge il 29 aprile, quando il Comune delibera in merito alla richiesta del predicatore di un'elemosina « *pro faciendo unum novum monasterium* ». La delibera comunale in suo favore è di 200 fiorini da erogare nei successivi due anni[22].

Anche a Pinerolo le predicazioni potevano prepare l'ingresso delle nuove fondazioni mendicanti a cui la geografia ecclesiastica urbana si apriva (non senza contestazioni e conflitti[23]) intorno alla metà del secolo con l'insediamento dei domenicani (San Domenico), dei francescani osservanti (Santa Maria degli Angeli), degli eremiti di sant'Agostino (Santa Brigida)[24]. Questi ultimi però, anche dopo lo stanziamento in Santa Brigida, avrebbero continuato a servirsi delle chiese urbane per la predicazione in città, come documenta nel 1492 il pagamento di 5 fiorini da parte del comune per le loro prediche

21 Merlo, Grado Giovanni, « Gli inizi dell'Osservanza minoritica nella regione subalpina », *Bollettino della Società per gli Studi storici, archeologici ed artistici della provincia di Cuneo*, vol. 118, n° 1, 1998 [Frate Angelo Carletti Osservante nel V centenario della morte (1495-1995). Atti del Convegno: Cuneo, 7 dicembre 1996 – Chivasso, 8 dicembre 1996, éd. O. Capitani, R. Comba, M. C. De Matteis, G. G. Merlo], p. 19-41: p. 32.

22 Vercelli, Archivio Storico del Comune, *Ordinati e Deliberazioni*, vol. 14 (1479-1481), cc. 132r (15 gennaio 1481) e 9r (29 aprile 1481).

23 Gaffuri, Laura, Barale, Lorena, « L'Osservanza minoritica in Piemonte nel Quattrocento, art. cit. », p. 27-74.

24 Piazza, Andrea, *I frati e il convento di San Francesco di Pinerolo*, Pinerolo 1993, p. 19. A Pinerolo, la fondazione del convento agostiniano di Santa Brigida era stata sollecitata da Ludovico di Savoia, come si legge nella conferma papale del 1450: *Bullarium Ordinis Sancti Augustini, Regesta*, III (1417-1492), ed. Alonso Carolus o.s.a., Roma 1998.

tenute nella chiesa di San Domenico[25]. Nel 1455 aveva predicato in San Donato l'agostiniano Antonio che Pietro Caffaro identifica con Antonio Tolegni di Biella, maestro in teologia e priore dello stesso convento di Santa Brigida[26]. Nel 1463 predicava in San Francesco il maestro in sacra pagina Lorenzo Guglielmo di Savona, mentre in San Domenico predicava la quaresima il frate domenicano Giovanni Cataldi da Napoli, che ci fornisce un altro dei pochi casi di predicatori mendicanti di rilievo « sovraregionale » attivi nelle piazze del Piemonte nel Quattrocento. Il domenicano, già predicatore della crociata per Callisto III nel 1455-1457 e tra i promotori della canonizzazione di Caterina da Siena che papa Pio II Piccolomini aveva portato a compimento il 29 giugno 1461[27], si fermò nei territori sabaudi almeno fino alla fine del 1464[28]. Da qui dovette raggiungere Basilea, dove nel 1465 predicò nella chiesa domenicana della città[29].

L'elenco dei predicatori prosegue quindi negli anni successivi, come anche l'esborso di elemosine in loro favore da parte del comune: Ludovico di Ceva predica nel 1464, Rolando di Pavia nel 1465, un frate Nicola nel 1469, fra Giovanni da Pontestura nel 1480, il frate e maestro di teologia Giacomo Paysserii di Fossano nel 1482, il frate e dottore in teologia Francesco dei Conti di Mede nel 1489. Nel 1492 arriva a Pinerolo e predica in Santa Maria degli Angeli il vicario generale dell'Osservanza francescana Angelo Carletti da Chivasso, all'indomani della propria nomina a nunzio e commissario apostolico per una crociata contro i Valdesi da parte di Innocenzo VIII (1491)[30]. La sua presenza è l'unica che rinvia con certezza a quella « *rete* di predicatori » francescani di cui Maria Giuseppina Muzzarelli parla come di un gruppo solidale di professionisti della parola, che agì nelle piazze come « un suono... concorde a più

25 Caffaro, Pietro, *Notizie e documenti della Chiesa pinerolese... op. cit.*, p. 7.

26 *Ibid.*, p. 6 e nota 2.

27 *Ibid.*, p. 40. Alcuni sermoni del domenicano Giovanni Cataldi si conservano a Basilea e Padova: Kaeppeli, Thomas, *Scriptores Ordinis Praedicatorum Medii Aevi*, vol. II, Romae, Ad S. Sabinae, 1975, p. 499; Turletti, Casimiro, *Storia di Savigliano... op. cit.* p. 17 e nota 3.

28 Vedi *infra*, le pagine relative a Savigliano e a Cuneo.

29 Rusconi, Roberto, « Cataldi, Giovanni », in *Dizionario Biografico degli Italiani*, vol. 22, Roma, 1979, p. 284-286.

30 Caffaro, Pietro, *Notizie e documenti della Chiesa pinerolese*, vol. V, Pinerolo, Attilio Zanetti Editore, 1900, p. 68 e nota 1; Lupano, Alberto, « Nota biografica su Angelo da Chivasso », *Angelo Carletti tra storia e devozione, Mostra a Cuneo in S. Francesco nel 5° centenario della morte (15 dicembre 1995 – 31 gennaio 1996)*, Cuneo, 1995, p. 74.

voci[31] ». Purtroppo, la mancata conservazione (ad oggi) di testimonianze scritte della vasta predicazione di Angelo Carletti[32] sia in Piemonte sia nel resto della penisola ci priva della possibilità di riscontrare anche nella testualità la sua partecipazione a quel « canto all'unisono » messo in scena dai grandi predicatori francescani osservanti del Quattrocento.

Rimanendo nella diocesi di Torino, ma a Savigliano, riscontriamo una polarità intorno al locale convento domenicano che, fino agli anni cinquanta del secolo[33], è il solo insediamento mendicante urbano. Ciò si traduce in un monopolio degli stessi domenicani sulla predicazione urbana, affidata ai frati residenti nello stesso convento. Nel 1431 predica la quaresima in San Domenico il frate inquisitore Beltramo Pera da Novara[34]. Il successo della predicazione convinse il consiglio a prorogare l'incarico a Beltramo per un anno «*pro doctrina animarum hominum Savilliani* » in cambio della elemosina di 25 fiorini[35]. La predicazione di frate Beltramo si intrecciava inoltre con il trasferimento dell'Università da Chieri a Savigliano nel 1434,

---

31 Maria Giuseppina Muzzarelli si riferisce alle « strette relazioni personali » che legarono i principali predicatori dell'osservanza francescana quattrocentesca: Muzzarelli, Maria Giuseppina, *Pescatori di uomini. Predicatori e piazze alla fine del Medioevo*, Bologna, 2005, p. 191.

32 Di un manoscritto di *Conciones doctae* conservato nel convento della Madonna degli Angeli di Cuneo e poi perduto parlarono i primi biografi: Bessone, Mario, *Il beato Angelo Carletti da Chivasso*, Cuneo, 1950, p. 221.

33 Per i tempi e le modalità dell'ingresso della osservanza francescana in Savigliano, cfr. Merlo, Grado Giovanni, « Gli inizi dell'Osservanza minoritica nella regione subalpina », *Bollettino della Società per gli Studi storici, archeologici ed artistici della provincia di Cuneo*, vol. 118, n° 1, 1998 [*Frate Angelo Carletti Osservante nel V centenario della morte (1495-1995)*. Atti del Convegno: Cuneo, 7 dicembre 1996 – Chivasso, 8 dicembre 1996, éd. O. Capitani, R. Comba, M. C. De Matteis, G. G. Merlo], p. 30-31.

34 Casimiro Turletti associa Beltramo al processo contro gli eretici di Bernezzo al quale il domenicano avrebbe partecipato insieme all'inquisitore domenicano Giovanni Fiamma, anch'egli proveniente da Savigliano. Riferimenti ai due inquisitori anche in: *La più antica cronaca di Cuneo di Giovan Francesco Rebaccini?*, a cura di P. Camilla, Cuneo, 1981, p. 146-147 (Biblioteca della Società per gli studi storici, archeologici ed artistici della provincia di Cuneo, 16). Su entrambi i domenicani si veda: Bessone, Mario, *A Cuneo… op. cit.*, p. 31. Sulla vicenda di Bernezzo: Comba, Rinaldo, « Da Vincenzo Ferrer ad Angelo Carletti: predicazione itinerante e dinamiche di disciplinamento nella Cuneo del XV secolo », *Bollettino della Società per gli Studi storici, archeologici ed artistici della provincia di Cuneo*, vol. 118, n° 1, 1998 [*Frate Angelo Carletti Osservante nel V centenario della morte (1495-1995). Atti del Convegno*, Cuneo, 7 dicembre 1996 – Chivasso, 8 dicembre 1996, éd. O. Capitani, R. Comba, M. C. De Matteis, G. G. Merlo], p. 127-138: p. 130-131; Comba Rinaldo, *Fra vita ecclesiastico-religiosa e disciplinamento sociale*, in *Storia di Cuneo e del suo territorio, 1198-1799*, a cura di R. Comba, Savigliano 2002, p. 241-268.

35 Turletti, Casimiro, *Storia di Savigliano… op. cit.*, p. 461).

che obbligò il governo comunale ad una serie di misure atte all'accoglienza di studenti e professori. Tra esse anche l'istituzione della predicazione quaresimale in San Domenico « a spesa comunale[36] ». È ancora a favore di Beltramo che il comune delibera nel 1436 e nel 1438 l'esborso non più di un'elemosina ma di un salario di 20 grossi al mese per la predicazione. Salario che gli sarebbe stato comminato solo qualora lo *Studium* non fosse rimasto in Savigliano[37], come invece avvenne proprio da quel 1436. Intanto, nel 1439, il convento domenicano saviglianese ospitava il capitolo generale dell'ordine[38]. Nel 1440 i verbali del Consiglio cittadino documentano la richiesta del *magister* in teologia frate Andrea Serafini, priore del convento domenicano della città, in merito alla separazione del macello dei cristiani dal macello degli ebrei[39]. L'istanza veniva ripresa quattro anni dopo da un altro domenicano saviglianese, il *magister* e inquisitore del Piemonte, della Lombardia superiore e della marca di Genova Giacomo Buronzo[40], come attesta l'ordinato comunale del 20 agosto 1444[41]. Frate Buronzo aveva anche predicato affinché il Comune scegliesse una casa per il postribolo, in ottemperanza a quanto diposto dalla legislazione ducale. Nell'uno e nell'altro caso si trattava di interventi « moralizzatori » della vita pubblica comuni a tutta la predicazione mendicante quattrocentesca e non solo in Piemonte[42], ma che in Piemonte si connotano anche per l'impegno della pastorale mendicante a favore dell'adeguamento della normativa e del costume urbano alla legge sovracittadina del principe[43]. Il legame continuativo tra il *magister* domenicano e il comune di Savigliano è documentato dagli Ordinati del 1444 (8 e 21 dicembre) e del 1445 (16 febbraio, 6 marzo, 7 maggio, 6 giugno)[44]. Di lì a poco, anche a Savigliano la predicazione

36 *Ibid.*, p. 474.

37 *Ibid.*, p. 489.

38 *Acta Capitulorum Generalium Ordinis Praedicatorum*, vol. III (ab anno 1380 usque ad annum 1498), éd. B. M. Reichert, Romae 1900, p. 243.

39 Turletti, Casimiro, *Storia di Savigliano...*, *op. cit.*, p. 507.

40 Su questo frate si veda: Uginet, François-Charles, « Giacomo Buronzo », in *Dizionario Biografico degli Italiani*, vol. 15, Roma 1972, p. 459-460.

41 Turletti, Casimiro, *Storia di Savigliano... op. cit.*, p. 519.

42 Muzzarelli, Maria Giuseppina, *Pescatori di uomini... op. cit.*

43 Comba, Rinaldo, « Da Vincenzo Ferrer ad Angelo Carletti, art. cit. », p. 127-138; Merlo, Grado Giovanni, « Gli inizi dell'Osservanza minoritica, art. cit. », p. 19-41; Gaffuri, Laura, Cozzo, Paolo, « Linguaggi religiosi, art. cit. », p. 253-283.

44 Il frate fu anche vittima di un'aggressione nel suo convento: il *Liber redituum* del Comune (fol. III) contiene la documentazione sulla vicenda e sull'iter processuale che ne derivò: Turletti, Casimiro, *Storia di Savigliano... op. cit.*, p. 520.

mendicante si apriva a nuovi protagonisti come dimostra la comparsa nei verbali del comune del 1449 di un predicatore francescano, il *magister* Giovanni, accanto al maestro domenicano Agostino da Novara[45]. Nel 1453, predicava il domenicano e maestro in teologia Pietro da Ginevra e il 30 dicembre del 1464 predicava l'Avvento il già ricordato frate domenicano Giovanni Cataldi da Napoli[46]. Intanto, la memoria della predicazione rimaneva affidata anche alla legislazione statutaria urbana che nel 1455 menzionava il passaggio in città di alcuni predicatori che avevano predicato al popolo contro l'usura sollecitando il comune alla pubblicazione in statuto del divieto di affitto agli usurai[47]. Vista la contemporanea richiesta di un insediamento francescano[48], è possibile che i predicatori ricordati nello statuto fossero Minori. Ciò nonostante, a Savigliano la pastorale avrebbe continuato ancora a gravitare sui domenicani almeno fino alla fine del secolo: nel 1467 predicava la quaresima in San Domenico il frate Giovanni da Chieri. E nel 1479, 1481, 1491 predicava in città il domenicano e maestro di teologia Bernardo di Chieri.

PREDICATORI E PREDICAZIONE TRA CRONACHE CITTADINE E CARTEGGI

Se, come si è visto, la dimensione del racconto è tutt'altro che assente dalle delibere consiliari tanto da consentirci di cogliere talvolta le circostanze dell'evento deliberato e le aspettative dei principali protagonisti coinvolti (il predicatore, l'Ordine, il ceto dirigente del comune), la cronachistica e i carteggi aggiungono la possibilità di avvicinare la memoria della predicazione al punto di vista degli utenti finali: la popolazione urbana o i prìncipi a cui i sermoni venivano recitati.

45 *Ibid.* p. 15-18.

46 *Ibid.*, p. 17 e nota 3.

47 *Ibid.*, p. 16 e nota 6. Così anche a Chivasso nel 1471: Frola, Giuseppe, *Corpus statutorum Canavisii*, II, Torino, Scuola tipografica Saleriana, 1918, p. 231 (Biblioteca della società storica subalpina, 93). Lo statuto saviglianese vietava anche l'apertura delle botteghe e l'attività dei barbieri al sabato e nelle vigilie dopo l'Ave Maria: Sacco, Italo Mario, *Statuti di Savigliano*, Torino, Typ. M. Gabetta, 1933, p. 293-295 (Biblioteca della società storica subalpina, 125).

48 Merlo, Grado Giovanni, « Gli inizi dell'Osservanza minoritica, art. cit. », p. 31.

Nel caso delle cronache cittadine il punto di vista è naturalmente mediato dalla narrazione del cronista, che è tuttavia pur sempre parte di quel pubblico. Va detto però che nel Piemonte sabaudo la cronachistica cittadina è un fenomeno limitato, il cui apporto non è per nulla paragonabile all'ampiezza di informazioni già ricavate dalle registrazioni consiliari. Le più note cronache quattrocentesche cittadine nascono tutte al di fuori delle aree di controllo sabaudo e quindi dei confini entro i quali si articola il nostro percorso: ad Asti con Secondino Ventura e Antonio Astesano; a Saluzzo con Gioffredo Della Chiesa. Ciò è attribuibile, come noto, ad un fragile sviluppo comunale della maggior parte delle città e dei centri urbani del Piemonte ducale, che rimasero perciò ai margini dei fenomeni culturali attestati invece in molti contemporanei comuni urbani del centro-nord italiano[49]. È d'obbligo perciò fare riferimento, in questa sede, ad una letteratura già nota e alla eccezione costituita dalla *Cronica loci Cunei*, che Rinaldo Comba ha definito « l'unica di ispirazione "cittadina" nel panorama letterario subalpino dell'ultimo Medioevo[50] ». Il suo autore, identificato con il dottore in legge e giudice di Cuneo Giovan Francesco Rebaccini[51], narra una storia della città i cui cittadini sono continuamente chiamati a salvaguardare l'equilibrio tra i *templa* e la *res publica*, tra le preoccupazioni secolari e la cura delle chiese[52]. L'intercessione

49 Bordone, Renato, *Mitologia dell'età comunale e ipoteca sabauda nella storiografia piemontese dell'Ottocento*, in *Storiografia e identità dei centri minori italiani tra la fine del medioevo e l'Ottocento*. Atti del XIII Convegno di studi organizzato dal Centro di studi sulla civiltà del tardo medioevo (San Miniato, 31 maggio – 2 giugno 2010), a cura di G. M. Varanini, Firenze, Centro di studi sulla civiltà del tardo medioevo, San Miniato – Firenze University Press 2013 (Collana di Studi e Ricerche, 13), p. 213-226 (anche in « Società e Storia », 34 [2011], 133, p. 437-448); Castelnuovo, Guido, *Principi e città negli stati sabaudi*, in *Principi e città alla fine del Medioevo*, a cura di S. Gensini, Pisa 1996 (Centro di studi sulla civiltà del tardo medioevo. San Miniato – Collana di Studi e Ricerche, 6), p. 77-93: p. 83; e, *ivi*, Varanini, Gian Maria, *Governi principeschi e modello cittadino di organizzazione del territorio nell'Italia del Quattrocento*, p. 95-127: 123-126.

50 Comba, Rinaldo, « Da Vincenzo Ferrer ad Angelo Carletti, art. cit. », p. 127-138: p. 128. Nello stesso volume si veda l'uso della *Cronica* di Cuneo anche nei saggi di Merlo, Grado Giovanni (p. 19-41) e Benedetti, Marina (p. 117-126). Ampiamente debitore della cronaca per le notizie quattrocentesche di « vita locale » e religiosa è Gabotto, Ferdinando, *Storia di Cuneo. Dalle origini ai giorni nostri*, Cuneo 1898, p. 98 e ss (Rist. Anast. Sala Bolognese, A. Forni, 1985).

51 *La più antica cronaca di Cuneo di Giovan Francesco Rebaccini?*, a cura di P. Camilla, Cuneo 1981, p. XXVII-XXXVIII (Biblioteca della Società per gli studi storici, archeologici ed artistici della provincia di Cuneo, 16).

52 *Ibid.*, p. 190-191.

dei santi e dei religiosi carismatici si manifesta nel paesaggio urbano attraverso il *miracolo*[53] e si incarna nella quotidiana lotta per la *salus populi* contro le « pestilenze » diffuse dallo *spiritus diabolicus*: le epidemie, ma anche le discordie, la corruzione dei costumi, l'usura e gli ebrei. Sono questi i contenuti anche delle predicazioni di cui dà conto il cronista: la predicazione per la pace e contro le discordie di Vincenzo Ferrer « *in Cuneo et villis finitimis*[54] » agli inizi del secolo; la predicazione per l'Avvento del francescano osservante Apollonio Bianchi di Piacenza (tra il novembre 1448 e il gennaio 1449) nella chiese di Nostra Signora del Bosco e di San Francesco[55]. A proposito di Apollonio, Rebaccini ricorda come il frate avesse accompagnato la parola al rogo delle vanità, cioè a una delle gestualità più efficaci nella predicazione francescana del tempo e di cui proprio il frate Apollonio fu tra i promotori insieme a Bernardino da Siena e Matteo di Agrigento[56]. Pochi anni dopo (nel 1451) nella chiesa di San Francesco predicava il *socius* di Apollonio, frate Vincenzo. Della sua predicazione il cronista ricorda soprattutto il contenuto antiebraico e l'esito che, attraverso una vera sollevazione di popolo (soprattutto donne e fanciulli), portò alla cacciata degli ebrei da Cuneo[57]. L'asse di collegamento tra i sentimenti antiebraici dell'Osservanza francescana e le emozioni e gli interessi cittadini, messo ben in evidenza dal cronista, è ricorrente nella storia urbana del Quattrocento ed incrocia di tanto in tanto le ambivalenze della politica ducale. Così sarebbe accaduto di lì a poco nel 1454, quando Ludovico I di Savoia impose la confisca dei beni degli ebrei. E così sarebbe successo di nuovo vent'anni dopo a Chivasso, quando la triangolazione tra Osservanza francescana – città – corte ducale determinò l'espulsione degli ebrei dalla cittadina del Canavese[58].

In tutti i casi ricordati l'efficacia della predicazione era misurata dal seguito di giovani e donne che seguivano gli insegnamenti del predicatore,

53 *Ibid.*, Di « miracoli infiniti » parla il cronista a seguito dell'arrivo a Cuneo nel 1415 dell'eremita spagnolo Alfonso Galindres a cui si deve la fondazione della chiesa della Madonna degli Angeli, p. 149 e note 2, 3.

54 *Ibid.*, p. 122-123; Comba, Rinaldo, « Da Vincenzo Ferrer ad Angelo Carletti, art. cit. », p. 127-138: p. 127; Gaffuri, Laura, « "In partibus illis ultra montanis", art. cit. », p. 105-120.

55 *La più antica cronaca... op. cit.*, p. 150-151; Merlo, Grado Giovanni, « Gli inizi dell'Osservanza minoritica, art. cit. », p. 24-25.

56 Muzzarelli, Maria Giuseppina, *Pescatori di uomini... op. cit.*, p. 115.

57 *La più antica cronaca... op. cit.*, p. 157; Merlo Grado Giovanni, « Gli inizi dell'Osservanza minoritica, art. cit. », p. 25-26.

58 Gaffuri, Laura, Barale, Lorena, « L'Osservanza minoritica in Piemonte, art. cit. », p. 43-44.

spesso entrando nelle file dell'Osservanza. Si tratta di fenomeni collettivi che influivano sul paesaggio urbano.

È quanto accade nel 1464, in occasione di un gennaio particolarmente freddo, quando giungeva a predicare in Cuneo il domenicano e dottissimo teologo e predicatore Giovanni di Napoli[59]. Il cronista lo chiama « de Branchacijs », ma possiamo ipotizzare che si trattasse dello stesso Giovanni Cataldi che abbiamo già incontrato a Pinerolo e a Savigliano, e che di lì a poco si sarebbe spostato a Basilea. Ce lo fa ritenere il seguito della cronaca che ci introduce per la prima volta nei contenuti della sua predicazione. Ricorda il cronista che il frate aveva predicato con particolare efficacia in San Francesco « *de vita et miraculis sanctae Catharinae de Senis* », e sappiamo come il Cataldi fosse stato tra i promotori della canonizzazione della domenicana. Per tre giorni e tre notti la città fu attraversata da processioni generali, partecipate da fanciulle e fanciulli vestiti di lino che intonavano litanie. La devozione si consolidò quindi attraverso la fondazione di una compagnia di disciplinati bambini intitolata alla santa, ma anche con l'ingresso di molte donne nel Terz'Ordine di San Francesco. A rendere particolarmente efficaci e coinvolgenti i sermoni del frate napoletano doveva aver contribuito anche il loro tono apocalittico ricordato dal cronista: la predizione tuonata dal domenicano era stata che, entro i successivi dodici anni, la città avrebbe conosciuto una discordia e rovina come mai dalla sua fondazione.

L'autore della cronaca non fa cenno invece (forse per non avervi personalmente assistito) alla predicazione per l'Avvento tenuta da Angelo Carletti da Chivasso nella chiesa di San Francesco di Cuneo nel 1476 su richiesta del consiglio comunale, e di cui ci informano invece gli Ordinati del comune[60]. Il successo di quella predicazione aveva spinto il comune a fare richiesta del frate anche per la Quaresima successiva[61].

Tuttavia Angelo Carletti non era solo predicatore di città ma anche di prìncipi, come dimostra la sua già ricordata presenza alla corte ducale sabauda (« in castro Taurini ») nel 1489 per predicare la quaresima alla duchessa Bianca di Monferrato, consorte di Carlo I[62]. Venticinque fiorini

59 *La più antica cronaca... op. cit.*, p. 176-179.
60 Comba, Rinaldo, « Da Vincenzo Ferrer ad Angelo Carletti, art. cit. », p. 134.
61 Bessone, Mario, *Il beato Angelo Carletti da Chivasso*, Cuneo, 1950, p. 61.
62 Usseglio, Leopoldo, *Bianca di Monferrato, duchessa di Savoia*, Torino-Roma 1892, p. 127; Goria, Axel, « *Bianca di Monferrato* », in *Dizionario Biografico degli Italiani*, vol. 10, Roma,

fu l'elemosina donata dalla duchessa al frate per quella occasione[63]. Come lui erano molti frati del tempo che esercitavano la propria influenza sui prìncipi come loro consiglieri, confessori e predicatori. Di tale influenza resta traccia soprattutto nei legati testamentari che ne registrano gli effetti attraverso le disposizioni in elemosine, in fondazioni di messe, di cappelle, di chiese e di conventi, ma anche nei carteggi: sia quelli privati sia quelli degli ambasciatori. In particolare, i carteggi degli oratori ducali milanesi presso la corte sabauda sono una fonte importante della vita di corte anche nelle sue manifestazioni religiose, e consentono di articolare le une alle altre le scelte della corte e delle città, riconducendo la scelta del predicatore ad un dialogo e ad una negoziazione continua tra prìncipi, città e ordine di appartenenza del predicatore.

La predicazione a corte era quotidiana e assiduamente seguita dai duchi, come attesta la relazione dell'oratore milanese Antonio di Appiano al duca Galeazzo Maria Sforza il 9 dicembre 1474. Dal castello di Moncalieri l'ambasciatore scriveva al duca di non essere stato ricevuto da Iolanda di Valois, duchessa di Savoia e reggente, poiché impegnata nell'ascolto di una predica. Dopo di che la duchessa aveva ascoltato il vespro e si era quindi recata nella chiesa dei Carmelitani (Santa Maria del Carmine), facendo ritorno al castello solo la sera tardi[64].

Due anni prima, il 5 gennaio 1472, era ancora l'oratore milanese Antonio di Appiano che trasmetteva alla duchessa di Milano Bona di Savoia alcune lettere della duchessa Iolanda e dei Vercellesi « per fare remanere un frate predicatore questa quaresima qui a Vercelli[65] ». Possiamo solo ipotizzare che si trattasse del frate Antonio da Milano, maestro in teologia nello *Studium* di Pavia, priore di S. Maria del Carmelo e vicario provinciale di Lombardia[66], che pochi giorni dopo (22 gennaio) la duchessa di Savoia sceglieva per la predicazione dell'imminente quaresima a corte[67], confermando tra l'altro la predilezione anche dei prìncipi per i frati attivi negli *Studia* e ai vertici degli Ordini. In quella stessa

1968, p. 16-18; Bosio Antonio, *I predicatori quaresimalisti della Real Casa di Savoia. Memoria*, Torino, 1874, p. 13.

63 Bessone, Mario, *Il beato Angelo Carletti... op. cit.*, p. 220.

64 Milano, Archivio di Stato, *Carteggio Sforza-Savoia*, 491, c. 246.

65 *Ibid.*, *Carteggio Sforza-Savoia*, 487, c. 159.

66 *Memorie e documenti per la storia dell'Università di Pavia e degli uomini più illustri che v'insegnarono*, I, Pavia, 1878, p. 189.

67 Milano, Archivio di Stato, *Carteggio Sforza-Savoia*, 487, c. 203.

lettera, la duchessa comunicava al duca di Milano il proprio sostegno a favore della candidatura del medesimo Antonio a vicario generale dell'ordine dei Carmelitani, e la propria richiesta affinché il capitolo generale dell'Ordine fosse celebrato non ad Asti ma a Vercelli. È probabile che la duchessa facesse sue le richieste dei Carmelitani vercellesi il cui convento era così povero « ut vix ad victum suppetat », come la stessa duchessa precisava. A nulla valsero tuttavia le richieste, poiché il capitolo generale del 1472 fu tenuto ad Asti come già previsto[68].

Istanze economiche si mescolano quindi a predilezioni di natura personale nella scelta del predicatore, da parte sia della corte ducale sia delle città.

La triangolazione tra la corte, la città e l'Ordine di appartenenza riemerge due anni dopo, il 26 marzo 1474. Da Vigevano il duca di Milano Galeazzo Maria Sforza riferisce al proprio oratore, ancora Antonio di Appiano, il proprio desiderio di ascoltare alcune prediche per prepararsi alla Pasqua (che sarebbe caduta di lì a poco, il 10 aprile). Il duca riferisce di nutrire una particolare devozione per il francescano Antonio da Monza e di aver quindi scritto al vicario dell'Ordine affinché glielo inviasse. La richiesta del duca si scontrava tuttavia con il fatto che Antonio si trovava già a Vercelli, ingaggiato per predicare lì la quaresima. Pur facendo parte della « galassia » dei predicatori meno conosciuti, Antonio da Monza è una figura interessante. Non sappiamo se l'impedimento del 1474 derivasse da un suo ingaggio presso la corte sabauda di Iolanda insediata a Moncrivello oppure presso la città o presso entrambe, dal momento che il frate afferma di non poter lasciare la città per non dispiacere alla duchessa e che lo Sforza incarica Antonio di Appiano di chiedere alla stessa duchessa di concedergli quel predicatore almeno per la fine della quaresima, aggiungendo « che veramente ne farà piacere singulare[69] ». Se non possiamo quindi essere certi di dove Antonio predicasse nel 1474 (se a corte o in città), possiamo forse ipotizzarlo sei anni dopo. Risulta infatti dalle delibere consiliari vercellesi del 14 maggio 1480 (nella domenica di Ascensione) che un francescano Antonio da Monza predicava a Vercelli sull'estimo facendosi espressione delle scontentezze della popolazione[70]. Il problema era la non equa estimazione degli abitanti, a cui avrebbero fatto seguito nei giorni

68 Saggi, Ludovico, *Storia dell'Ordine Carmelitano*, I, Roma, Edizioni Carmelitane, 1962-1963, p. 221.

69 Milano, Archivio di Stato, *Carteggio Sforza-Savoia*, 491, c. 245.

70 Vercelli, Archivio Storico del Comune, *Ordinati e Deliberazioni*, vol. 14 (1479-1481), c. 85v.

seguenti sia alcune contestazioni registrate dal consiglio comunale sia la nomina da parte dello stesso consiglio di una commissione incaricata della riforma dell'estimo. Qualora si trattasse del medesimo Antonio da Monza richiesto sei anni prima dallo Sforza, vedremmo ulteriormente documentata la tendenza di alcuni predicatori di fine Quattrocento a consolidare il proprio rapporto con una specifica *élite* dirigente urbana, restringendo di conseguenza i confini del proprio servizio pastorale non solo ad un territorio regionale ma anche ad una singola città.

Chiamati dunque e cercati sia dai ceti dirigenti dei comuni sia dai prìncipi, i predicatori (soprattutto i frati Minori, i Domenicani, gli Agostiniani dell'Osservanza, ma anche i Carmelitani) prestavano la loro parola a sinergie variabili che regolavano i rapporti tra i vertici dell'Ordine, la corte, le città e i centri minori, all'interno di una compagine territoriale su cui la dinastia avrebbe esteso un controllo effettivo solo alla fine del Cinquecento[71]. Se, dunque, questa parte del loro *mestiere* emerge con chiarezza dalle carte, cosa possiamo dire delle forme concrete della loro presa di parola quale può emergere dalla tradizione manoscritta? La risposta è difficile, perché nessuno dei molti nomi di predicatori quattrocenteschi fin qui ricordati è al momento associabile a un solo sermone pervenutoci.

I PREDICATORI E I LORO MANOSCRITTI

Nel suo *Umanesimo subalpino*, Gustavo Vinay lamentava la grave perdita del patrimonio librario dei conventi di Chieri a seguito dell'occupazione francese[72]. Un destino analogo ha riguardato purtroppo molte altre biblioteche conventuali del Piemonte, con la conseguenza di rendere oggi indisponibile una parte cospicua della letteratura pastorale di quegli Ordini. Ciò nonostante, l'analisi di un caso campione – quello

71 Barbero, Alessandro, *Il ducato di Savoia. Amministrazione e corte di uno stato franco-italiano*, Roma-Bari, 2002.

72 Vinay, Gustavo, *L'umanesimo subalpino nel secolo XV (Studi e Ricerche)*, Torino 1935, p. 87 e nota 3 (Biblioteca Storica Subalpina, 148). Le ricerche degli ultimi decenni hanno consentito di correggere in positivo tale bilancio relativamente ai secoli fino al XIII: *I manoscritti latini dal VII alla metà del XIII secolo*, éd. C. Segre Montel, Torino, Arti grafiche Molfese, 1980; Rosso Paolo, « Da "Studium conventuale", art. cit. », p. 1-42.

del fondo manoscritti della Biblioteca Nazionale Universitaria di Torino – consente di tracciare un primo percorso di lettura nelle collezioni quattrocentesche di sermoni di autore e anonimi.

Pur trattandosi di un patrimonio relativamente contenuto[73] se paragonato alle raccolte quattrocentesche di sermoni conservate in altri fondi manoscritti italiani, esso ci permette di ridimensionare almeno in parte la collocazione del Piemonte sabaudo ai margini di quella *rete*[74] di grandi predicatori itineranti del Quattrocento a cui abbiamo già accennato. Alcuni di loro, infatti, « circolavano » nei conventi del ducato e « insegnavano » ai frati del Piemonte quattrocentesco attraverso le collezioni dei loro sermoni-modello.

Mi riferisco naturalmente alle informazioni che si possono trarre dai codici autografi e datati, i cui *explicit* consentono talvolta di precisarne le condizioni di ingresso e di circolazione in Piemonte, e rivelano al tempo stesso la mobilità dei frati[75] e la loro attenzione alla produzione e trasmissione di sermoni-modello ad uso proprio o di altri predicatori. È il caso, ad esempio, di un quaresimale del francescano Bartolomeo da Pisa[76]. Il suo trascrittore, il frate minore Ludovico di Chieri, ci dà molte informazioni sulla genesi del codice. Ci dice che il quaresimale era stato predicato da Bartolomeo a Firenze nel 1382 e che lui, Ludovico, ne aveva completato la trascrizione il 9 dicembre 1443, mentre era lettore nel convento di Chieri[77]. Al medesimo Ludovico si deve anche la seconda parte del codice, che raccoglie il quaresimale del francescano Marco da Sommariva del Bosco primo laureato e lettore di teologia nello *Studium* di Torino, e al quale torneremo fra breve. Ludovico completa la trascrizione di questa seconda parte del suo manoscritto il 12 ottobre 1444, quando è diventato predicatore nel convento di Mondovì[78]. Quattro anni dopo,

73 Si fa riferimento all'inventario di Giuseppe Pasini (Pasinus Josephus, *Manuscriptorum Codicum Bibliothecae Regii Taurinensis Athenaei pars altera complectens Latinos, Italos, et Gallicos*, vol. 2 Taurini, Typ. Regia 1749) e agli *Inventari dei manoscritti delle Biblioteche d'Italia* a cura di Giuseppe Mazzatinti, con gli aggiornamenti consultabili in sede.

74 Muzzarelli, Maria Giuseppina, *Pescatori di uomini… op. cit.*, p. 186.

75 Ad esempio, tra i frati minori dei due conventi di Chieri e di Pinerolo: Vinay, Gustavo, *L'umanesimo subalpino… op. cit.*, p. 28 e nota 3.

76 Torino, Biblioteca Nazionale Universitaria, ms H.V.31 (Pasini, 860). Il fondo manoscritti ne possiede altri due: H.III.18 (Pasini, 889) e G.V.29 (Pasini 856).

77 *Ibid.*, f. 120v. Su Ludovico di Chieri si veda quanto scrive Rosso Paolo, « Da "Studium conventuale", art. cit. », p. 11.

78 Torino, Biblioteca Nazionale Universitaria, ms H.V.31 (Pasini, 860), f. 254v.

il 24 settembre del 1448, Ludovico si trova nel convento di Alba dove completa entrambe le *tabulae* dei due quaresimali[79]. La composizione è dunque un vero *work in progress* che segue Ludovico attraverso i suoi spostamenti nei conventi della provincia francescana di Genova e le tappe della sua « carriera », facendo ritenere che il codice fosse uno strumento di lavoro ad uso soprattutto personale. L'attività di copista condotta da Ludovico in questi anni, anche come lettore nel convento di Pinerolo, emerge dagli *explicit* di altri codici. A lui si deve, ad esempio, anche la copiatura dell'opera del francescano Giovanni Palma, che Ludovico completa nel convento di Pinerolo il 22 maggio 1443[80].

Tra i maestri francescani troviamo poi Bernardino da Siena e Roberto Caracciolo da Lecce. Il quaresimale di Bernardino da Siena[81] è stato purtroppo molto danneggiato nell'incendio subìto dalla Biblioteca Nazionale di Torino nel 1904 e il restauro benché molto accurato ne ha consentito un recupero solo parziale. Di grande interesse sono i due codici dei sermoni di Roberto Caracciolo da Lecce: mentre il primo[82], che presenta una fascicolazione per *peciae*, poteva essere in uso presso uno studio conventuale; il quaresimale datato 9 ottobre 1483[83] presenta tracce che ne confermerebbero la natura di strumento di lavoro in uso tra i predicatori.

Per quanto riguarda i Domenicani, il fondo manoscritti della Biblioteca Nazionale Universitaria di Torino possiede un codice di sermoni *de sanctis* di Vincenzo Ferrer finito di copiare il 27 agosto 1457 dal frate Giovanni di Aurbach della provincia di Germania per conto del *magister* portoghese Balthasar da Porto[84]. Ma non siamo in grado al momento di dire come e quando il codice entrò in Piemonte e in quale convento. La biblioteca conserva poi il quaresimale *de petitionibus animae* attribuito al domenicano Leonardo Dati da Firenze[85]. *Magister* e lettore nello studio fiorentino, priore di Santa Maria Novella e maestro generale dell'Ordine

79 *Ibid.*, Torino, Biblioteca Nazionale Universitaria, ms H.V.31 (Pasini, 860), ff. 12r e 267v.

80 *Ibid.*, ms H.V.40 (Pasini, 790).

81 *Ibid.*, ms H.VI.39 (Pasini, 789).

82 *Ibid.*, ms F.V.6 (Pasini, 882).

83 *Ibid.*, ms H.III.40 (Pasini, 893), f. 190va.

84 *Ibid.*, ms G.VI.39 (Pasini, 844). Di un Balthasar Lusitanus parlano Quetif Jacobus, Echard Jacobus, *Scriptores Ordinis Praedicatorum*, vol. I, Paris, Apud J. B. Ch. Ballard et N. Simart, 1719, p. 900, e Kaeppeli Thomas, *Scriptores Ordinis Praedicatorum... op. cit.*, p. 138, ma i dati forniti non ne consentono una identificazione con il ms torinese.

85 Torino, Biblioteca Nazionale Universitaria, ms G.VI.8 (Pasini, 870); Galletti, Alfredo, *L'eloquenza... op. cit.*, p. 242; Kaeppeli, Thomas, *Scriptores Ordinis Praedicatorum... op. cit.*,

dal 1414 al 1425, Leonardo Dati è senz'altro figura di spicco nel panorama religioso e pastorale del Quattrocento: partecipò al concilio di Costanza in qualità di teologo e oratore, e nel 1418 venne coinvolto da Bernardino da Siena nella confutazione della predicazione apocalittica del domenicano Manfredi da Vercelli[86].

Per gli Agostiniani è particolarmente interessante il quaresimale del frate e *magister* Niccolò d'Acquapendente. Si tratta di un codice tardo, che il copista concluse il 20 agosto 1502 e che fu acquisito dal frate Raffaele da Milano nel 1518[87]. Il quaresimale risale tuttavia alla prima metà del Quattrocento, quando visse il frate Niccolò[88]. Il suo interesse è nel documentare una predicazione senz'altro interna al convento e all'Ordine (ogni sermone inizia con una invocazione al « padre nostro sant'Agostino ») ma rivolta all'impegno pastorale dei frati, come dimostra la « Tabula predicationum existentium in hoc libro ad materias[89] ». La *Tabula*, ordinata per temi (*De inferno*, *De ingratitudine*, *De parcialitate*, *De locucione*, etc.), fa del codice un prontuario utilissimo alla pastorale urbana dei predicatori.

Diversamente dagli autografi e datati, le raccolte composte a proprio uso da predicatori rimasti anonimi od oggi sconosciuti costituisce il patrimonio più cospicuo del fondo quattrocentesco dei manoscritti della Biblioteca Nazionale Universitaria di Torino. Anche in questo caso

---

p. 73-74; Viti, Paolo, « Dati Leonardo », in *Dizionario Biografico degli Italiani*, vol. 33, Roma, Istituto della Enciclopedia Italiana Treccani, 1987, p. 40-44.

86 Fumagalli, Edoardo, « Manfredi da Vercelli », in *Dizionario Biografico degli Italiani*, vol. 68, Roma, Istituto della Enciclopedia Italiana Treccani, 2007, p. 641-645; Rusconi, Roberto, « Note sulla predicazione di Manfredi da Vercelli e il movimento penitenziale dei Terziari Manfredini », *Archivum Fratrum Praedicatorum*, vol 48, 1978, p. 93-135. Si veda in merito la recensione scritta da Merlo, Grado Giovanni, *Bollettino storico-bibliografico subalpino*, vol. 77, 1978, p. 297-300.

87 Torino, Biblioteca Nazionale Universitaria, ms G.III.7 (Pasini, 226), f. 303v.

88 Sul frate Niccolò d'Acquapendente si vedano: de Salem Iuliani O.S.A. *Registrum Generalatus (1451-1459)*, a cura di Daniela Gionta, Roma 1994 (Fontes Historiae Ordinis Sancti Augustini ab Instituto Historico Augustiniano editi. Prima Series. Registra Priorum Generalium, 10), p. 299 (n. 814: 1451, 6 agosto), 308 (n. 838: 1454, 20 aprile), 309 (n. 843: 1454, 23 maggio), 310 (n. 847: 1455, 1 settembre), 315 (n. 864: 8 maggio 1456 Nicola è *olim*): Nicola da Aquapendente, *magister*, è uno dei tre vicari della provincia romana (1451, 1454); Ossinger Iohannes Felix, *Bibliotheca Augustiniana*, Ingolstadt – Augsburg 1768, p. 67, che lo colloca nella prima metà del Quattrocento († 1457); Perini David Aurelius, *Bibliographia Augustiniana*, Firenze 1938, p. 49: de Aquis Taurinis (v. Acquapendente) Fr. Nicolaus; e Galletti, Alfredo, *L'eloquenza... op. cit.*, p. 288, che vi fa riferimento come a predicatore fiorentino autore di sermoni « ornati di varia erudizione ».

89 Torino, Biblioteca Nazionale Universitaria, ms G.III.7 (Pasini, 226), f. 301r.

tuttavia le note del copista possono informarci della fitta rete di scambio che caratterizzava il « mestiere » dei predicatori. Così accade nel caso di una raccolta di sermoni anonimi finita di copiare l'11 agosto 1408 dal frate francescano Urbano Aycardi di Borgofranco, che Gustavo Vinay definì come « il più meritevole discepolo del più insigne grammatico che vanti l'umanesimo subalpino » cioè Bartolomeo Pascali[90]. Accanto ai copisti-intellettuali come Urbano Aycardi si trovano uomini di mestiere che si fanno copisti per amicizia o per un debito nei confronti di altri predicatori. È il caso dei sermoni quaresimali, *de sanctis* e *per circulum anni* raccolti da Antonio Maria di San Germano, forse frate domenicano[91]. Di Antonio conosciamo solo ciò che lui stesso scrive in nota al suo manoscritto: « [...] *ipsum manu propria scripsit et a multis doctoribus extraxit. Quicumque in eo legerit, pro ipso Deum oret* ». Un'altra raccolta che documenta la circolazione di sermoni modello è il *Manipulus curatorum* che il sacerdote Giovanni de *Ambroxiis* di Avigliana – eccezionalmente, un secolare? – scrive in Avigliana « *pro usu meo et amicorum meorum et sub anno Domini 1489 et die 20 mensis Iulii finitus est*[92] ».

Alcune informazioni sulla circolazione e il possesso delle raccolte di sermoni possono venire infine dagli inventari delle biblioteche private dei religiosi, e ciò diversamente dalle biblioteche dei prìncipi che inventariavano generalmente i breviari, i libri d'ore, i salteri, le bibbie, ma non i sermoni[93]. È il caso, ad esempio, dell'inventario della biblioteca

90 Vinay, Gustavo, *L'umanesimo subalpino... op. cit.* p. 88. Torino, Biblioteca Nazionale Universitaria, ms H.VII.4 (Pasini, 877). Il ms non risulta oggi reperibile. Su Urbano Aycardi si legga in Rosso Paolo, « Da "Studium conventuale", art. cit. », p. 30-32.

91 Torino, Biblioteca Nazionale Universitaria, ms H.VI.8 (Pasini, 826). Di un Antonio, frate domenicano nella chiesa di San Germano, morto a Como nel 1458, si legge in Derossi Onorato, *Scrittori Piemontesi, Savoiardi, Nizzardi registrati nei cataloghi del vescovo Francesco Agostino Della Chiesa e del monaco Andrea Rossotto*, Torino, 1790, p. 14.

92 Torino, Biblioteca Nazionale Universitaria, ms H.VII.22 (Pasini, 806). Su Giovanni *de Ambroxiis* cfr.: Segre Montel, Costanza, « Antiche biblioteche e codici miniati in Valle di Susa », *Valle di Susa. Arte e Storia dall'XI al XVIII secolo*, Galleria Civica d'Arte Moderna (Torino, 12 marzo – 8 maggio 1977), Torino 1977, p. 215-251.

93 Per l'ambito sabaudo si veda in particolare l'inventario dei libri di Iolanda di Savoia: Edmunds, Sheila, « The Medieval library of Savoy », *Scriptorium*, vol. 24, 1970, 2, p. 318-327; vol. 25, 1971, 2, p. 253-284; vol. 26, 1972, 2, p. 269-293; Saroni, Giovanna, *La biblioteca di Amedeo VIII di Savoia (1391-1451)*, Torino, U. Allemandi, 2004. Sulla circolazione di libri tra professori e studenti, si veda: Quazza, Ada, Segre Montel, Costanza, « Libri tra professori e studenti: circolazione di manoscritti e biblioteche personali », *"Alma felix universitas studii Taurinensis": lo studio generale dalle origini al primo Cinquecento*, éd. I. Naso, Torino, Alma universitas Taurinensis, 2004, p. 269-307.

del frate agostiniano Gabriele Bucci da Carmagnola, pubblicato nel 1911 da Faustino Curlo in appendice all'edizione del *Memoriale quadripartito*, la cronaca della città di Carmagnola composta dallo stesso Bucci alla fine del Quattrocento[94]. Tra i sermoni in inventario si legge una raccolta « *cuius folium secundum incipit "primum impedimentum"* »; un *liber* di suoi sermoni (« *liber est predicationum quas scripsi* »); un altro « *liber sermonum predicabilium* » il cui *incipit* era « *dominum yhesum* »; un quaresimale di un frate Michele che Faustino Curlo identifica con Michele da Carcano; un quaresimale infine del frate minore Francesco di Meyronnes[95].

Nel concludere questa prima e parziale « incursione » nelle raccolte manoscritte di sermoni quattrocenteschi conservate presso la Biblioteca Nazionale Universitaria di Torino, è necessario segnalare l'importanza dell'unico codice di autore che al momento ci consenta di legare la tradizione manoscritta esistente ad una predicazione mendicante effettivamente compiuta nel Piemonte ducale del XV secolo. Si tratta del ms G.II.30, datato 1419 e forse autografo[96], contenente la predicazione quaresimale del predicatore francescano Marco di Sommariva del Bosco nel castello di Stupinigi per la Pasqua del 1419. Primo dottore in sacra pagina a Torino e poi professore nella medesima Università[97], frate Marco opera al tempo della transizione istituzionale della regione subalpina dal principato degli Acaia al ducato di Savoia. La morte, infatti, senza eredi legittimi, del principe Ludovico di Acaia il 6 dicembre del 1418, determinava l'estinzione

94 Curlo, Faustino, *Il "Memoriale quadripartito" di fra Gabriele Bucci da Carmagnola*, Pinerolo (Cuneo), Tip. Giuseppe Brignolo, 1911 (Biblioteca della Società storica subalpina, 63), p. 337-372.

95 *Ibid.*, nn. 103, 104, 105, 106, 107.

96 Vinay, Gustavo, *L'umanesimo subalpino... op. cit.*, p. 87, 163, 296; Vitale Brovarone, Alessandro, « Per la fortuna di Dante in Piemonte. La testimonianza di Marco da Sommariva », *Studi Piemontesi*, vol. 4, 1975, 2, p. 322-324: p. 323.

97 La biografia storica di Marco da Sommariva del Bosco è reperibile in Wadding, Luca, *Scriptores Ordinis Minorum... Editio Novissima*, Romae, 1906, p. 167; Sbaralea, Johannes Hiacintus, *Supplementum et castigatio ad scriptores trium ordinum s. Francisci*, vol. II, Romae, 1921, p. 210 (Rist. Anast., A. Forni Editore, 1978); Vallauri, Tommaso, *Storia delle Università degli studi in Piemonte*, Torino, Paravia, 1875^2, p. 54. Riferimenti alla figura di Marco da Sommariva sono inoltre in Piana, Celestino, *Chartularium Studii Bononiensis S. Francisci (saec. XIII-XVI)*, Quaracchi-Firenze 1970 (Analecta Franciscana XI); *"Alma felix Universitas Studii Taurinensis". Lo studio generale dalle origini al primo Cinquecento*, éd. I. Naso, Torino 2004, p. 33, 157, 170, 281, 302, 304. L'appartenenza del frate al convento di Alba nella provincia di Genova, è informazione che il Sommariva stesso dà nelle prime pagine del suo Quaresimale (Torino, Biblioteca Nazionale Universitaria, ms G.II.30, f. 4v).

della dinastia e il passaggio delle terre « al di qua delle Alpi » ai Savoia, nella persona di Amedeo VIII divenuto duca nel 1416. La vedova allora trentenne del principe defunto, Bona di Savoia[98], figlia del Conte Rosso (Amedeo VII) e sorella di Amedeo VIII, si allontanava dalla vita pubblica come prescriveva il lutto (*causa luctus*)[99] e trascorreva i primi mesi della vedovanza nel castello di Stupinigi, a pochi chilometri da Torino, assistita spiritualmente dal frate francescano che lì si recava ogni mattina *causa predicandi*, mentre risiedeva a Torino in qualità di lettore dello *Studium*. Per 40 giorni, dunque, durante la Quaresima e più precisamente dall'8 marzo del 1419, il predicatore esponeva alla vedova i 40 sermoni raccolti nel *liber* composto per la sua consolazione e ricreazione spirituale (*causa sue spiritualis consolacionis et recreationis*)[100].

È il predicatore stesso a precisare le circostanze precise della composizione del *liber*. Il *Bonum quaternarium* (questo è il titolo dell'opera) si sviluppa intorno alla figura di Bona principessa di Acaia e al suo nome (*eius amore et reverencia singulari*)[101], come appare evidente dalla *Collatio* successiva al *Prologo*. Il versetto 26, 3 dell'Ecclesiastico (*Bona mulier circumduxit me per quattuor*)[102], che apre il sermone, consente al frate di esporre l'architettura del libro, chiarendone al tempo stesso l'intento celebrativo nei confronti della principessa di Savoia. Il carattere privato di questa predicazione, tenuta negli ambienti del ritiro vedovile

98 Bona era stata data in sposa a Ludovico di Acaia il 24 luglio 1403, con una dote di 60 000 fiorini d'oro. Il matrimonio fu concluso due anni dopo, nel 1405: Gabotto, Ferdinando, *Gli ultimi principi di Acaia e la politica subalpina dal 1383 al 1407*, Torino, Bocca, 1898, p. 482-483.

99 La vedova del principe, negli stati sabaudi, ma anche nel Regno di Francia, celebrava il lutto isolandosi nelle proprie stanze addobbate di nero, per un periodo di tempo che poteva variare da alcune settimane a un anno: sei settimane, secondo Cognasso, Francesco, *Amedeo VIII*, vol. 1 (1383-1451), Torino, Paravia, 1930, p. 148; e un anno nel Regno di Francia: Pollini, Nadia, *La Mort du Prince. Rituels funéraires de la Maison de Savoie (1343-1451)*, Lausanne, Dupuis-Le Brassus, 1994 (Fondation Humbert II et Marie José de Savoie. Cahiers Lausannois d'Histoire médiévale 9), p. 41-42 e nota 28.

100 Torino, Biblioteca Nazionale Universitaria, ms G.II.30, f. 4r. Oltre al codice datato 1419 (e forse autografo), la medesima Biblioteca Nazionale Universitaria di Torino conserva altri due manoscritti (entrambi danneggiati dall'incendio del 1904, ma restaurati): K^2.V.3 e H.V.31 (ff. 121 e ss.). Quest'ultimo, di mano – come già ricordato – del francescano Ludovico da Chieri, elimina ogni riferimento a Bona di Savoia. Altri due manoscritti sono conservati presso la Biblioteca Nazionale di Firenze (ms II.IX.3) e la Biblioteca Classense di Ravenna (ms 253).

101 Torino, Biblioteca Nazionale Universitaria, ms G.II.30, f. 3r.

102 *Ibid.*, ms G.II.30, f. 2r.

della principessa di Savoia, consente al predicatore di instaurare con lei un dialogo continuo. Ogni sermone si conclude con uno scambio di domande e risposte tra il predicatore e la principessa: alle domande poste dalla principessa fanno eco le risposte del predicatore. La *mise en scène* del dialogo quotidiano tra il predicatore e la vedova, che interviene con le proprie domande e i propri dubbi a conclusione di ogni sermone (« *ad primum dubium tuum respondeo filia cara* »), è un aspetto importante dell'iter penitenziale descritto dal *liber*. Vero padre spirituale, il frate accompagna attraverso *auctoritates*, *dicta*, *sententiae*, *exempla* e *quaestiones* la principessa nel suo percorso penitenziale fatto di preghiera, ritiro e castità, ma anche di testimonianza attiva di un onore aristocratico che celebra il suo ruolo anche attraverso la memoria del marito defunto. Perciò, i contenuti di questi sermoni si presentano come una sorta di *speculum principis*, permettendoci di parlare di una predicazione a metà strada fra la direzione spirituale della vedova e l'educazione del principe[103].

Accanto ai temi relativi allo *status* principesco della principessa di Savoia, i sermoni trattano della nuova condizione di Bona conseguente alla morte del consorte. Pur all'interno di un « regnum », la sua nuova condizione spirituale è infatti di essere « sposa di Cristo »: una condizione, cioè, monastica e assimilabile a quella delle monache di santa Chiara[104] alle quali la principessa manifestò la propria vicinanza per tutto il resto della sua vita. Marco d'altra parte passò ben presto dalla predicazione a corte all'itineranza tra il convento di San Francesco di Chieri, a seguito del trasferimento dello *Studium*[105], e la cura delle Clarisse del monas-

103 I sermoni documentano l'elevato livello culturale dei predicatori chiamati a corte. Grazie alle citazioni della Divina Commedia di Dante già segnalate da Alessandro Vitale Brovarone [Brovarone Alessandro, « Per la fortuna di Dante in Piemonte. La testimonianza di Marco da Sommariva », *Studi Piemontesi*, vol. 4, 1975, 2, p. 322-324], il quaresimale attesta anche l'interesse dei francescani per l'opera del poeta fiorentino.

104 Sulla « costruzione » della spiritualità francescana femminile da parte dei predicatori: Uphoff, Johanneke, « Instruction and Construction: Sermons and the Formation of a Clarissan Identity in Nuremberg », *Religious Orders and Religious Identity Formation, ca. 1420-1620. Discourses and Strategies of Observance and Pastoral Engagement*, éd. B. Roest, J. Uphoff, Leiden-Boston, Brill, 2016, p. 48-68. Sull'ideale di *regnum monasticum* esposto da Marco a Bona nel suo quaresimale si veda: Gaffuri, Laura, « "Monasticum regnum": la "religio" politica medievale fra testo e contesto », *"Monasticum regnum". Religione e politica nelle pratiche di legittimazione e di governo tra Medioevo ed Età moderna*, éd. G. Andenna, L. Gaffuri, E. Filippini, Berlin-Münster-Wien-London, Lit Verlag, 2015, p. 9-17 (Vita regularis. Ordnungen und Deutungen religiosen Lebens im Mittelalter, 58).

105 Rosso, Paolo, « Da "Studium conventuale", art. cit. », p. 22-23.

tero francescano femminile di Santa Chiara di Carignano (nei pressi di Torino) dove lo troviamo risiedere negli anni Trenta del Quattrocento in qualità di rettore e protettore del monastero e come commissario del vicario della provincia di Genova Gerardo di Valenza (omonimo del più famoso beato trecentesco)[106]. I suoi sermoni a Bona documentano quindi l'intreccio tra la cultura universitaria dei frati e la pastorale francescana diretta all'*élite* aristocratica femminile (forse anche quella indirizzata alle monache dell'Ordine).

Il dialogo dunque tra tipologie documentarie diverse documenta la complessità semantica del fenomeno della predicazione, dando conto della sua pervasività nelle società urbane e principesche della fine del Medioevo. La varietà della ricezione della pastorale mendicante in materia religiosa e civile si specchia nei costi sostenuti dall'erario comunale per la « edificazione » religiosa dello spazio pubblico, nella distribuzione spaziale e temporale dell'istruzione religiosa dei *cives*, nell'ampiezza dei temi predicati in attinenza all'interpretazione mendicante del *bonum commune*. Ma tutti, da Vincenzo Ferrer fino al meno noto dei predicatori che calcarono le piazze o salirono sui pulpiti delle chiese del Piemonte nel Quattrocento, dovettero il loro successo alla capacità di interagire positivamente con i princìpi ispiratori dello stato cittadino o territoriale promuovendo la realizzazione di una società ordinata in senso religioso, e nella quale la tutela della morale cristiana, della pace e dell'unità della fede costituivano le condizioni indispensabili alla stabilità del corpo sociale.

Laura GAFFURI
Università di Torino –
Dipartimento di Studi Storici

106 Torino, Archivio di Stato (Sezioni Riunite), *Fondo Pergamene*, Mazzo 3, Perg. nn. 97, 99, 104.

LA PAROLE DE CHAIRE DES MINORITÉS PROTESTANTE ET JUIVE À L'ÉPREUVE DU CHANGEMENT INSTITUTIONNEL

Années 1770-1815

La prise de parole en chaire, si elle s'exprime avant tout dans le domaine théologique et religieux, s'inscrit dans un contexte social et politique qu'il est important de considérer. Ce dernier est particulièrement déterminant quand il s'agit d'appréhender les religions minoritaires qui, dans les périodes antérieures au XIXe siècle, sont souvent placées sous un régime d'exclusion par rapport au catholicisme, religion dominante dans les espaces lotharingiens. Dans cette enquête, il sera ainsi question des protestantismes et du judaïsme en terres lorraine, franc-comtoise et bruxelloise.

L'objectif ne se situe pas ici dans l'analyse de l'ensemble de la prédication des religions minoritaires mais plus particulièrement d'aborder cette dernière à partir d'un angle très spécifique qui est celui du rapport au politique, en examinant comment se positionnent les prédicateurs des religions minoritaires de la « dorsale catholique » face aux changements institutionnels, des années 1770 à 1815. Cette coupure chronologique permet de penser, d'une part, les modifications internes des communautés protestantes et juives et, d'autre part, les liens nouveaux qu'elles peuvent acquérir avec les pouvoirs en place. Dans tous les cas, cette question est abordée à partir de textes émanant d'une parole publique religieuse prononcée au moment du culte ou qui la prolonge. Plusieurs questions traversent de fait notre propos : la sortie de la clandestinité provoque-t-elle un changement – thématique, matériel… – dans la prédication de ces religions minoritaires ? Quelles réponses ces dernières donnent-elles en chaire face aux sollicitations nouvelles des autorités politiques ?

Nous verrons tout d'abord les conditions matérielles très spécifiques de ces prédicateurs minoritaires et en quoi la période considérée redéfinit le statut de l'orateur sacré, protestant ou juif. Dans un deuxième moment, seront abordées quelques thématiques présentes dans les discours et prières théologico-politiques, afin de comprendre les continuités et ruptures de ces textes au cours des changements de potentats. Enfin, nous analyserons l'ambivalence de ces discours de chaire, à la fois paroles d'instrumentalisation du religieux par le politique et discours manifestant une intégration des religions minoritaires à la nation française.

DES CONDITIONS MATÉRIELLES DE PRÉDICATION, SPÉCIFIQUES ET LARGEMENT MODIFIÉES

Pour être pleinement opérant, l'art oratoire sacré suppose des conditions matérielles de prédication optimale. Traditionnellement, la prédication est réalisée à l'intérieur d'un bâtiment cultuel, souvent depuis une chaire, ou en hauteur pour être entendu de tous. Si cela a lieu à l'extérieur, on peut supposer un calme relatif de l'assistance et des conditions sécures afin que l'auditoire puisse écouter l'orateur sereinement et tirer bénéfice de ses paroles. Pour les prédicateurs des religions minoritaires la situation n'est pas toujours aussi simple.

Pour ce qui regarde les huguenots, depuis la révocation de l'édit de Nantes en 1685, ils sont placés dans un moment d'exclusion qui rend les conditions matérielles de la prédication – quand elle a lieu – difficiles. C'est le cas des protestants de la dorsale catholique, puisqu'un protestantisme résiduel persiste sur ces territoires, au contact avec l'Empire[1]. Les registres de l'Église réformée de Ludweiller en Sarre portent par exemple mention, entre 1718 et 1781, de « nombreuses célébrations » de mariages et baptêmes passés à l'étranger pour les habitants de Lessy, Lorry, Chieulle, Silly, Courcelles et autres communautés frontalières[2] mais nous n'avons aucune preuve de prédication pour ces protestants. Elle peut toutefois avoir eu lieu lors de ces cultes, sans que des traces

1 Jalabert Laurent, « Frontière de catholicité et coexistence religieuse sur le Rhin (XVIIe siècle) : aux marges de la Dorsale Catholique », in G. Deregnaucourt, Y. Krumenacker, P. Martin, F. Meyer (dir.), *Dorsale catholique, Jansénisme, Dévotions : XVIe-XVIIIe siècles. Mythe, réalité, actualité historiographique*, Paris, Riveneuve éditions, 2014, p. 415-425.

2 Mazauric Roger, *Le protestantisme en pays messin*, Metz, Muteliet éditeur, 1950, p. 109.

de sermons aient été conservées. Lorsque la prédication se déroule en plein air, les espaces utilisés – champs et forêts souvent isolés – sont peu adaptés à l'art oratoire. Le culte peut également prendre place dans les maisons particulières mais, là encore, la prédication est souvent réduite à la portion congrue. Ainsi, dans les années 1760, les réformés de Courcelles « se réunissent régulièrement le dimanche pour célébrer un culte et en l'absence de tout pasteur, un lecteur nommé Toussaint est chargé de lire la liturgie et un sermon[3] ». En d'autres lieux, on mobilise aussi les granges pour accueillir les assemblées dans les espaces ruraux, souvent plus propices à la clandestinité. Nous sommes ici bien loin de conditions de prédication que l'on trouve dans l'Église catholique même s'il ne faut sans doute pas minorer les difficultés matérielles que pouvaient rencontrer les prêtres ou réguliers lors de leur prédication. Jusqu'en 1791, année de la reconnaissance du culte protestant et donc de la possible instruction dans un temple, les huguenots demeurent particulièrement limités matériellement en termes de prédication, tant pour l'auditoire que pour l'orateur.

Pour les communautés juives, les conditions sont très variables mais il faut noter, pour l'espace qui retient notre attention, la particularité de la communauté de Metz, installée depuis le début du XVIIe siècle à la périphérie de la ville, dans le quartier Saint-Ferroy[4]. Elle se trouve relativement protégée car elle est jugée utile pour assurer la subsistance de l'armée et elle comptait ainsi à la fin du XVIIIe siècle près de 2 000 individus (sur 37 000 habitants)[5]. De fait, les paroles des rabbins et la récitation des prières sont prononcées dans des espaces clos, dévolus à cet effet, car la communauté messine possède deux synagogues, la première érigée dès le XVIIe siècle, la seconde datant des années 1710. À Nancy, en 1721, une ordonnance ducale autorise l'installation de quatre

3 *Idem*, p. 110.

4 Léonard Julien, « Le retour des juifs », in S. Wagner et J. Trapp (dir.), *Atlas historique de Metz*, Metz, Éditions des Paraiges, 2013, p. 192.

5 Chiffres tirés de par Daltroff Jean, « La communauté israélite de Metz et sa synagogue (1848-1950) », extraits de *Cahiers Lorrains*, n° 2, 2001, accessibles sur http://judaisme.sdv.fr/histoire/villes/metz/histsyn/histsyn1.htm. Sur la communauté de Metz et en Moselle, on peut noter la biographie suivante : Clément Roger, *La condition des Juifs de Metz sous l'Ancien Régime*, Paris, Henri Jouve, 1903 ; Meyer Pierre-André, *La communauté juive de Metz au XVIIIe siècle : histoire et démographie*, Nancy/Metz, PUN / Éditions Serpenoise, 1993 ; Rosenfeld Claude, Lang Jean-Bernard, *Histoire des Juifs en Moselle*, Metz, Éditions Serpenoise, 2001.

familles juives[6] et une synagogue est érigée dans la ville par l'architecte Augustin-Charles Piroux, en 1788 ; elle est donc bâtie après celles de Phalsbourg, en 1776, et Lunéville, en 1786. La prière collective délivrée et la prédication sont ainsi facilitées, contrairement à celle protestante de la même période : ainsi, dans le premier projet du plan de la synagogue de Nancy, est prévu, au centre, l'équivalent de la chaire, l'*almemor*. La présence juive est de fait, sinon importante, du moins assez conséquente pour représenter une réalité sociale et politique à laquelle les pouvoirs publics prêtent attention. C'est d'ailleurs la Société royale des Sciences et des Arts de Metz, qui a mis au concours pour 1787 et 1788 la question : « Est-il des moyens de rendre les Juifs plus utiles et plus heureux en France ? », concours dans lequel s'illustra l'Abbé Grégoire.

Il y a donc des conditions spécifiques à cette prédication des religions minoritaires, soit des conditions de réelle clandestinité – comme dans le protestantisme – soit de relative tolérance – comme dans le cas du judaïsme lorrain. Dans le protestantisme, la prédication est théoriquement assurée tous les dimanches par le pasteur, ce qui n'est pas toujours possible en temps de persécution ; dans le judaïsme, les rabbins prêchent beaucoup moins régulièrement (par exemple, le contrat du rabbin messin Shaagat Aryeh, passé en 1766, prévoit qu'il fasse une prédication deux fois par an dans la synagogue). Le rabbin n'était d'ailleurs pas le seul à intervenir lors du culte et, à vrai dire, il intervient peu dans la prédication ou la prise de parole car le culte peut être conduit par toute personne capable de psalmodier la Torah et notamment par un chantre professionnel nommé *hazan*.

De cet état matériel autour de la prédication minoritaire une première conséquence apparait, fâcheuse pour l'historien : il y a peu de sources homilétiques sur lesquelles il est possible de travailler durant ce XVIIIe siècle et encore moins donc sur la thématique réduite choisie, celle de la question du rapport aux autorités politiques. Les sermons manuscrits représentaient en effet un danger pour les pasteurs s'ils étaient pris par les soldats du roi avec de tels documents sur eux. Souvent donc, les textes étaient cachés et nombre d'entre eux ont certainement dû disparaître avec leurs auteurs ou bien sont encore conservées dans les papiers de

6 Berg Roger, « Le judaïsme en Lorraine à l'occasion du bicentenaire du rattachement à la France de la Lorraine et du Barrois », extrait du *Bulletin de nos Communautés* (1966), accessible sur http://judaisme.sdv.fr/histoire/historiq/lorraine/lorraine.htm.

famille. Une récente visite à la branche Lorraine de l'Église protestante unie de France a permis de confirmer que, parmi leurs archives, ils ne conservent aucun sermon de la période, tout comme les archives de la Société de l'histoire du protestantisme français, à Paris, ne sont pas riches en archives lorraines de la période des Lumières. Pour le judaïsme, la situation est identique. Il est donc indispensable pour toucher la parole délivrée en chaire de compléter les rares sources homilétiques par d'autres documents qui constituent tout autant un témoignage d'une parole publique religieuse : tel est notamment le cas, pour le protestantisme, des lettres pastorales ou, pour le judaïsme, des prières pour les autorités. Dans le premier cas, il s'agit de lettres imprimées, souvent rédigées par le pasteur, adressées aux fidèles et distribuées après le culte. Elles sont d'ordinaire le reflet de la prédication du moment et constituent même un prolongement de cette dernière dans la mesure où ces missives en représentent une version ouverte, hors du temple. Dans le cas du judaïsme, les prières au gouvernement sont un précieux complément pour toucher une parole religieuse qui s'exprime autour de la question politique. Ces prières sont récitées publiquement, depuis le milieu du XVIIe siècle, à chaque shabbat, le samedi matin, après la lecture de la Torah. Elles concernaient initialement la monarchie anglaise (c'est-à-dire le milieu juif séfarade de l'Angleterre à l'Asie mineure) puis se sont étendues à l'ensemble de la communauté ashkénaze et on les retrouve partout en Europe[7].

Seconde conséquence de cet état matériel de la prédication en milieu minoritaire : avec la progression des idées des Lumières et en particulier celle de tolérance, et en lien avec les événements politiques de la Révolution française, les conditions d'expression d'une parole publique religieuse vont subir un changement de statut, en France en tout cas. Une légalisation progressive de reconnaissance des autres religions que celle catholique se met en place. La liberté des cultes est reconnue par le titre 1 de la Constitution de septembre 1791. Les juifs, après les protestants en 1787, sont à leur tour émancipés et donc reconnus comme citoyens français. La prédication des religions minoritaires ne connaît alors plus d'entrave spécifique et la prise de parole est, de fait, facilitée. On voit d'ailleurs parfois, en parallèle de cette législation favorable, un dynamisme communautaire qui décuple la prédication protestante

7 En France, elles ont été étudiées particulièrement par Birnbaum Pierre, *Prier pour l'État. Les Juifs, l'alliance royale et la démocratie*, Paris, Calmann-Lévy, 2005.

notamment. Tel est le cas de la France Comté où on assiste, en 1793, à la reconstitution d'une communauté réformée avec l'arrivée d'horlogers suisses à Besançon[8].

La Terreur stoppe cet élan et, de ce côté-là, on peut voir que les trois religions catholique, protestante et juive sont parfaitement traitées de la même manière : les orateurs se taisent en chaire durant cette courte période. Et pour cause, les bâtiments cultuels sont souvent dévastés. Ainsi, la synagogue de Metz est pillée, puis transformée en parc à bestiaux. Mais ce silence oratoire n'a lieu que pour un temps limité et c'est à partir de 1795, année de la première loi de séparation des Églises et de l'État, que peuvent se reconstruire les communautés protestantes et les pasteurs reprennent ainsi la parole en chaire. Une autre grande étape est les articles organiques de 1802. Du côté du judaïsme, ce sont les lois des années 1806-1808 qui réorganisent le culte israélite[9].

Un véritable changement du statut officiel des prédicateurs des religions minoritaires se met donc en place. Les pasteurs protestants peuvent progressivement prêcher dans des temples que les Églises reconstruisent au gré du rétablissement de leurs finances. Pour la prédication juive, il faut noter aussi un changement important dans la matérialité de la prise de parole religieuse dans la synagogue. En effet, au début du XIXe siècle, le Consistoire central souhaite réformer les offices et impose, entre autres mesures, un sermon en français, qui était alors une langue peu maîtrisée par les rabbins. Pour donner plus de poids à cette réforme, il introduit le recours à une chaire en hauteur, distincte du pupitre de lecture de la Torah, comme celle présente dans la synagogue de Phalsbourg. « Si ce mobilier se retrouve dans la communauté de Bordeaux dès 1812 ou de Paris en 1822 [...], en Alsace-Lorraine, les résistances sont fortes, car cet usage étant considéré comme une imitation des chrétiens » et, dans les faits elles n'apparaissent qu'en 1834 à Strasbourg et 1843 à Nancy[10].

8 Voir *Annales franc-comtoises* (1890, vol. 2, p. 296) ainsi que Puaux Gabriel, « Le Pasteur Jean-Henry Ebray 1769-1840 », *Bulletin de la Société de l'histoire du protestantisme français*, vol. 106, 1960, p. 117-157 et *La vie religieuse à Besançon du IIe siècle à 2010*, Besançon, Les Cahiers de la Renaissance du Vieux Besançon, 2011.

9 Sur les rabbins du XIXe siècle voir Chouraqui Jean-Marc, « Le corps rabbinique en France et sa prédication : Problèmes et Desseins (1808-1905) », *Histoire, économie et société*, 1984, 3e année, n° 2, p. 293-320.

10 Descomps Claire, Moinet Édouard (dir.), *Les juifs et la Lorraine. Un millénaire d'histoire partagée*, Nancy/Paris, Musée Lorrain / Somogy éditions d'art, 2009, p. 302 (catalogue de l'exposition organisée à Nancy par le Musée lorrain de juin à septembre 2009).

Au-delà de ces modifications de lieu de prise de parole, le changement de statut radical des cultes minoritaires en France qui s'observe durant la période entraîne-t-il une modification de la prédication minoritaire pour ce qui regarde les aspects politiques abordés en chaire ?

PAROLES PUBLIQUES RELIGIEUSES
Continuité et ruptures

En se fondant sur le corpus sélectionné, continuité et ruptures ressortent de la prédication minoritaire autour de ces changements de statut des communautés desquelles elles émanent.

Le premier élément remarquable est le signe d'une continuité des thématiques théologico-politiques abordées avec un soutien et un support constant qu'apportent les orateurs sacrés à l'égard des pouvoirs en place, quelle que soit la nature de celui-ci. Cela est particulièrement le cas des prières au gouvernement qui se multiplient dans les communautés juives durant tout le XVIIIe siècle et au-delà. Ainsi, à Metz, des cantiques célèbrent l'arrivée au pouvoir de Louis XVI en 1774. Les Bourbons sont célébrés comme pères des sujets, protecteur des pauvres. Celle alliance avec la monarchie se voie dans le mobilier même de la chaire, de l'*almemor* comme à Nancy, où les détails stylistiques de ce dernier montre le soin accordé à cet objet qui sert à amplifier le rôle de la parole. De plus dans cet *almenor* se retrouve « une sorte de dais surmonté d'une couronne fleurdelisé évoquant à la fois le roi et la Torah[11] ». L'alliance avec la monarchie est donc signifiée par ce mobilier oratoire. Après la Révolution, les communautés juives retrouvent le même élan, et les rabbins vont, selon le décret impérial du 17 mars 1808, « réciter les prières qui se font en commun dans les temples pour Sa Majesté impériale et Roi et la famille impériale » en présence de la Torah. Cette prière est partout la même et on la retrouve donc dans les communautés de Lorraine. Elle commence par :

11 *Idem*, p. 290 où l'on peut voir une reproduction du projet pour l'*almenor* d'A.-C. Piroux. L'ensemble « est réalisé en fer forgé, peint en bleu et noir avec rehauts d'or comme souvent en Lorraine ».

> Dieu, Éternel, Maître de l'Univers, du haut de ton Trône, tu inclines le regard de ta Providence vers les cieux de la Terre [...] C'est par toi que les Rois règnent [...] Jette de ta demeure sainte un regard favorable, bénis, préserve et assiste notre auguste Souverain, Napoléon le Grand, Empereur des Français, Roi d'Italie[12].

Du côté protestant, la même ardeur à soutenir et prier pour les puissants se retrouve. Ainsi, le pasteur luthérien Léopold-Ferdinand Masson, à Montbéliard, clame en chaire :

> Bénis le Prince que tu as choisi pour être l'instrument de tes miséricordes, et pour parler de paix à ton peuple. [...] Que ta main le dirige, que ton bras le fortifie, que ta miséricorde et ta vérité l'accompagnent. Monarque éternel, qui fait régner les Rois, et qui les pèse dans ta balance, c'est toi qui as marqué sa place au-dessus des plus grands et des plus puissants de la terre : environne-le de ta grâce dans le rang où tu l'as élevé, afin qu'il gouverne avec justice et avec sagesse les peuples que tu as soumis à ses lois. Tu l'as appelé pour essuyer nos pleurs et pour cicatriser nos plaies : demeure à sa droite, Seigneur, pour le conduire et l'affermir dans cette grande vocation, et fais lui savourer longtemps, oui, bien longtemps encore, le plaisir divin de faire des heureux. Amen !

Au moment du retour des Bourbons, le soutien est toujours le même du côté protestant comme juif. À Sedan, par exemple, le pasteur réformé Jacques Peyran prononce le 1er mai 1814 un vibrant sermon sur l'avènement de Louis XVIII, monarque qui, dans la bouche du ministre, met fin aux souffrances, à la guerre, aux difficultés que le peuple français a rencontré depuis les vingt dernières années : il est le bienfaiteur retrouvé. Dès 1818, le Consistoire central juif adresse de même une lettre aux consistoires locaux dans laquelle on peut lire qu'il est nécessaire de rendre des actions de grâces « à celui qui veille au salut des Nations » et a rendu « un gouvernement légitime » aux Français. Nul doute que de telles paroles sont répercutées en chaire dans les synagogues de Lorraine à la faveur des prises de parole des rabbins. L'alliance avec les Bourbons est de nouveau proclamée depuis les chaires protestantes et juives, marquant un retour aux paroles prononcées avant la Révolution française.

Mais à côté d'éléments intangibles, nous trouvons aussi dans ces prises de paroles religieuses minoritaires des changements et ceux-ci

12 Birnbaum Pierre, *Prier pour l'État*, *op. cit.*, p. 56-57.

s'expriment par un vocabulaire revisité. En chaire, tout un champ lexical nouveau apparaît et celui-ci résulte des apports de la Révolution, des droits acquis en matière de religion mais aussi pour ce qui regarde les citoyens que sont maintenant les juifs et les protestants.

Pour les juifs, c'est l'émancipation de 1791 qui marque la rupture et l'alliance nouvelle avec les autorités. L'égalité, la liberté sont garanties par la loi. Et dans le Temple des Citoyens Israélites de Metz, on interprète le 21 octobre 1793 un cantique patriotique composé par le mathématicien Moïse Ensheim (1751-1840) avec des mots particulièrement éloignés de la langue sacrée mais dont la rhétorique parvient tout de même à la rejoindre :

> Répandez-vous, ô mes frères ! en actions de grâces ; la terre sacrée sur laquelle nous vivons est devenue notre patrie ; les loix de la République Françoise sont aussi nos Loix ; une sainte alliance nous a tous compris dans la grande famille des hommes libres [...]
>
> Daigne, Dieu Éternel, daigne répandre ta sagesse sur les représentants de ce peuple généreux, que les loix qu'ils nous préparent soient inspirées par elle[13].

Se mêlent ainsi vocabulaire traditionnel d'un texte religieux (« frère », « action de grâce », « terre sacrée », « sainte alliance ») et logique juridique (« loi », « république françoise » « homme libre », « représentant »). Les juifs appartiennent désormais à une « grande famille », celle de la patrie française qui leur garantie liberté et égalité.

Du côté protestant, on célèbre bien entendu la liberté religieuse retrouvée, après les troubles civils apportés par les années 1793-1799. Sous l'Empire napoléonien, le vocabulaire socio-politique de la chaire protestante est proche de celui entendu dans les synagogues. Ainsi, dans une lettre pastorale du pasteur de Frédéric-Charles Félice de Metz, en août 1806, on explique aux fidèles que :

> c'est Napoléon qui, unissant le citoyen au citoyen, et le citoyen à la patrie, nous rattacha de cette chaîne mystérieuse et sainte, dont les contours, embrassant tous les hommes, forment et unissent toutes les sociétés qui composent la grande société, et dont le premier anneau, placé dans la main de Dieu, unit le Créateur à la créature, et la terre au ciel[14]

13 Cité par Birnbaum Pierre, *Prier pour l'État*, *op. cit.*, p. 49-50.

14 Felice Frédéric-Charles, *Lettre pastorale du Pasteur de l'Eglise réformée de Metz, à nos très chers frères en Jésus-Christ*, Metz, Antoine l'Aîné, 1806, p. 2-3.

Cette lettre doit se lire dans le contexte de la célébration de l'anniversaire de Napoléon et elle reprend le vocabulaire des sermons retrouvés ailleurs en France pour la période. Pour la plupart des pasteurs, les protestants doivent être particulièrement sensibles à cet événement et, pour le pasteur messin, « quels Français, autant que les réformés, doivent éprouver de gratitude et de joie ? » car Napoléon les a protégés et réintégrés à la nation française[15].

Avec la reconnaissance du protestantisme et du judaïsme, plus qu'un réel changement dans la manière de prêcher autour des thématiques politiques, c'est un vocabulaire « régénéré » qui apparaît donc dans la bouche des orateurs sacrés des religions minoritaires de la dorsale catholique.

LA PAROLE DE CHAIRE MINORITAIRE
Paroles d'intégration ou d'instrumentalisation ?

Le dernier point de cette enquête a pour objectif de saisir l'ambivalence de ces discours de chaire, à la fois paroles d'instrumentalisation du religieux par le politique et discours manifestant indéniablement une intégration des religions minoritaires à la nation française.

L'instrumentalisation de la parole de chaire par les pouvoirs publics est manifeste et, à ce propos, il est faux de penser que cette instrumentalisation n'a pu se faire qu'à partir de la période de légitimation des protestantismes et du judaïsme. En effet, dès avant les années 1790, le pouvoir politique sait utiliser les orateurs sacrés pour montrer la grandeur de la monarchie – qui pourtant ne les reconnaît pas officiellement comme sujets du roi. Il est possible de suivre le cas de la communauté juive de Metz pour le montrer. Ainsi les *Prières et louanges à Dieu, faites par la Communauté des Juifs de Metz & le Rabbin pour le remercier de la Paix* est un texte imprimé en 1749, au moment des réjouissances qui entourent la signature du traité d'Aix-la-Chapelle de 1748[16]. Il a été édité « avec permission », montrant par là même que ces communautés juives s'insèrent dans le flot de liesse générale du royaume autour de la paix retrouvée.

---

15 *Idem*, p. 4.

16 *Prières et louanges à Dieu, faites par la Communauté des Juifs de Metz & le Rabbin pour le remercier de la Paix*, Metz, Imprimerie Joseph Collignon, 1749.

Les religions minoritaires sont donc associées à la joie de l'ensemble des Français : prédications et prières collectives participent de la communion nationale. Les naissances des enfants royaux sont un autre temps propice à cela et, lors de la grossesse de la Reine Marie-Antoinette, quelques traces de paroles prononcées dans les synagogues subsistent pour montrer l'union des communautés juives avec les espoirs et attentes nationales. Tel est le cas d'une prière faite en vers hébraïque – et traduite pour l'édition – qui a reçu la permission d'impression à Nancy en octobre 1778[17]. Nous sommes juste avant la naissance du premier enfant royal, Marie-Thérèse de France, et les paroles juives sont associées à la liesse générale autour de l'arrivée de ce que l'on espère être un Dauphin.

Mais il est vrai que l'instrumentalisation des paroles de chaires par les pouvoirs publics s'exprime particulièrement bien sous l'Empire napoléonien et, de fait, les prédicateurs minoritaires, entrent dans le concert général de soutien à Napoléon. Divers travaux l'ont montré : du côté catholique, ce sont les enquêtes de Bernard Plongeron ou Vincent Petit[18], pour le judaïsme, celles de Pierre Birnbaum. Quant à la prédication protestante francophone de la période impériale, elle rejoint celle des orateurs des autres religions[19].

Pourquoi cette uniformité ? Car l'arrivée au pouvoir de Napoléon Bonaparte modifie les rapports entre l'État et les Églises, de toutes confessions[20]. La parole délivrée en chaire est utilisée par l'État pour accompagner les actions napoléoniennes, et notamment pour ce qui relève de la politique militaire avec pour objectif de faire adhérer les citoyens

17 *Prière faite en vers Hébraïques, ajoutée aux Pseaumes & Prières particulières que l'on fait journellement pour l'heureuse délivrance de la Reine, par Moïse Mathieu, précepteur de Mr Alcan, recitée dans la Synagogue, traduite par Abraham Alcan Fils*, Archives du Consistoire central, 8°W 95-4b-2.

18 Petit Vincent, *Église et Nation. La question liturgique en France au XIXe siècle*, Rennes, PUR, 2010 ; IDEM, « Religion du souverain, souverain de la religion : l'invention de saint Napoléon », *Revue historique* 663 (2012/3), p. 643-658 ; IDEM, « Saint Napoléon, un saint pour la nation. Contribution à l'imaginaire politique français », *Napoleonica. La Revue* 2/2015 (n° 23), p. 59-127 URL : www.cairn.info/revue-napoleonica-la-revue-2015-2-page-59.htm. – Plongeron Bernard, *Théologie et politique au siècle des Lumières (1770-1820)*, Genève, Droz, 1973 ; IDEM, « Cyrus ou les lectures d'une figure biblique dans la rhétorique religieuse de l'Ancien Régime à Napoléon », *Revue d'histoire de l'Église de France* (180), 1982, p. 31-67.

19 Borello Céline, *Prêcher la* res publica *de l'Ancien Régime à la Seconde République (1744-1848)*, mémoire inédit d'habilitation à diriger les recherches, Paris 1 Panthéon-Sorbonne, 2015.

20 Boudon Jacques-Olivier, *Napoléon et les cultes. Les religions en Europe à l'aube du XIXe siècle (1800-1815)*, Paris, Fayard, 2002.

à l'entreprise guerrière de l'Empire. De fait, la participation aux fêtes nationales devient une marque importante d'obéissance aux autorités et le comportement attendu chez les fidèles des religions minoritaires est celui de l'adhésion à ces dernières. Les paroles de ces sermons d'obéissance ne sont plus « libres » mais orientées par les pouvoirs publics eux-mêmes, elles ne sont plus « spontanées » mais demandées par les pouvoirs en place. Ces discours accompagnent les cérémonies et les fêtes de souveraineté qui permettent de structurer une mise en scène du pouvoir[21]. Un décret impérial du 17 mars 1808, nous l'avons dit, oblige les rabbins à certaines thématiques dans leur prise de parole à la synagogue[22] ; les protestants sont quant à eux soumis, comme les catholiques, au décret du 19 février 1806 : ils reçoivent annuellement des directives du ministre des cultes pour célébrer anniversaires ou victoires, nous en avons vu précédemment les traces dans les lettres pastorales messines.

Mais s'il y a instrumentalisation de la prédication minoritaire par les autorités publiques il y a incontestablement en parallèle, avec ces prises de parole en chaire, une modalité forte d'expression de l'intégration à la nation. Par ces prédications à tonalité politique, les religions minoritaires montrent ce qu'elles ont toujours clamé, c'est-à-dire leur fidélité à l'autorité politique sans aucune préférence institutionnelle : monarchies, Révolution (en tout cas celle de 1789-1792), Empire trouvent grâce à leurs yeux. Car, à la source de cette soumission, il y a un impératif religieux partagé par protestants et juifs : il faut prier pour les Rois ou l'Empereur, pour les représentants de la Nation, car ils sont à la tête de l'État par la volonté de Dieu. La prière à l'Empereur de la communauté juive précédemment évoqué entre dans ce schéma en clamant que « c'est par toi [Dieu] que les Rois règnent ». Nous retrouvons ici un principe judéo-chrétien synthétisé dans l'Épître de Paul aux Romains, chap. XIII : « Que toute personne soit soumise aux Puissances supérieures : car il n'y a point de Puissance qui ne vienne de Dieu, et les Puissances qui subsistent, sont ordonnées de Dieu ».

---

21 Corbin Alain, Gérôme Noëlle, Tartakowsky Danielle (dir.), *Les usages politiques des fêtes aux XIXe-XXe siècles*, Paris, Publications de la Sorbonne, 1994 et plus particulièrement le chapitre « La fête de souveraineté », p. 25-38.

22 Art. XXI. « Les fonctions de rabbins sont [...] 3° de rappeler en toute circonstance l'obéissance aux lois, notamment et en particulier à celles relatives à la défense de la patrie, mais d'y exhorter plus spécialement encore tous les ans, à l'époque de la conscription, depuis le premier de l'autorité jusqu'à la complète exécution de la loi [...] 5° de prêcher dans les synagogues, et réciter les prières qui s'y font en commun pour l'Empereur et la famille impériale ».

Cette volonté d'intégration se traduit parfois par une allégeance nouvelle comme c'est le cas dans les communautés protestantes de Bruxelles. Ainsi, le pasteur Charlier prononce, en 1809, un discours sur l'anniversaire du couronnement de Bonaparte avec comme péricope le psaume 20, 7 et 9-10[23]. Deux ans, plus tard, la naissance de Napoléon François Charles Joseph, en mars 1811, est l'occasion encore de célébrer la joie de l'arrivée d'un héritier mais aussi la grandeur de son père en prononçant un sermon adossé sur le psaume 132, 11-18[24]. Le premier discours utilise tout d'abord, le simple terme d'« Empereur » mais ensuite le lexique devient conforme à l'emphase habituelle que l'on trouve sur les territoires français depuis plus longtemps : Bonaparte est « le Héros » qui « renverse tour à tour les cohortes ennemies, comme le *Lion terrasse sa proie* » ; il est le « génie vaste et profond qui embrasse à la fois les détails et l'ensemble » ; il a une « volonté ferme et sage, sourde aux clameurs et aux intrigues ». Dans le second discours, il est comparé à David, le « régénérateur de la France », le « Fondateur du grand Empire » et le « Héros Libérateur ». Ces deux sermons indiquent, par le recours à une rhétorique classique autour de la figure de l'empereur, d'une part, que tout l'Empire est mis au service de celui qui le dirige et, d'autre part, donne l'occasion aux protestants bruxellois de confirmer leur allégeance nouvelle à l'Empereur.

Que retenir donc de cette enquête sur les discours de chaire des prédicateurs minoritaires ? Tout d'abord, la spécificité des conditions matérielles des prédications minoritaires qui sont clandestines ou à peine tolérées dans les espaces concernés par cette étude. Il faut cependant noter que ces orateurs sacrés voient leur statut évoluer avec la reconnaissance des cultes protestants et juifs. De fait, la prédication minoritaire connaît des changements avant tout matériels. Ensuite, malgré des bouleversements institutionnels forts (fin de la monarchie, Révolution française, Empire et retour des Bourbons), on note des continuités indéniables dans la manière

23 Charlier Jean-Pierre, *Discours prononcé dans le temple des chrétiens protestans de Bruxelles, le 3 décembre 1809, jour du Te Deum, chanté à l'occasion de la fête du couronnement de S. M. l'empereur, et du rétablissement de la paix avec l'Autriche*, Bruxelles, Weissenbruch, 1809.

24 Charlier Jean-Pierre, *Discours et prières de Te-Deum pour la naissance du roi de Rome, prononcés dans le temple des chrétiens protestans de Bruxelles, le dimanche 9 juin 1811, jour de la fête nationale*, Bruxelles, A. Stapleaux, 1811.

de parler des pouvoirs politiques en chaire. À ce titre, juifs et protestants demeurent soumis à l'autorité en place, et ils le clament en chaire régulièrement. Les droits acquis – liberté, égalité – sont cependant volontiers mobilisés par les prédicateurs renouvelant ainsi le vocabulaire oratoire. Enfin, il ne faut pas perdre de vue le double aspect de ces prédications minoritaires. D'une part, elles ont été – dès le XVIIIe siècle – instrumentalisées par l'État, même si Napoléon a poussé l'exercice à son paroxysme. D'autre part, elles restent le moyen le plus sûr pour les communautés juive et protestante de faire entendre leur volonté d'intégration à la nation française dans un État de droit qui, certes, les reconnaît pleinement mais dans un pays qui peine encore à se penser comme une société des semblables quelle que soit la confession des citoyens.

Céline BORELLO
Le Mans Université – CERHIO

DEUXIÈME PARTIE

MOBILITÉ ET MESSAGES DES PRÉDICATEURS

SOUS LE SOLEIL DE SATAN

Mouvements réformateurs mendiants et genèse de la chasse aux sorcières au XVe siècle

La formation du concept de sorcellerie et le déclenchement de la chasse aux sorcières s'accommodent fort mal d'une rigidité mécanique dans la recherche des origines[1]. L'idée de « causalité multiple[2] », toutefois, ne doit pas mener à renoncer à comprendre comment se sont accélérés les processus de mutation, de cristallisation et de transfert à un moment donné – de *sorcery* à *witchcraft*, de *Zauberei* à *Hexerei*, le français ne disposant pas de mots distincts pour exprimer ce passage de la magie maléfique à la sorcellerie satanique, « sabbatique » peut-on écrire. Pour l'histoire de la sorcellerie en Occident, il s'est passé quelque chose dans la première moitié du XVe siècle, au cours du Grand Schisme et des conciles de Constance et de Bâle, au moment, aussi, de la montée en puissance des dynamiques réformatrices *de observantia*, particulièrement au sein des ordres mendiants. Au-delà de la seule concomitance, est-il possible de n'envisager aucune forte relation entre les phénomènes ?

Le lien entre réforme religieuse et émergence de la figure du sorcier (ou, de plus en plus, de la sorcière) a été souligné notamment par Michael D. Bailey[3], mais essentiellement – sinon exclusivement – à partir du cas de Jean Nider. Bailey a insisté sur la nécessité d'intégrer davantage

---

1 Par souci de ne pas multiplier les guillemets, on ne les utilise pas dans l'usage de l'expression « chasse aux sorcières » ; mais il s'agit aussi d'une façon de souligner que, malgré les limites des formules forgées par les historiens et devenues classiques, les mots conservent un sens – et ici, ils disent l'ampleur, le caractère obsessionnel et la dimension quasi systématique d'une répression qui, entre les XVe et XVIIIe siècles, a constitué une véritable traque.

2 Voir Briggs, Robin, « "Many reasons why" : witchcraft and the problem of multiple explanation », dans Jonathan Barry, Marianne Hester, Gareth Roberts (éd.), *Witchcraft in early modern Europe. Studies in culture and belief*, Cambridge, Cambridge University Press, 1996, p. 49-63.

3 Bailey, Michael D., *Battling Demons. Witchcraft, Heresy and Reform in the Late Middle Ages*, Philadelphia, The Pennsylvania State University Press, 2003, en part. chap. 4 et 6.

l'émergence du crime de sorcellerie dans l'histoire religieuse, intellectuelle et culturelle du temps ; on voudrait donc, dans ces pages, tenter de cerner les corrélations avec les réformes observantes, le rôle qu'ont pu jouer leurs promoteurs dans la construction et la progression d'une obsession en forme de diabolisation du monde, la prédication occupant une place centrale dans ce processus[4]. S'il ne s'agit donc pas d'essayer de donner une explication au déclenchement de la répression, l'enjeu est, d'une certaine façon, d'échapper à « la notion molle de contexte[5] », en prenant notamment en compte le fait que la fameuse « dorsale catholique » de l'Époque moderne a coïncidé en partie, géographiquement, avec la ligne sur laquelle furent situés les foyers d'éclosion de la Chasse au XVe siècle, entre les mondes italien et germanique, à travers les Alpes occidentales[6].

4 Le *Formicarius* de Jean Nider contient une collection de 206 *exempla*, comme le rappelle Catherine Chêne, « Démon et réforme dans la prédication observante du XVe siècle : l'exemple de la *Fourmilière* de Jean Nider », dans Martine Ostorero, Georg Modestin, Kathrin Utz Tremp (dir.), *Chasses aux sorcières et démonologie. Entre discours et pratiques (XIVe-XVIIe siècles)*, Florence, SISMEL-Edizioni del Galluzzo, 2010, p. 155-167. Le démon est présenté par Nider comme un ennemi direct de la réforme, dont il concourt aussi, indirectement, à démontrer la valeur. Voir par exemple le cas du couvent d'Annecy, *ibid.*, p. 160. Le rôle des réformes observantes dans la propagation du concept de sorcellerie démoniaque a été clairement souligné par Martine Ostorero, « Comment communiquer et diffuser le "crime" de sorcellerie et le sabbat au XVe siècle ? L'exemple des "Errores gazariorum" et du "Flagellum hereticorum fascinariorum" de Nicolas Jacquier », dans Heinz Sieburg, Rita Voltmer, Britta Weimann (éd.), *Hexenwissen. Zum Transfer von Magie- und Zauberei-Imaginationen in interdisziplinärer Perspektive*, Trèves, Paulinus-Verlag, 2017, p. 61-83 : une étude désormais essentielle, que je remercie son auteur de m'avoir communiquée.

5 Voir les courtes, mais stimulantes remarques d'Alain Boureau, « L'historien et le défi de la causalité », *Revue des études slaves*, t. 66, 1994, p. 87-91, ici p. 88.

6 En bordure de cet espace, la « Vauderie de Lyon » de la fin des années 1430, remarquablement analysée et mise en perspective par Franck Mercier et Martine Ostorero, *L'énigme de la Vauderie de Lyon. Enquête sur l'essor de la chasse aux sorcières entre France et Empire (1430-1480)*, Florence, Sismel – Edizioni del Galluzzo, 2015, offre un dossier exemplaire des dynamiques à l'œuvre dans les années de formation du crime de sorcellerie : au premier chef, le poids de la concurrence entre pouvoirs et juridictions sur le terrain de la défense de l'orthodoxie et le rôle d'un réseau de religieux liés aux dominicains lyonnais (dont le couvent venait de passer à l'Observance) et au milieu conciliaire bâlois. Autant d'éléments essentiels à la réflexion que l'on aimerait, dans ces pages, contribuer à nourrir.

À RÉFORME TOTALE, ENNEMI ABSOLU
Intensification pastorale et répression

Réformer les ordres religieux et réformer la société (régénérer la *societas christiana* sur le modèle du cloître) ont été conçus, au XVe siècle, comme deux ambitions étroitement liées, en particulier chez les Mendiants[7], dont l'intensification de l'effort pastoral ne peut être dissociée de la promotion des réformes *de observantia* – qui ont d'abord consisté en une exigence, dont des mouvements structurés de façon autonome à partir du milieu du siècle n'ont pas eu le monopole. Dans sa chronique, Pierre Eschenloer écrit qu'en 1453 Jean de Capistran « enflamma les habitants de Breslau du zèle de la dévotion, puisqu'ils furent considérés non comme des citoyens mais presque comme des religieux[8] ». Fondation d'un nouveau couvent, réforme morale et disciplinaire, action de pacification… *Quid novi, sub sole ?* Pas grand-chose, car Capistran fit ce que son maître et ami Bernardin de Sienne avait fait trente ans auparavant en Italie. Seul l'usage massif – et très critiqué – des miracles, au nom justement de Bernardin, était nouveau. Même le bûcher des Juifs de Breslau, accusés de profanation de l'hostie et du meurtre rituel d'un enfant chrétien, reposa sur des accusations stéréotypées diffusées en Occident depuis la fin du XIIIe siècle. Capistran était alors engagé dans la controverse de l'*Heiliges Blut* de Wilsnack (des hosties qui saignaient, comme saignait l'hostie profanée par les Juifs) ; il était obsédé par l'élimination de l'hérésie bohémienne et de l'Église utraquiste, qui étaient des atteintes à l'intégrité de la communauté chrétienne comme à l'autorité de l'Église romaine. Le Juif profanateur était aussi blasphémateur, puisque Capistran a également utilisé l'accusation de blasphème contre le Nom de Dieu[9]. Les premiers

---

7 Comme l'a souligné notamment Marina Montesano dans « L'Osservanza francescana e la lotta contro le credenze magico-superstiziose : Vecchie e nuove prospettive di ricerca », *Quaderni medievali*, n° 41, 1996, p. 139.

8 Eschenloer, Pierre, *Historia Wratislaviensis*, f° 32b, éd. dans *Scriptores rerum silesiacarum*, B. 7, Breslau, 1872, p. 5 : « In Wratislavia nostra novum construi claustrum curavit, spurcicia ludorum abstulit, superbiam utriusque sexus repressit, adulteria nauseare fecit et admodum accendit populum Wratislaviensem zelo devocionis, ut non cives sed ferme religiosi cogniti sunt. »

9 Ce dossier est abordé dans Viallet, Ludovic, *Les sens de l'observance. Enquête sur les réformes franciscaines entre l'Elbe et l'Oder, de Capistran à Luther (vers 1450 – vers 1520)*, Münster, Lit Verlag, 2014, chap. 3, p. 129-158. Voir aussi Rubin, Miri, *Gentile Tales. The Narrative*

massacres de Breslau – datés du 1er avril 1453 dans les *Annales de Glogau* – ont vraisemblablement coïncidé avec Pâques et un enchaînement, à partir du Dimanche des Rameaux, de quatre sermons consacrés au Nom de Jésus (25 mars), au Saint Sacrement (29 mars), à la Passion et à la Résurrection du Christ (30 mars et 1er avril)[10]. L'ennemi de Capistran était tout obstacle à l'achèvement de la *societas* (ou *res publica*) *christiana*. Sa conception ne différait guère, en son essence, de la métaphore sociale du corps mystique paulinien et, par exemple, de la *purgatio-amputatio* prônée à la fin du siècle par Geiler de Kaysersberg pour le *corpus reipublicae*[11] ; mais la « prédication efficace[12] » si caractéristique des Mendiants avait atteint son degré extrême, avec une violence *exemplaire* c'est-à-dire intégrée dans une séquence à valeur d'*exemplum* (une histoire simple à la fin édifiante). Celle-ci se nourrissait de motifs stéréotypés tels que les meurtres rituels d'enfants chrétiens (afin de recueillir leur sang) et la profanation de l'hostie par des Juifs, ce dont témoigne en particulier le discours des prédicateurs observants italiens de la seconde moitié du XVe siècle influencés par Bernardin de Sienne[13].

Assault on Late Medieval Jews, Philadelphie, University of Pennsylvania Press, 2004 (1re éd. Yale University Press, 1999), en particulier p. 119-128 (« Preaching and incitement : Wrocław, 1453 ») sur le cas de Breslau et plus largement le lien entre prédication et accusations de profanation d'hostie par des Juifs, de Vincent Ferrier à Capistran.

10 Ces thèmes sont inédits pour Capistran à Breslau, comme le montre l'index chronologico-thématique publié par Łuszczki, Lucianus, *De Sermonibus S. Ioannis a Capistrano. Studium historico-criticum*, Rome, Pontificium Athenaeum Antonianum, 1961, p. 309 (description de ces sermons contenus dans Paris, BNF, Nouv. Acq. 9008 : n°659-662, p. 164-165).

11 Voir Voltmer, Rita, « "*Die fueßs an dem leichnam der christenhait / seind die hantwercks leüt. arbeiter / bauleüt / und das gemayn volck...*" Die Straßburger "Unterschichten" im polit-theologischen System des Johannes Geiler von Kaysersberg », dans Sigrid Schmitt, Sabine Klapp (éd.), *Städtische Gesellschaft und Kirche im Spätmittelalter. Kolloquium Dhaun 2004*, Stuttgart, Franz Steiner Verlag, 2008, p. 189-232, en particulier p. 222-223 ; ou, plus synthétique, *id.*, « Political Preaching and a Design of Urban reform : Johannes Geiler of Kaysersberg and Strasbourg », *Franciscan* Studies, vol. 71, 2013, p. 71-88.

12 Selon le mot de Pellegrini, Letizia, « Giovanni da Capestrano predicatore », dans Alvaro Cacciotti et Maria Melli (éd.), *Giovanni da Capestrano e la riforma della Chiesa*, Milan, Edizioni Biblioteca Francescana, 2008, p. 88. De la même, voir « Faire en disant. Aspects performatifs de la prédication à l'automne du Moyen Âge », dans Maria Giuseppina Muzzarelli (éd.), *From Words to Deeds : The Effectiveness of Preaching in the Late Middle Ages*, Turnhout, Brepols, 2014, p. 15-30.

13 Ainsi, chez les prédicateurs observants italiens du troisième quart du XVe siècle comme Michel Carcano (le maître de Bernardin de Busti), qui soutint la canonisation de Simonino de Trente (enfant dont le meurtre fut attribué aux Juifs en 1475) à laquelle œuvra l'évêque de Trente Jean Hinderbach. Voir Conti, Fabrizio, *Witchcraft, Superstition, and Observant Franciscan Preachers. Pastoral Approach and Intellectual Debate in Renaissance Milan*, Turnhout, Brepols, 2015, p. 49-50 ; Rusconi, Roberto, « Anti-Jewish preaching in the

En Haut-Dauphiné, Pierrette Paravy a souligné le « lien étroit entre les débuts de la rénovation pastorale et le déclenchement des poursuites massives contre les sorciers et sorcières », à partir de la prédication de Vincent Ferrier[14]. Quelques décennies plus tard, vers 1470, en Faucigny, l'action du franciscain Jean Bourgeois et de ses frères au service de la progression du mouvement réformateur appelé « colétan » (donc *sub ministris*) fut conçue également comme une action missionnaire contre l'hérésie diabolique. Le Père Jacques Fodéré, à la fin du XVIe siècle, présente d'ailleurs l'absence de religieux, donc de prédicateurs, comme la cause des conquêtes du diable ; la fondation du couvent de Cluses par Jean Bourgeois s'inscrivit alors dans le cadre du combat contre Satan[15]. La Savoie a été moins touchée que le Dauphiné et le Valais voisins par les procès de sorcellerie du XVe siècle. Il ne s'agit néanmoins pas d'une construction *a posteriori* de Fodéré : la bulle du 15 juin 1471 autorisant l'implantation des Franciscains à Cluses liait étroitement absence de religieux et prolifération de l'hérésie et des *sectae damnatae*[16]. Dans le contexte d'affaiblissement de la principauté savoyarde au cours du dernier tiers du XVe siècle et du premier du XVIe, offensive pastorale et mission d'expansion d'une branche réformée de l'Ordre franciscain

---

Fifteenth Century and Images of Preachers in Italian Renaissance Art », dans Steven J. McMichael, Susan E. Myers (éd.), *Friars and Jews in the Middle Ages and Renaissance*, Leyde-Boston, Brill, 2004, p. 225-237 (réédité dans Rusconi, R., *Immagini dei predicatori e della predicazione in Italia alla fine del Medioevo*, Spolète, Centro italiano di studi sull'alto medioevo, 2016, p. 491-516).

14 Paravy, Pierrette, *De la Chrétienté romaine à la Réforme en Dauphiné*, Rome, EFR, 1993, p. 904.

15 Fodéré, Jacques, *Narration historique et topographique des couvents de l'ordre de S. François et monastères S. Claire erigés en la province anciennement appellée de Bourgongne à présent de St. Bonaventure*, Lyon, 1619, p. 832-844, en particulier p. 832-835. L'expression « champ de bataille » est utilisée p. 834. Fodéré ne sait pas « de quelle secte étaient ces hérétiques », s'il s'agissait de Vaudois ou de sorciers ; mais ce qu'il décrit brièvement, c'est la sorcellerie (p. 832). Le frère Jean Bourgeois fut également impliqué, vers 1470, dans les fondations de Moûtier (Saint-Michel en Tarentaise), Pont-de-Vaux, Chambéry (Sainte-Marie Egyptienne), plus tard de Lyon (Notre-Dame des Anges). Dès le milieu des années 1450, l'inquisiteur franciscain Bérard Trémey avait pourchassé des sorciers dans le diocèse de Tarentaise, notamment à Moûtiers (voir Uginet François-Charles, « Frère Bérard Trémey (*Berardus Tremesii*) O.F.M. et l'Inquisition en Savoie au XVe siècle », *Vie quotidienne en Savoie. Actes du VIIe Congrès des Sociétés Savantes de la Savoie (Conflans, 1976)*, Albertville, Centre culturel de Conflans, 1979, p. 281-289.

16 *Ibid.*, p. 835 : « [...] quosdam utriusque sexus homines inibi habitantes qui retroactis temporibus in heresim et sectas damnatas prosilierunt et dietim prosiliunt propter defectum et carentiam religiosorum virorum ».

se nourrissaient de la perception – comme ils nourrissaient celle-ci –, chez les clercs, des milieux montagnards comme refuges d'hérétiques.

En 1491, la fondation du *locus* de Savigny, petite communauté du Tiers Ordre franciscain à l'éphémère existence (de 1491 à 1531), contribua à l'encadrement pastoral d'une population de paysans immigrés venus de la haute vallée du Giffre entre les décennies 1490 et 1520 pour s'installer dans les monts de la grande paroisse de Lutry (diocèse de Lausanne), en bordure des forêts du Jorat[17]. Ces habitants n'échappèrent pas à la suspicion de sorcellerie[18]. Or, qu'il s'agisse du couvent de Cluses – avec lequel le *locus* de Savigny fut sans doute lié, au moins par les hommes – ou de celui de Morges – fondé en 1497 avec le soutien du duc de Savoie –, mais aussi des maisons de clarisses de Vevey et Orbe, l'environnement réformateur franciscain de cette communauté était totalement colétan. En Savoie, le pouvoir ducal avait choisi sa réforme observante, qui n'était pas celle des vicaires ; et l'on peut se demander si l'intense rivalité entre les deux mouvements réformateurs franciscains n'a pas eu des répercussions sur l'accentuation de la présence pastorale comme sur les variations de la répression de l'hérésie. Il y eut, en effet, des territoires assez clairs bien que leur réalité institutionnelle fût, au jugement de l'historien, de maigre épaisseur et leur formation limitée à quelques années, au gré des offensives et des partenariats établis entre les frères et les pouvoirs[19] : celui de l'action réformatrice et pastorale du frère Jean Bourgeois puis, en pays de Vaud, du prédicateur Annable d'Antioche, d'une part ; de l'autre, celui des croisades contre les Vaudois

17 Sur cette fondation, qui pose un certain nombre de questions liées à l'histoire complexe du Tiers Ordre, voir Bastian, Jean-Pierre, « Réforme observante et emprise territoriale : l'éphémère implantation du Tiers-Ordre de Saint-François à Savigny, diocèse de Lausanne, 1491-1531 », *Revue Historique Vaudoise*, 2017, 125/2017, p. 201-236. La maison de Savigny fut sécularisée en 1531.

18 « la sorcellerie (y) tient lieu de religion », affirma le mayor de Lutry en 1534 (Archives Cantonales Vaudoises, P Dumur 38, Prieuré de Lutry IV, cité *ibid.*).

19 Sans doute faudrait-il mieux parler de proto-territoires, à défaut d'un terme totalement adéquat. Parler de territoires davantage que d'espaces permet d'insister sur la projection institutionnelle, même faible, qui s'opère, et surtout sur les dynamiques de parcours et d'arpentage qui traversent ces espaces. [Voir Mazel, Florian, *L'évêque et le territoire. L'invention médiévale de l'espace (v^e-XIIIe siècle)*, Paris, Seuil, 2016, p. 21-22 : « Il n'y a de territoire que lorsqu'un pouvoir institutionnel entreprend de définir – c'est-à-dire de doter de limites tenues pour telles, même si les conditions matérielles peuvent les rendre en pratique approximatives – et d'organiser pour le maîtriser, notamment en le subdivisant et en le parcourant, l'espace où il entend exercer sa domination. »]

dans les années 1487-1491, auxquelles le duc de Savoie ne collabora pas et qui furent liées à l'Observance des vicaires (avec le commissaire pontifical Angelo Carletti, observant de la province de Gênes), dans les années où Innocent VIII relançait la lutte contre les ennemis irréductibles de la Chrétienté, sorciers (avec la bulle *Summis desiderantes affectibus* de 1484), Turcs et infidèles d'Espagne[20]. Car les prédicateurs-réformateurs de l'Observance furent bien au cœur de la triple croyance dont Alain Boureau a signalé la prégnance croissante au XIVe siècle, entre les années 1320 et le temps des conciles : dans l'imminence de la Fin des Temps, dans l'existence de réseaux d'hérétiques placés en une sorte d'équivalence (en tant qu'ennemis irréductibles de l'unité chrétienne) et dans l'impossibilité de leur conversion[21].

LA PAROLE DU PRÉDICATEUR
Amplification et métamorphoses

L'historiographie de la sorcellerie a abondamment souligné la place du Canon *Episcopi* – ce texte élaboré au début du Xe siècle par Réginon de Prüm (sans doute à partir d'un capitulaire antérieur), puis transmis par Burchard de Worms et intégré au *Décret* de Gratien – dans les débats de la fin du Moyen Âge et de l'Époque moderne sur la sorcellerie, mais en focalisant beaucoup sur la question du vol nocturne. Or, au-delà des divergences sur la réalité de ce dernier, ce que véhiculait le Canon *Episcopi* et qui était connu de tous et accepté par tous concernait la méfiance à l'égard de la femme, la présence (et la tromperie) du diable, enfin l'« erreur des païens », c'est-à-dire le refus de la croyance au seul Dieu (l'idolâtrie) :

20 Voir Benedetti, Marina, « La crociata della val Pragelato. Frati minori e repressione inquisitoriale contro i Valdesi », dans Alvaro Cacciotti, Maria Melli (éd.), *I Francescani e la Crociata. Atti dell' XI Convegno storico di Greccio (Greccio, 3-4 maggio 2013)*, Milan, Edizioni Biblioteca Francescana, p. 181-198, en particulier p. 186-191.

21 Boureau, Alain, *Satan hérétique. Histoire de la démonologie (1280-1330)*, Paris, O. Jacob, 2004, p. 261-267, en posant la question du décalage d'un siècle entre la constitution d'une démonologie scolastique et le déclenchement de la persécution des sorciers. Sur l'« équivalence des inconvertibles », voir p. 265.

> Il ne faut pas oublier que certaines femmes scélérates, après s'être converties à Satan, séduites par les illusions et les visions imaginaires des démons, croient et affirment qu'elles chevauchent certaines bêtes dans la nuit avec Diane, déesse des païens, ou Hérodiade, et une innombrables foule de femmes, et qu'elles traversent de grandes étendues dans le silence de la nuit profonde, et qu'elles obéissent à ses ordres comme à une maîtresse et qu'elles sont appelées certaines nuits à son service. Que n'ont-elles péri seules dans leur perfidie, sans entraîner beaucoup d'autres avec elles dans l'anéantissement de l'infidélité ! En effet, innombrables sont ceux qui, trompés par cette fausse croyance, la croient vraie, et dévient ainsi de la foi droite et tombent dans l'erreur des païens, puisqu'ils pensent qu'il y a quelque chose de la divinité ou de divin en dehors du seul Dieu. C'est pourquoi les prêtres doivent prêcher au peuple de Dieu avec toute véhémence dans les églises qui leur ont été assignées, afin qu'il sache que cela est complètement faux et que de telles visions sont imposées aux esprits des fidèles, non par l'esprit divin, mais par l'esprit malin[22].

Ce sont là trois éléments sur lesquels s'affirma un « sur-accent » au tournant des XIVe-XVe siècles, alors même que, dans l'esprit des clercs, la fragilité humaine avait envahi l'horizon.

Dans cette affaire, les mouvements d'observance, dont la famille franciscaine a présenté les expressions les plus incisives et spectaculaires, ont joué un rôle majeur. Œuvrant en faveur d'une réaffirmation de la vie régulière entre les murs du couvent et d'une limitation des rapports entre les religieux et les fidèles, les observants ont eu l'ambition de travailler le corps social, de régler et normaliser la société chrétienne, ce qui passait par une apologie de la norme, une forme de sacralisation du corps (pour mieux exalter le refus du péché de chair) et une action de *disciplinamento*

22 *Decretum Gratiani*, *Secunda Pars*, *Causa* XXVI, *Questio* V, C. XII (*Sortilegam et magicam artem episcopi modis omnibus eliminare studeant*), §. 1 [consulté sur Munich, Bayerische StaatsBibliothek, Digitale Bibliothek] : « Illud etiam non est omittendum, quod quedam sceleratae mulieres retro post Sathanam conversae, demonum illusionibus et fantasmatibus seductae, credunt se et profitentur, cum Diana nocturnis horis dea paganorum, vel cum Herodiade, et innumera multitudine mulierum equitare super quasdam bestias, et multa terrarum spacia intempestae noctis silentio pertransire, ejusque iussionibus obedire velut dominae, et certis noctibus evocari ad eius servicium. Sed utinam he solae in perfidia sua perissent, et non multos secum ad infidelitatis interitum pertraxissent. Nam et innumera multitudo hac falsa opinione decepta vera esse credunt, et credendo a recta fide deviant, et errore paganorum involvuntur, cum aliquid divinitatis aut numinis extra unum Deum arbitrantur. Quapropter sacerdotes per ecclesias sibi conmissas populo Dei omni instantia predicare debent, ut noverint hec omnino falsa esse, et non a diuino, sed a maligno spiritu talia fantasmata mentibus fidelium irrogari. » Le choix est fait, ici, d'une traduction très littérale.

des fidèles[23]. Leur pastorale avait pour corollaire une grande méfiance vis-à-vis de la femme et un discours sur celle-ci particulièrement négatif. Leur responsabilité dans l'augmentation de la méfiance vis-à-vis du mysticisme féminin et de la « sainteté vivante » – dans laquelle l'Église avait de plus en plus tendance à voir l'inspiration diabolique – fut très grande[24]. Il faut prendre la mesure de ces traits fondamentaux des courants réformateurs mendiants pour mieux comprendre l'accentuation, l'infléchissement du début du XVe siècle dans le domaine du très vieux « discernement des esprits » (*Discretio spirituum*), qui était mis en œuvre avec une intensité inédite ; mais il faut aussi considérer l'attention de plus en plus poussée portée par les clercs et les intellectuels du XVe siècle à l'homme intérieur (*homo interior*) et à la complexité de l'être humain, conçue comme fragilité et vulnérabilité – espace de failles et de combats dans lequel le doute et le soupçon devaient s'immiscer, *a fortiori* au cours d'un siècle où le rôle de la confession, dans les pratiques pastorales, devint de plus en plus important et encore très fortement lié à la prédication[25]. C'est ce que montre le propos de Nider au sujet de la « manie » (*mania*), facteur favorisant l'emprise du démon sur le corps sans qu'il y ait eu besoin d'une faute préalable[26]. On voit bien, avec les exemples donnés

23 On utilise à dessein le terme italien de *disciplinamento*, moins ambivalent que celui de « disciplinarisation », pour désigner des processus visant à imposer des normes de conduite par la diffusion de valeurs morales, le contrôle des comportements et une véritable « disciplinarisation des corps » (pour reprendre une expression chère à Michel Foucault).

24 La méfiance à l'égard de la femme, en une vision extrêmement ambivalente, est bien exprimée par Nider, Jean, *La Fourmilière* (*Formicarius*), Livre V : *Des sorciers et leurs tromperies*, trad. fr. Jean Céard, Grenoble, Jérôme Millon, 2005, chap. VIII, p. 159 : « Il y a naturellement trois choses qui, si elles sortent des limites de leur condition, soit par défaut, soit par excès, arrivent au comble de la bonté ou de la méchanceté. Ce sont la langue, l'homme d'Église et la femme. Si un bon esprit les conduit, elles deviennent choses excellentes ; si c'est un mauvais, les pires choses. » Voir Klaniczay, Gábor, « The Process of Trance : Heavenly and Diabolic Apparitions in Johannes Nider's *Formicarius* », dans Nancy van Deusen (éd.), *Procession, Performance, Liturgy, and Ritual. Essays in Honor of Bryan R. Gillingham*, Ottawa, The Institute of Mediaeval Music (Claremont Cultural Studies), 2007, p. 203-258, et « Entre visions angéliques et transes chamaniques : le sabbat des sorcières dans le *Formicarius* de Nider », *Médiévales*, n° 44, 2003 (*Le diable en procès*), p. 47-72.

25 Rusconi, Roberto, *Dal pulpito alla confessione. Modelli di comportamento religioso in Italia tra 1470 circa e 1520 circa*, dans Paolo Prodi, Peter Johanek (dir.), *Strutture ecclesiastiche in Italia e in Germania prima della Riforma*, Bologne, Il Mulino, 1984, p. 259-315.

26 « Par exemple, la manie, par nature, dispose grandement à souffrir d'aliénation d'esprit selon les médecins et, par conséquent, à subir l'action afflictive démoniaque. Or la maladie de manie, qui peut être soulagée par des médicaments sensibles, peut être aussi

par le dominicain observant, combien il serait erroné de ne considérer le *Formicarius*, et les mutations dont il témoigne dans la première moitié du XVe siècle, qu'en terme de recul de l'esprit rationnel[27].

Dans les processus de convergence et de fusion qui se sont opérés aux XIVe-XVe siècles entre des traditions et des motifs séculaires (ce qu'a mis en exergue Marina Montesano[28]) comme entre la magie « savante » et des pratiques magiques « populaires » (ce sur quoi insiste Michael Bailey[29]), la prédication observante a incontestablement joué un rôle : elle a diffusé et amplifié (y compris par un effet de « caisse de résonance » ou « feed-back »), d'autant qu'elle a abondamment recouru au miraculeux ; plus encore, elle a contribué à métamorphoser[30]. Marina Montesano a montré comment, chez Bernardin de Sienne, la tradition classique sert à la construction d'une image forte et à la légitimation culturelle de son propos[31]. Surtout, chez le prédicateur siennois et ses successeurs, l'évangélisation devient une lutte contre un péril démoniaque risquant de poser sur la culture courante « des veines – pour ainsi dire – "néo-païennes" », que leurs origines soient à chercher dans des croyances et pratiques « populaires » ou dans la magie savante – et l'on retrouve ici

complètement guérie par ce moyen. Par conséquent on pourrait guérir dans un corps humain une telle disposition à subir l'action afflictive des démons qui lui répond, et ainsi disparaîtra totalement l'action afflictive du démon, la disposition passive disparaissant chez le possédé » (Nider, Jean, *La Fourmilière [...]*, chap. 12, p. 225).

27 Ainsi, au sujet de ce professeur en théologie obsédé par l'idée qu'il puisse se tuer avec son propre couteau, alors même qu'il sait bien qu'il a l'usage de la raison : « Souvent de telles gens ont bien plus grand besoin d'un médecin du corps que de l'âme », conclut Nider, en une phrase, la dernière du *Formicarius* (*ibid.*, p. 235).

28 Montesano, Marina, *« Supra acqua et supra ad vento ». "superstizioni"*, maleficia *e* incantamenta *nei predicatori francescani osservanti (Italia, sec. XV)*, Rome, Istituto storico italiano per il Medio Evo, 1999, qui montre comment, avec la maturation de l'image du Sabbat, la tradition du « cortège de Diane » (repérable dans les sources germaniques des Xe-XIe siècles, et qu'évoque le Canon *Episcopi*) et celle (littéraire et d'origine gréco-romaine) des striges ou *lamiae* (femmes-oiseaux démembrant les cadavres et suçant le sang des enfants) tendent à converger (*ibid.*, p. 99-109).

29 Voir Bailey, Michael D., « From Sorcery to Witchcraft : Clerical Conceptions of Magic in the Later Middle Ages », *Speculum*, vol. 76/4, 2001, p. 960-990, qui souligne que le premier tiers du XVe siècle a été décisif (*cf.* p. 977-983 au sujet du *Formicarius*), sans toutefois évoquer le rôle des réformateurs mendiants.

30 Sur cet effet « feed-back », voir Montesano, M., *« Supra acqua et supra ad vento » [...]*, p. 184-185, et, plus récemment, « Preaching, Magic, and Witchcraft : a Feedback Effect ? » dans M. G. Muzzarelli (éd.), *From Words to Deeds [...]*, p. 153-167.

31 Ainsi, dans le propos de Bernardin sur la Finicella, les emprunts à Ovide, en particulier, font l'objet d'une démonisation (Montesano, M., *« Supra acqua et supra ad vento » [...]*, p. 140).

la fusion ou convergence des deux traditions chère à Michael Bailey[32]. L'historienne italienne a aussi souligné le rôle joué par la confrontation entre l'expérience (le constat d'une réalité) et la systématisation logique, grâce à la culture scolastique[33]. Or, s'il est bien un lieu où convergent expérience personnelle, faits rapportés et approche théorique, c'est le creuset de l'*exemplum*[34].

Toutefois, en étudiant avec finesse, chez les observants italiens, le vocabulaire, les mots et ce qu'ils disent du contenu de la prédication, Marina Montesano et Fabrizio Conti ont montré les limites d'une démarche qui consisterait à rechercher tous les éléments du « stéréotype », dans la plénitude des mutations qui les touchent – donc dans une vision monolithique de la croyance[35]. Bernardin de Sienne, comme Jean de Capistran et Robert de Lecce (Roberto Caracciolo, qui ne passa pas à l'Observance, mais sur la formation duquel l'œuvre de Bernardin de Sienne eut une grande importance[36]), puis plus tard Bernardin de Busti comme les observants milanais de la « Troisième génération » (Cherubino da Spoleto, Bernardino da Feltre, Marco da Montegallo, tous morts à la fin du XVe siècle) continuaient à tenir le *Canon Episcopi* comme référence dans leur positionnement par rapport au vol nocturne des sorcières. Celui-ci était donc considéré comme une illusion diabolique, non une réalité ; mais les *maleficia* commis par ces femmes-*striges* tombées *in paganorum errorem* étaient tenus pour réels, grâce à des pouvoirs exercés par le démon, comme le montre la prédication de Robert de Lecce à Padoue lors du Carême 1455[37]. À la même époque, en Dauphiné, le procès des

32 *Ibid.*, p. 170.

33 *Ibid.*, p. 183.

34 Voir Schnyder, André, « L'inquisitore racconta. Osservazioni sugli aspetti dell'exemplum nel *Malleus maleficarum* di Institoris e Sprenger », dans Giovanna Bosco, Patrizia Castelli (éd.), *Stregoneria e streghe nell'Europa moderna. Convegno internazionale di studi (Pisa, 24-26 marzo 1994)*, Rome-Pise, Ministero per i beni culturali e ambientali, Ufficio centrale per i beni librari, le istituzioni culturali e l'editoria – Biblioteca universitaria di Pisa, Pacini, 1996, p. 99-115.

35 Conti, F., *Witchcraft, Superstition [...]*.

36 Robert de Lecce ne fit pas le choix de l'Observance (il fut pourtant élu vicaire de Bosnie par les observants en 1454), dans les années décisives où, après le Chapitre de l'Aquila (1452), les tensions débouchèrent sur une véritable rupture.

37 Sur l'adhésion de Bernardin de Sienne et Jean de Capistran au Canon *Episcopi*, ainsi que sur les propos de Robert de Lecce à Padoue en 1455, voir Montesano, M., « *Supra acqua et supra ad vento* » *[...]*, p. 122-128. Dans son traité *De confessione*, Capistran reprend le Canon *Episcopi* (donc l'illusion diabolique de la métamorphose) en associant les *sceleratae*

sorcières d'Avalon (1458-1459) montre que l'on faisait avouer la réalité du vol vers la participation à la « Synagogue », où des abominations bien réelles étaient pratiquées (notamment le cannibalisme d'enfants), en un écart de plus en plus marqué par rapport à la tradition du Canon[38]. Dans les écrits des observants italiens encore fidèles à celle-ci, par-delà la question du vol nocturne, les mots *striges* ou *strigae* et leurs traductions dans les idiomes vulgaires tendirent de plus en plus à désigner les *sceleratae mulieres* ; en peu d'année, entre la première et la seconde génération observante, la référence aux striges, de polémique, devint « un chef d'accusation contre les présumées sorcières[39] ». En outre, que les délits eussent été commis réellement ou par l'illusion diabolique, la sorcière avait passé un pacte avec le démon ; utilisée dans le cadre d'une action inquisitoriale, cette accusation effaçait toute différence entre réalité et irréalité – ainsi qu'en témoigne la condamnation de Santuccia en 1445 lors du passage de Jacques de la Marche à Pérouse, pour le meurtre de dizaines d'enfants et des maléfices par le biais d'une hostie consacrée[40].

En ce qui concerne la démonisation, on voit bien en particulier comment des contenus sont passés du discours de Bernardin de Sienne à celui de Jean de Capistran, Jacques de la Marche ou Robert de Lecce. Les trois grandes affaires liées à Bernardin de Sienne, entre 1425 et 1428 (celles de la Finicella à Rome, de Matteuccia di Francesco à Todi, de la fontaine *tecta* d'Arezzo), évoquées ensuite par Bernardin lui-même puis par d'autres prédicateurs au cours du XVe siècle, véhiculèrent des formes stéréotypées de comportement : au premier plan, le meurtre rituel d'enfants, la présence du diable et le pacte avec celui-ci, la dénonciation de l'idolâtrie (« l'erreur des païens ») et de pratiques qui, pour certaines, étaient destinées à guérir[41]. L'épisode de la lutte de Bernardin

---

mulieres de ce dernier aux sorcières (*ibid.*, p. 125). Avec les *striges/strege*, entre la première et la seconde génération observante, est véhiculée en particulier l'idée d'une menace contre les enfants (*ibid.*, p. 103-107).

38 Paravy, P., *De la Chrétienté romaine [...]*, p. 894-897.

39 Montesano, M., *« Supra acqua et supra ad vento » [...]*, p. 107 : « tuttavia nel giro di pochi anni, tra la prima e la seconda generazione osservante, esso diviene un capo d'accusa contro le presunte streghe ».

40 *Ibid.*, p. 143-146, qui place toutefois cet épisode en 1455.

41 L'affaire de la condamnation pour sorcellerie de la Finicella, à Rome en juillet 1426, au moment même où Bernardin séjournait pour répondre devant le pape de l'accusation d'hérésie, fut évoquée par le prédicateur l'année suivante à Sienne ; elle le fut aussi, plus tard, par Bernardin de Busti. L'épisode a été analysé par Marina Montesano (*ibid.*,

contre la fontaine *tecta* d'Arezzo, entre 1425 et 1428, montre comment des pratiques rituelles d'origine traditionnelle ont été interprétées et « démonisées » à la lumière de la peur d'une renaissance néo-païenne[42]. Dans sa *Vita* de Bernardin, Capistran parle de lutte contre l'*idolatria*, comme Barnabé de Sienne dans celle qu'il écrivit en 1445. Ce qui posait problème à Bernardin, c'était moins le pouvoir thaumaturgique de la source que la présence d'invocateurs du démon.

On trouve, dans l'hagiographie de Colette de Corbie, des usages miraculeux de l'eau, avec jaillissement de sources, comparables à des usages païens mais indépendamment de toute tradition païenne antérieure – et sans qu'il y ait filiation ni même similitude dans l'inspiration des gestes cultuels[43]. D'après Pierre de Vaux, qui composa la *Vie* de Colette juste après sa mort, au début de sa réforme elle aurait été accusée par de nombreuses personnes – sous l'influence de Satan, écrit l'hagiographe – d'être « *sortilega vel incantatrix aut daemonum invocatrix*[44] ». Certains clercs auraient contesté son orthodoxie, en un temps où, le processus d'assimilation-amalgamation fonctionnant à plein, l'hérésie bohémienne apparaissait comme une sorte de danger paradigmatique contre l'Église[45].

p. 132-145). La *strega* reconnut avoir tué des enfants pour sucer leur sang, notamment son propre nourrisson dont elle avait fait de la poudre qu'elle avait mangée – et l'on retrouve ici l'accusation portée par Bernardin contre la secte du *Barlotto*. Elle aurait aussi guéri des enfants, grâce à la récolte d'herbes et des *incantamenta*, le tout par des rituels démoniaques. Lors de sa prédication padouane de 1443, Bernardin revint sur le cas de la sorcière romaine, en un récit plus élaboré et plus dramatique. Au premier plan figuraient la lutte contre « l'erreur des païens » et la nécessité de distinguer ce qui était « faux » de ce qui était « divin », ainsi que la présence du diable. À Todi, au printemps 1426, Bernardin dénonça les pratiques de Matteuccia di Francesco, dont le procès – laïque – eut lieu deux ans plus tard et qui fut qualifiée de « femina male conditionis vite et fame publica, incantatrix, facturaria, maliaria et strega » (*ibid.*, p. 146-148). Elle guérissait en usant de paroles et de gestes, en utilisant un « os païen » (ossement de cadavre, en particulier d'enfant non baptisé retrouvé dans une sépulture antique) mêlé à la récitation de prières chrétiennes ; mais elle était aussi coupable d'infanticide, saignant des enfants afin de préparer un onguent.

42 *Ibid.*, p. 172-180.

43 Cadoux, Jean-Louis, « Eau sainte et eau sacrée. De sainte Colette de Corbie aux magiciens d'Égypte », *Revue de l'histoire des religions*, t. 178, n° 1, 1970, p. 25-48.

44 *Vita ex Gallico Petri a Vallibus sive a Remis, Confessarii ipsius Beatae, Latine reddita a Stephano Iuliaco [...], Acta Sanctorum Martii*, Anvers, 1668 (réimpr. anastatique Bruxelles, 1966 ; consulté sur Gallica), chap. 7, § 42, p. 550.

45 *Ibid.*, chap. 18 (*De virtute suae verae patientiae, quam in persecutionibus suis servavit indilate*), § 188, p. 579 : « [...] praetendentes ipsam esse haereticam maleque sentientem de fide Catholica, sed et consentientem opinionibus Pragensium [...] ».

Certes, l'évocation de la diffamation dont Colette était victime sert notamment, chez Pierre de Vaux, à souligner la vertu de patience dont « l'humble servante du Christ » fit preuve face aux multiples adversités qui lui furent opposées. Il est clair que la patience est, dans le récit de l'hagiographe, étroitement liée aux difficultés rencontrées par la sainte, que cette vertu permet de supporter *utiliter et fructuose*, c'est-à-dire, compte tenu de l'image employée par Pierre, de transformer en véritables conditions d'une action réussie[46]. Il ne s'agit pas seulement, ici, d'une question de codes ou de topoï hagiographiques, de même que la désignation de *virgo prudentissima* ne doit probablement pas être interprétée selon cette unique explication[47]. Le qualificatif de *prudens* est également utilisé par Jean Nider dans le livre IV de son *Formicarius* dix ans avant la mort de Colette, au cœur d'un chapitre où sont évoqués aussi Vincent Ferrier et Bernardin de Sienne[48]. Le grand prédicateur dominicain, on le sait, rencontra Colette en 1417 ; quant à Bernardin, quasi strict contemporain de celle-ci, il en fit l'éloge en 1425 au cours de sa prédication à Assise, lors de laquelle, comme à Milan dès 1418 puis Mantoue en 1420, il eut des termes très durs contre les maisons

46 *Ibid.*, chap. 18, § 185, p. 578 : « Patientiæ virtus radix et custos est omnium virtutum : nam sicut radix portat plantam, ramos, folia pariter et fructus ; sic omnes contrarietates, adversitates, tribulationes et afflictiones per patientiam utiliter et fructuose tolerantur. »

47 *Ibid.*, chap. 8, § 47, p. 552. On pense évidemment aux « vierges sages » de Matthieu 25, 1-13.

48 Jean Nider rapporte avoir assisté, en 1428 à Nuremberg, à un échange, en forme d'émulation, entre le chancelier de l'empereur Sigismond et l'ambassadeur du duc de Savoie : après que le premier avait commencé à lire publiquement la *Vie* de Catherine de Sienne composée par Raymond de Capoue, le second évoqua l'action de Colette en France (*Gallia*) à partir d'un événement survenu lors de son récent séjour à Vevey, en 1424-1426. Voir Nider, Jean, *Formicarius*, Livre IV, chap. IX, cité ici dans l'édition parue à Cologne (Ulrich Zel) vers 1473 : [f° 107r°] *Theologus* : « [...] Vivit hodie in regno Francie puto soror Coleta nomine ordinis sancte Clare virgo sancta et prudens ». Sur cet épisode, voir Viallet, Ludovic, « Colette de Corbie dans le contexte des réformes franciscaines du XVe siècle », *Antonianum*, t. 88-3, 2013, p. 467-468 [version italienne : « Colette di Corbie nel contesto delle riforme francescane del XV secolo », dans Pietro Messa (dir.), *Colette de Corbie. Ripartire da Christo sulle orme di Chiara*, Assise, Edizioni Porziuncola, 2014, p. 31]. Le parallèle entre Catherine de Sienne et Colette, en lui-même, est intéressant : à la tertiaire dominicaine, pas encore canonisée, dont la stigmatisation était à la fois nécessaire et embarrassante pour l'Ordre des Prêcheurs, répondait la « sainte vivante » franciscaine, dont la stigmatisation ne fut évoquée que par Pierre de Vaux, qui la présenta comme intérieure et invisible. Voir *Vita [...]*, chap. 11, § 95, p. 561 : « omnes dolores et tormenta [...] *(= du Christ)* sic renovabantur in corde pariter et in corpore suæ dulcis et humilis ancillæ ».

de vie religieuse non close[49]. D'Aristote à Thomas d'Aquin, la vertu de prudence est liée à la *praxis*, à l'action. Qualifier Colette de « vierge très prudente » n'était donc pas anodin : c'était insister sur la façon qu'elle eut de se comporter et d'agir dans le monde, en tendant vers un but et en usant de moyens choisis avec discernement[50]. Le *bien agir*, essentiel, devait mener à Dieu tout en étant efficace dans le monde.

Il suffit de lire les *Vies* rédigées par les compagnons de Jean de Capistran immédiatement après sa mort pour cerner les différences entre les deux profils de sainteté que l'on a voulu dessiner, mais aussi entre les réalités respectives dont ces écrits rendent compte à leur manière. La sainteté de Colette est une sainteté souffrante, celle d'une femme endurant *viriliter* des tourments pendant cinquante ans, constamment en butte aux assauts des démons comme aux souffrances du corps suscitées par son extrême dévotion à la Passion. Elle s'inscrit dans un modèle hagiographique séculaire réactualisé à la fin du Moyen Âge à travers certaines héroïnes, réelles (Jeanne d'Arc, Brigitte de Suède) ou légendaires. Mais c'est aussi, par là-même, une sainteté particulièrement marquée par le discernement. Il était essentiel pour les partisans de Colette d'insister sur cet aspect, compte tenu du soupçon accru porté sur les femmes mystiques, *a fortiori* dans le cas d'une femme qui s'exposait plus que nul autre à la critique, voire à la violence, par son action dans le monde – au service de la réforme, mais aussi, parfois, de la pacification. Le corollaire en était une relative modération dans les manifestations physiques de la vie spirituelle, le miracle restant circonscrit et largement contrebalancé par la dévotion eucharistique, le souci des pauvres et un don de prophétie qui lui permettait avant tout de percer les secrets des cœurs[51]. Le témoignage de Jean

49 Sur la prédication de Bernardin à Pérouse et Assise, voir notamment Pacetti, Dionisio, « La predicazione di s. Bernardino da Siena a Perugia e ad Assisi nel 1425 », *Collectanea Franciscana*, 9, 1939, p. 494-520 ; sur son positionnement dans la réforme des clarisses, voir Casolini, Fausta, « San Bernardino e la riforma dei monasteri di Clarisse », dans Francesco D'Episcopo (éd.), *S. Bernardino da Siena predicatore e pellegrino. Atti del Convegno nazionale di studi bernardiniani (Maiori, 20-22 giugno 1980)*, Galatina, Congedo, 1985, p. 53-60.

50 Voir *Saint Thomas d'Aquin, Somme théologique : La Prudence. 2a-2ae, Questions 47-56*, trad. et notes Thomas Deman, Paris, Cerf, 2006 (3e éd. mise à jour).

51 Sur les tourments endurés par Colette, voir notamment *Vita [...]*, chap. 14, § 124, p. 567 et chap. 16 (*De malignorum spirituum gravi persecutione*), p. 572-574. Comme les apôtres, écrit Pierre de Vaux, elle avait des pouvoirs de guérison et de résurrection des morts (*ibid.*, chap. 17, § 175, p. 576), mais aussi et surtout d'expulsion des démons et d'exorcisme à distance, par la prière. Sur sa capacité à percer les *secreta cordium*, voir *ibid.*, chap. 15, § 146, p. 570.

Nider plaide en faveur d'une « sainteté vivante » demeurée à l'intérieur des limites de l'acceptable, y compris dans l'usage de la prophétie et des visions (célestes ou diaboliques) au service de l'action réformatrice ou de l'implication dans les problèmes du temps ; en faveur, aussi, avec d'autres indices, d'un accompagnement protecteur des religieux franciscains qui depuis le début veillaient sur le destin de Colette et forgeaient un mouvement réformateur masculin en passe de devenir, sur un espace que l'on peut à bon droit qualifier de « lotharingien » (de la Flandre à la Savoie, en passant par la Bourgogne et la bordure occidentale de l'Empire), le grand rival de l'Observance *sub vicariis* portée notamment par les prédicateurs franciscains italiens.

En définitive, le discours observant amplifiait, déformait, contribuait à métamorphoser et uniformiser – en particulier par la diabolisation – un matériau culturel, aux sources diverses : à Sienne, en 1427, lorsque Bernardin évoqua pour la première fois la secte du *barlotto*, il fit référence à des meurtres d'inquisiteurs par des Vaudois du Piémont, au XIVe siècle, mais son propos présente aussi des analogies avec un *exemplum* d'Étienne de Bourbon rapportant le récit d'une femme ayant assisté à un culte luciférien en Auvergne, auquel il ajoute l'homicide rituel d'un enfant, dont le cadavre pulvérisé est avalé[52]. Toutefois, l'enjeu, pour nous, paraît désormais être moins de chercher à évaluer le rôle des prédicateurs dans la fixation d'une image stéréotypée de la sorcière – *a fortiori* de l'envisager seulement comme une « transposition sur le plan opératoire du *topos* littéraire de la "sorcière"[53] » – que de réfléchir sur la corrélation entre la montée en puissance du discours réformateur « observant » et les forces qui ont travaillé à cette cristallisation. On voudrait signaler deux de ces forces, qui constituent des domaines de recherches dans lesquels il reste sans doute encore des territoires à explorer. Le premier a un rapport avec le pouvoir et les luttes pour le pouvoir ; le second avec les questions de l'image (*imago*), de l'identité et du symbole, en définitive de la communication culturelle ; les deux eurent à voir, dans l'esprit et le combat des réformateurs, avec l'accusation d'idolâtrie et la lutte contre celle-ci.

52 Montesano, M., *« Supra acqua et supra ad vento » […]*, p. 116-119. L'*exemplum* d'Étienne de Bourbon figure dans A. Lecoy de La Marche (éd.), *Anecdotes historiques, légendes et apologues tirés du recueil inédit d'Étienne de Bourbon, dominicain du XIIIe siècle, publiés pour la Société de l'Histoire de France*, Paris, Renouard, 1877, p. 322-323.

53 Montesano, M., *« Supra acqua et supra ad vento » […]*, p. 145.

HANTISES DE LA RENAISSANCE
Le retour des dieux

On ne reviendra pas ici sur les enjeux sociaux de la réforme. La relation entre les réformateurs et les pouvoirs politiques fut au XVe siècle une relation de réciprocité, dont on doit encore mieux cerner les effets dans le domaine du contrôle social et de la discipline sociale. Sur le plan officiel et institutionnel, la réforme progressa en éliminant ses tendances les plus extrêmes : le processus nous semble aujourd'hui classique, car il est éminemment politique ; mais dans ce cas précis, on ne peut le comprendre dans toutes ses significations sans le replacer dans un contexte plus large, celui de la lutte contre toute forme de déviance et d'anormalité.

Les travaux de Sylvain Piron, en particulier, montrent que la constitution des premiers groupes de Franciscains « observants » en Italie, à partir du milieu du XIVe siècle, s'est faite dans la rivalité avec les groupes de Spirituels/Fraticelles – appelés *de opinione* véritablement au cours des années 1410, au moment où prenait son essor la réforme observante et s'enclenchait un processus de structuration[54]. Ce qu'a aussi souligné Sylvain Piron, c'est que ces groupes ayant subsisté entre le Dauphiné (où certains « béguins » se seraient réfugiés au milieu du XIVe siècle) et la Calabre, en particulier dans les Marches, ont été plus structurés qu'on ne le pensait, avec une organisation interne dès les années 1370[55]. La chronique anonyme du mouvement clandestin rédigé en vernaculaire florentin dans les années 1380 désigne les frères placés dans le sillage d'Olivi comme *frati della oservantia*, ceux rassemblés autour de Paoluccio Trinci en Ombrie n'étant eux que de « prétendus frères de l'observance » (*chiamati i frati della osservanza*) qui sont comme une « farce » par rapport aux « vrais et parfaits spirituels[56] ». On rencontre

54 Piron, Sylvain, « Le mouvement clandestin des dissidents franciscains au milieu du XIVe siècle », *Oliviana*, t. 3, 2009, p. 3.

55 *Ibid.*, p. 14-15.

56 *Ibid.*, p. 10 et n. 72, citant la chronique éditée dans Felice Tocco, *Studii francescani*, Naples, F. Perrella, 1909, p. 519 : « La terza fu i predicti frati chiamati della oservantia, i quali si possono porre in ispirituali da beffe per rispecto adella predetta prima brigata de' veri et perfecti spirituali, i quali realmente si possono dire poveri evangelici, veri figliuoli

donc là les prémices d'un combat dont il faut souligner l'importance pour les années 1430-1460 entre observants *sub vicariis* et réformateurs modérés, partisans de la voie moyenne *sub ministris* : le combat de la qualification, ou de la dénomination (les tournures *dicti de Observantia* et *qui se dicunt de observantia* servant à dénier la qualité d'observants véritables ou le monopole de l'observance)[57]. Entre réformateurs de l'Observance des vicaires et réformateurs modérés, toutefois, il s'agissait de stratégies discursives et de processus de légitimation ou d'identification au moment où le fossé se creusait (il est rupture avec Jean de Capistran, il ne l'était pas avec Bernardin de Sienne) ; vis-à-vis des Fraticelles que combattirent Capistran et Jacques de la Marche peu avant le milieu du XVe siècle en Italie centrale, il s'est agi d'un combat à mort, dans lequel ont été utilisées des accusations présentes dans le nouveau crime de sorcellerie : ainsi celles de l'appartenance à la secte du « Libre Esprit » ou à celle du *barlotto*, et des homicides rituels d'enfants[58].

Il ne suffit certainement pas de souligner la violence des controverses accompagnant l'affirmation des mouvements observants pour expliquer le développement des accusations de sorcellerie ; mais il faut prendre en compte cette dimension, alors même que depuis le XIVe siècle les formes, voire la nature du combat intellectuel évoluaient dans le sens d'un raidissement, la *disputatio* universitaire visant davantage la victoire contre l'adversaire que la contestation de thèses et la logique terministe insistant sur l'infaillibilité logique, sur fond d'affrontement entre réalisme et nominalisme. De fait, certaines accusations étaient vite dégainées par les autorités de l'Église ; celle de « fraticelles » fut même formulée en 1414 à l'encontre des premiers observants français, après l'annulation de toute forme d'autonomie par la bulle *Hiis quae* de

---

di San Franceschο preservanti il seme della fede a similitudine della preservatione che ssi fa nell'arca di Noè del seme della charne humana, chome sopra è facta mentione disotto più apertamente si dimostrerrà. Questa terza brighata dei chiamati i frati della osservanza ae avuta una singhulare gratia, che di tenpo in tenpo molti ne sono usciti et entrati alla detta prima brighata evangelica senpre preservata nella perfetta osservanza del padre Franceschο et sua propissima reghola et vita non da niuno chontaminata. »

57 Voir Viallet, L., *Les sens de l'observance [...]*, p. 95-113, au sujet des positions (sur l'acceptation des aumônes d'argent notamment) de Capistran d'une part, Matthias Döring et Henri de Werl de l'autre.

58 Montesano, M., *« Supra acqua et supra ad vento » [...]*, p. 116-121, à la suite de Cohn, Norman, *I demoni dentro. Le origini del sabba e la grande caccia alle streghe*, Milan, Unicopli, 1994 (éd. originale anglaise *Europe's Inner Demons : An Enquiry Inspired by the Great Witch-Hunt*, 1975), p. 84-102.

Jean XXIII[59]. Les mots ont un pouvoir, *a fortiori* les noms ; les utiliser contre un adversaire n'était pas nouveau : l'histoire de l'Église chrétienne, de ses conciles et de ses controverses théologiques, en est rythmée. Il est permis de croire, cependant, que cet usage portait en lui une tout autre charge dans le contexte du XVe siècle, marqué en particulier par les ambitions « totalisantes » de l'Église romaine, l'âpreté des luttes au sein des constructions institutionnelles (celles de l'*Ecclesia* comme des ordres religieux), la force d'impact de la prise de parole et, sur le plan intellectuel, l'intensification de la réflexion sur la délimitation des sphères respectives du naturel, du miraculeux et du diabolique[60]. Or, les pouvoirs d'intervention du démon s'exerçaient essentiellement dans le domaine de l'apparence et de l'illusion, dans celui de l'accidentel, non du substantiel. Et de fait, la réflexion sur son domaine d'intervention et les mutations qui la touchèrent, à partir du XVe siècle et à l'Époque moderne, furent liés aux changements intervenus dans les modèles théoriques de la connaissance visuelle[61].

On peut certes penser que les hommes du XVe siècle utilisaient les accusations diaboliques avec beaucoup de légèreté, motivés par le seul souci de décrédibiliser et faire condamner (l'historien sait bien qu'ils n'ont ignoré ni le cynisme, ni la manipulation) ; que la rivalité entre Frères mineurs et Frères prêcheurs constitue la principale explication aux procédures pour hérésie et incitation à l'idolâtrie que se lançaient au visage, en dansant sur le mince fil des usages du Sacré, des religieux mendiants avant tout soucieux de leur succès public et de leurs soutiens

59 Merlo, Grado Giovanni, *Nel nome di san Francesco. Storia dei frati Minori e del francescanesimo sino agli inizi del XVI secolo*, Padoue, EFR-Editrici Francescane, 2003, p. 319.

60 Voir notamment Vauchez, André, *Saints, prophètes et visionnaires. Le pouvoir surnaturel au Moyen Âge*, Paris, A. Michel, 1999 (en particulier les belles et importantes pages de l'introduction, « Formes du merveilleux et pouvoir surnaturel au Moyen Âge ») et Boureau, A., *Satan hérétique [...]*, qui a fait de la controverse sur la stigmatisation de François d'Assise un lieu privilégié d'observation de ce qu'il nomme la « mutation scolastique ».

61 Dans ces évolutions, les débats sur la sorcellerie et sur le corps du diable ont joué un rôle important, comme l'a souligné Alfredo Perifano dans « Le corps du diable entre théologie et sciences dans les textes contre la démonolâtrie aux XVe et XVIe siècles », *Cahiers d'études du religieux. recherches interdisciplinaires*, 13, 2014, en ligne [URL : http://cerri.revues.org/1353 ; DOI : 10.4000/cerri.1353]. Sur les changements des modèles épistémologiques de la connaissance visuelle entre les XVe et XVIIe siècles, voir Clark, Stuart, *Vanities of the Eye. Vision in Early Modern European Culture*, Oxford, Oxford University Press, 2007, dont les chap. 4 et 5 sont respectivement consacrés à la sorcellerie et à l'impact de la Réformation dans le domaine de la culture visuelle.

politiques dans un contexte ultra-concurrentiel[62]. Mais l'on peut aussi penser que la communauté de thèmes et de motifs perceptible en particulier au sein du monde des prédicateurs-réformateurs observants, sur plusieurs décennies, dit quelque chose de plus profond sur des associations mentales et les caractères constitutifs d'un moment dans l'histoire de la rationalité occidentale.

L'accusation d'idolâtrie (toute pratique « superstitieuse » ou qui « substitue, dans l'adoration, une créature au Créateur[63] ») est essentielle. Elle l'est chez Bernardin de Sienne, comme elle l'est à la fin du XVe siècle encore chez les prédicateurs milanais qui traitent des croyances relatives à la sorcellerie à l'intérieur du modèle de la superstition en les considérant comme étant de même nature que des violations du Premier Commandement[64]. La crainte de l'idolâtrie se voit bien également dans la controverse sur l'hostie miraculeuse entre le prémontré Eberhard Waltmann et Jean de Capistran, à l'automne 1452 : l'argumentation théologique est articulée essentiellement autour des notions d'*adoratio*, de *latria* et d'*yperdulia*, qui posent le problème de l'adoration et du statut de l'image comme des reliques des saints[65]. Bernardin de Sienne prêcha contre le culte (et le commerce) des fausses reliques dans les années 1420, dénonçant notamment ceux qui, plaçant un morceau de bois dans le feu, prétendaient que s'il ne brûlait pas il s'agissait bien du bois de la Vraie Croix… De même, pour Robert de Lecce à Padoue en 1455, dénonçant la crédulité des *vetule* à ce sujet[66].

62 En témoignent, par exemple, les accusations portées par l'inquisiteur Jacques de Brescia après la prédication pascale de Jacques de la Marche en 1462, à Brescia [voir *Chronica Fratris Nicolai Glassberger Ordinis Minorum Observantium*, Quaracchi, 1887 (*Analecta Franciscana*, II), p. 393-395]. Si l'épisode est révélateur de la violence de l'affrontement entre franciscains et dominicains au sujet des conceptions théologiques sur le sang du Christ, on ne peut s'empêcher de penser, tant au règlement de compte par l'influent religieux local à l'encontre de l'immense vedette venue de l'extérieur, qu'au principe de « l'arroseur arrosé » – pour un prédicateur dont par ailleurs les usages en matière de miracle allèrent fort loin… en l'occurrence par correspondance, puisqu'à la fin de sa vie Jacques de la Marche envoyait à certains malades, en particulier des femmes, de petits billets sur lesquels il avait apposé le nom *Iesus* afin que s'exerçât la grâce divine (*ibid.*, p. 395-396).

63 Montesano, M., *« Supra acqua et supra ad vento » […]*, p. 3, qui souligne que le terme est, chez les prédicateurs franciscains observants, l'unique mot utilisé pour désigner toutes les pratiques dont ils sont les adversaires.

64 Conti, F., *Witchcraft, Superstition […]*, p. 223.

65 Voir Viallet, L., *Les sens de l'observance […]*, p. 139.

66 Voir Montesano, M., *« Supra acqua et supra ad vento » […]*, p. 42-43.

Au cours de la même décennie 1420, Bernardin propagea la dévotion au Nom de Dieu dans les cités italiennes, grâce à sa fameuse *Tavoletta*. Le Monogramme du Christ était une arme contre les démons ; là encore, ce n'était pas nouveau[67]. Pour le prédicateur siennois, il s'agissait (également) de lutter contre les incantations magiques et les *superstitiones*, mais aussi certainement contre le culte des fausses reliques (on peut penser que la défense de l'hostie miraculeuse, qui ne brûlait pas dans le feu, avait aussi cette fonction). L'ostension de la *Tavoletta* entraînait l'agenouillement de la foule, en une véritable mise en acte du verset paulinien : « Au nom de Jésus tout genou se plie » (Phil. 2, 10). En juin 1441, la mendiante espagnole Marie de Saint-Vincent, arrêtée et exécutée pour sorcellerie dans le village de Césanne (aujourd'hui Cesana Torinese, en Piémont), déclara que le diable lui avait imposé de ne pas faire le signe de la croix ni prononcer le Nom de Jésus car « quand ils l'entendaient, lui-même et tous les démons de l'Enfer étaient torturés, s'inclinaient et fléchissaient les genoux[68] ». C'était là l'écho de sermons assimilés au moins par bribes. L'intense effort pastoral mené dans les Hautes-Alpes par les Franciscains, parallèlement à la répression, n'ignora pas ce qui apparaissait comme une dévotion franciscaine : on trouve le Nom de Jésus sur des supports aussi différents que la croix sigillaire de Colette de Corbie (aujourd'hui conservée au monastère des clarisses de Poligny) et la voûte de la chapelle des évangélistes du couvent des Mineurs de Briançon, où les fresques furent peut-être exécutées, vers 1460, par des artistes originaires d'Italie.

Le succès de Bernardin s'accompagna à partir de 1426-1427 d'une intense controverse, puisque le prédicateur siennois fut accusé d'hérésie, d'être l'Antéchrist et d'inciter les fidèles à l'idolâtrie, de les éloigner de la dévotion à la Croix comme de la piété eucharistique[69]. Bernardin eut face à lui un religieux comme le dominicain Manfred de Verceil

67 Matteuccia di Francesco, dénoncée par Bernardin en 1426 puis jugée deux ans plus tard à Todi, fut accusée d'invoquer Lucifer en ces termes : « O Lucibello, demonio dello inferno, poiché sbandito fosti, el nome cagnasti, et ay nome Lucifero maiure, vieni ad me o manda un tuo servitore » [Domenico Mammoli, *Processo alla strega Matteuccia di Francesco 20 marzo 1428*, Todi, Res Tudertinae, 1983 (1re éd. 1969), p. 33].

68 « dyabolus dicebat quod quando audiebant Jesum nominare, ipse et omnes demones Inferni torquebantur et inclinabant se et genua flexunt » (Archives Départementales de l'Isère, B 4356, f° 340).

69 Voir un article classique : Longpré, Ephrem, « Saint Bernardin de Sienne et le Nom de Jésus », *Archivum Franciscanum Historicum*, t. 28, 1935, p. 443-476 ; t. 29, 1936, p. 142-168 et p. 443-477 ; t. 30, 1937, p. 170-192.

(influencé par Vincent Ferrier), qui mena un mouvement apocalyptique de pénitents, mais aussi l'ermite de saint Augustin et humaniste Andrea Biglia[70]. À travers les accusations portées contre ceux qui utilisaient le Nom de Dieu avec une dimension visuelle, il était question du rapport à l'adoration, à la latrie (*latria*), à l'idolâtrie (*idolatria*). On ne peut s'empêcher de penser à la lettre adressée par Vincent Ferrier depuis Genève en décembre 1403 au maître général des dominicains Jean de Puinoix, dans laquelle il racontait avoir rencontré, dans le diocèse de Lausanne, des populations vouant un culte au Soleil[71]. Ce qui posait problème, vers 1430, c'était moins le Monogramme que le « soleil bernardinien »... alors que, désormais, l'idolâtrie et toute pratique magique étaient conçues comme indissociables de l'adhésion à Satan.

Dans son sermon du 13 février 1425 à Florence, pour se défendre, Bernardin argumenta sur la distinction entre substance – en l'occurrence de l'eucharistie – et accident :

> *Perche io fui ripreso l'anno passato e infamato di quello che io dissi del nome di Ihesù, questo anno, come meglio amaestrato e informato, ne dirò più e contro a chi parlla come non si debba, che io non dissi che s'adorasse i colori, nè dell'oro, nè dello argento, ma il sustantiale di quello nome Ihesù, Iddio e huomo, non oro, nè lettera, nè argento, nè*

70 Andrea Biglia s'en prit également au bénédictin Baptiste de Mantoue, qui prêchait en Lombardie et Piémont et représentait à ses yeux la figure du prédicateur cherchant moins à édifier les fidèles qu'à jouer sur leurs réactions émotives. Il avait fait profession en 1411 à Sainte-Justine de Padoue, où l'abbé Ludovico Barbo avait initié deux ans auparavant un mouvement de réforme observant. Baptiste prêcha ensuite en Savoie puis à Genève. Dans cette ville, il se heurta à l'hostilité du dominicain Raphaël de Cardona, ancien compagnon de Vincent Ferrier, et sa prise de parole déclencha une retentissante affaire, étudiée en détails par Morenzoni, Franco, (avec la coll. d'Isabelle Jeger), *Le prédicateur et l'inquisiteur. Les tribulations de Baptiste de Mantoue à Genève (1430)*, Lyon, PUL, 2006. Raphaël de Cardona, présent au concile de Bâle, eut probablement des liens avec les dominicains lyonnais (voir Mercier, F., Ostorero, M., *L'énigme de la Vauderie de Lyon [...]*, chap. 5).

71 La lettre a été éditée dans Fages, Pierre-Henri, *Histoire de saint Vincent Ferrier, apôtre de l'Europe*, Paris, Maison de la Bonne Presse, 1894, t. 1, pièces justificatives, p. XXXI-XXIII, puis récemment par Hodel, Paul-Bernard, « D'une édition à l'autre. La lettre de saint Vincent Ferrier à Jean de Puynoix du 17 décembre 1403 », dans Paul-Bernard Hodel, Franco Morenzoni (éd.), *"Mirificus Praedicator". À l'occasion du sixième centenaire du passage de saint Vincent Ferrier en pays romand. Actes du colloque d'Estavayer-le-Lac, 7-9 octobre 2004*, Rome, Istituto Storico Domenicano, 2006, p. 199-203. Le missionnaire dominicain y souligne la présence de l'hérésie, des pratiques païennes et de la sorcellerie dans les hautes vallées alpines qu'il vient de traverser, établissant un lien direct avec la carence absolue de la prédication. Voir, notamment, Paravy, Pierrette, « Remarques sur les passages de saint Vincent Ferrier dans les vallées vaudoise », *Croyances religieuses et sociétés alpines. Actes du colloque de Freissinières, 15-17 oct. 1981*, Gap, Société d'études des Hautes-Alpes, 1987, p. 143-155.

> *azzurro, nè raggi, nè tavola pel loro medesime substantie e qualità, ma il substantiale che è sotto quella cotale lettera. O dimi, come adori tu il Corpo di Ihesù Cristo consecrato all' altare? Adori tu quella bianchezza del pane o quella qualità o quello sapore o quella ritondezza? Mai non; ma sotto quella specie del pane o del vino adora la substantia del corpo e del sangue di Ihesù Cristo, nella qualità dell' accidente la substantia velata in quella qualità. Et chi adorasse quegli accidenti, pecherebbe in idolatria mortalmente. Cosi dico del nome iscritto di Ihesù*[72].

Au cours de son *Sermo contra imaginem nominis tabulellae quae est imago et signum antichristi*, prononcé entre le 12 avril 1430 et le 3 mars 1431, l'ermite de saint Augustin André de Cascia déclara : « l'image de la tablette est le lieu du blasphème et en celle-ci chacun a son instrument de destruction à la main, représenté par l'art satanique[73] ». Un verset d'Ézechiel 9 (ici, 9, 1 : « Ils approchent les fléaux de la ville, chacun son instrument de destruction à la main ») servait donc à faire de la Tablette l'instrument de Satan, alors que le même chapitre d'Ézechiel (mais 9, 4-6) faisait d'un autre signe, le Tau, le signe des élus protégés du massacre de Jérusalem. Le Tau était au Moyen Âge un signe de conversion et de pénitence, mais aussi de protection et d'exorcisme ; François d'Assise l'utilisa comme signature et il devint un symbole franciscain.

Dans son action de pacification, Bernardin affirma que l'idolâtrie était présente dans l'utilisation des bannières des différents partis. Ainsi déclara-t-il à Sienne, en 1427 :

> *Prima, dico, l'idolatria è rinnovata; imperò che ora è entrato el diavolo in queste insegne de le parti. Quando erano adorati i diavoli da le creature? Fu quando i pagani adoravano l'idoli. E come allora erano adorati in quelle statue, così ora so' adorati in queste insegne che tengono i cristiani. A quel tempo erano adorati da' pagani, e ora so' adorati da' cristiani*[74].

En Europe centrale, le Monogramme dans le « soleil bernardinien » devint un symbole catholique face au calice des Utraquistes. Devant les armées de ceux-ci, le soleil aurait aussi été montré avec, à l'intérieur, non le Monogramme mais une hostie consacrée. Plus politique encore, au printemps 1429, le frère Richard, qui prêcha dans Paris avant d'accompagner

72 Cité par Longpré, E., « Saint Bernardin de Sienne… », t. 28, 1935, p. 452.

73 « Ex his patet qualiter imago tabulellae est locus blasphemiae et in ipsa *unusquisque vas interfectionis* habet arte satanica figuratum » (cité *ibid.*, t. 29, 1936, p. 160).

74 Bernardino da Siena, *Prediche volgari sul Campo di Siena 1427*, éd. Carlo Delcorno, Milan, Rusconi, 1989, vol. 1, pr. XXI, p. 468.

Jeanne d'Arc pendant quelques mois, semble y avoir distribué des enseignes de plomb portant le Monogramme IHS (surmonté d'une croix) au service de la propagande des Armagnacs[75].

On connaît la virulence des critiques émises à l'encontre des Frères mineurs, accusés d'avoir excessivement exalté la sainteté de François, en une sorte de divinisation[76]. Au XVIe siècle, du côté protestant, l'accusation alla jusqu'à celle d'idolâtrie (chez Johann Eberlin von Günzburg, en particulier). L'apparition du nom de « franciscain », mais aussi l'emblème des « Conformités » vinrent nourrir les attaques, comme on le voit dans les premières controverses entre membres de l'Ordre et partisans de Luther (à Jüterbog et Wittenberg en 1519), ou encore dans le *De Votis monasticis* de ce dernier (1521). La critique, fondée en particulier sur Paul, 1 Cor. 1, 10-13, concernait la division : se revendiquer d'un personnage, c'était rompre l'unité de l'Église en créant des *sectae*, après avoir rejeté le nom de Dieu ; les « Franciscains » n'étaient donc pas des Chrétiens, mais des infidèles[77]. Face à cette violente attaque, le ministre de la province franciscaine de Haute-Allemagne Kaspar Schatzgeyer souligna que les noms, liés à la désignation d'un statut, ne touchaient pas à l'essence même du Christianisme[78].

Au terme de ce parcours, conclure est rien moins qu'une nécessité, tant l'ampleur des questionnements soulevés ouvre des voies de réflexion. Le point de départ était une hypothèse, qu'à défaut de pouvoir démontrer il

75 Vallet De Viriville, Auguste, *Notes sur deux médailles de plomb relatives à Jeanne d'Arc et sur quelques autres enseignes politiques ou religieuses tirées de la collection Forgeais*, Paris, Extrait de la *Revue archéologique*, 1861, p. 21-25.

76 Voir, pour le processus d'« exaltation hyperbolique » de la figure de saint François, l'étude classique d'André Vauchez, « Les stigmates de saint François et leurs détracteurs dans les derniers siècles du Moyen Âge », *Mélanges d'Archéologie et d'Histoire*, t. 80, 1968, p. 595-625, en part. p. 606-608 et p. 618-623.

77 Afin de ne pas alourdir le propos, on ne multiplie pas ici les références et citations, que l'on pourra trouver dans Viallet, Ludovic, « The Name of God, the Name of Saints, the Name of the Order : Reflections on the "Franciscan" Identity during the Observant Period », dans B. Roest, J. Uphoff (éd.), *Religious Orders and Religious Identity Formation, ca. 1420-1620. Discourses and Strategies of Observance and Pastoral Engagement*, Leyde-Boston, Brill, 2016, p. 172-190, en part. p. 183-187 ; *Id.* « 1517, l'année des brisures. Franciscanisme, luthérisme, évangélisme à l'âge des réformes », *Archivum Franciscanum Historicum*, t. 110, 2017, p. 9-28, en particulier p. 24-27.

78 Schatzgeyer, Kaspar, (Caspar Sasgerus), *Replica contra periculosa scripta post Scrutinium divine scripture jam pridem emissum emanata*, Augsburg 1522 [consulté sur : Bayerische Staatsbibliothek, Digitale Bibliothek, qui le date de 1520], « Tormentum quartum », f° F4v°-G1r°.

faut étayer : le lien entre la réforme religieuse *de observantia* et la répression de l'hétérodoxie, plus encore la cristallisation d'une construction imaginaire aux conséquences extrêmement lourdes dans la réalité du XVe siècle. Par-delà les traités des intellectuels (théologiens, juges, inquisiteurs), ou plutôt en deçà des textes qui donnèrent forme à des motifs, véhiculèrent des croyances et constituèrent le soubassement d'une répression séculaire, il y eut une action pastorale et des prises de parole, mises en œuvre avec une intensité croissante par des hommes partageant un projet et une vision du monde modelés, voire structurés dans la conscience de l'urgence du combat contre le diable. Elles s'exercèrent de façon particulièrement marquée sur un espace qui, certes, fut *réellement* refuge pour des groupes persécutés ; mais en outre, cet espace fut traversé par des lignes de rivalités entre des pouvoirs politiques comme entre des mouvements réformateurs – y compris à l'intérieur d'un même ordre, celui des Frères mineurs – et, pour ainsi dire, irradié par la véritable « pile nucléaire » qu'a constituée l'Observance franciscaine en Italie du Nord et du Centre. Entre la Péninsule et la vallée du Rhin, il n'y eut pas de « dorsale catholique » avant la lettre, mais une sorte de faille volcanique travaillée par des forces diverses qui font sans doute surgir avec un relief particulier, pour l'historien, certains enjeux essentiels de l'émergence de notre *modernité*, à la fin du Moyen Âge et au début de l'époque moderne : parmi ceux-ci, l'exigence – qui se manifesta au sein des ordres religieux, et surtout des Frères mineurs, avec une intensité inégalée – d'identification donc d'identité, dans un monde où la distinction entre le nom qui désigne et le nom qui invoque n'était pas claire ; dans un monde où la séparation entre le symbole et le signe n'avait pas encore été nettement effectuée[79]. Dans l'histoire culturelle – au sens large du terme – de l'Occident, les processus que cela a engendrés ont pris une part importante dans la maturation de la conscience identitaire, de la réflexion sur la relation entre signifiant et signifié et, au-delà, de certaines formes de communication culturelle[80]. Peut-être ont-ils participé à ce que

79 Le symbole ne nous fait pas connaître ce qu'est une chose, il « donne à penser » au sujet de cette chose, selon le mot de Paul Ricœur (*La Symbolique du mal*, Paris, Aubier, 1960) ; il nous aide à progresser, par analogie, dans la recherche du sens.

80 Au sujet de la réflexion sur les *modi significandi* et la différence entre signe et symbole, voir Rosier-Catach, Irène, depuis « *Res significata* et *modus significandi* : les enjeux linguistiques et théologiques d'une distinction médiévale », dans Sten Ebbesen (éd.), *Sprachtheorien in Spätantike und Mittelalter*, Tübingen, Gunter Narr Verlag, 1995, p. 135-168, et notamment *La Parole efficace. Signe, rituel, sacré*, Paris, Seuil, 2004.

l'on pourrait appeler « la modernisation du symbolique » – c'est-à-dire, dans l'histoire du symbole, à sa progressive libération de l'emprise du signe. Mais dans l'immédiat, ils ont certainement été sources de secousses, en contribuant à nourrir les grandes hantises d'une société chrétienne exposée aux rayons aveuglants de Satan.

Ludovic VIALLET
Université Clermont Auvergne – CHEC

ENTRE VERDUN, LYON ET TOURS

François Humblot et la prédication minime au début du XVIIe siècle

Il y a quelque paradoxe à être à la fois prédicateur et minime au XVIIe siècle. Peut-on en effet appartenir aux plus petits des religieux et au plus humble des ordres, et monter en chaire devant des centaines de paires d'yeux et d'oreilles, pour faire porter sa voix devant la foule ? Même en recourant à l'artifice rhétorique du visage et du nom qui s'effacent derrière la Parole divine que la prédication vient expliquer, et derrière l'intention spirituelle et morale qui est la finalité de tout sermon, le minime ne paraît pas le mieux placé pour assumer ce rôle. Au début du XVIe siècle, le fondateur de l'ordre, François de Paule, s'affirme comme un ermite peu lettré, sans études, et impose à ses fils de refuser les séductions de l'activité intellectuelle, dont suffisamment de familles régulières se sont faites une spécialité. À sa suite, les premières générations de minimes en France s'abstiennent rigoureusement de toute présence trop visible dans la société savante, fût-elle ecclésiastique et fondée sur la pastorale et le maintien de la foi catholique[1]. Les rares religieux qui s'adonnent aux travaux évangéliques étonnent leurs contemporains, précisément à cause de l'antagonisme qu'il y a à être minime et actif dans le ministère de la Parole. Les Pères du Concile de Trente écoutent, éberlués, Simon Guichard faire une « belle et docte harangue », et observent « qu'encore que ce père fust minime de profession, il pouvoit neantmoins estre estimé pour sa grande doctrine et capacité pour un des plus grands hommes de ce temps[2] ». De fait, cette position anti-intellectuelle s'avère rapidement

1 Sauzet, Robert, *Les réguliers mendiants acteurs du changement religieux dans le royaume de France (1480-1560)*, Tours, Publications de l'Université, 1994. Sur 579 religieux recensés dans cette prosopographie, 25 seulement sont des minimes et parmi eux, 11 ont écrit ou prêché.

2 *Acta et decreta Concilii Tridentini*, V, 1042, cité par Sauzet, R., *op. cit.*, p. 120. Simon Guichard est mort en 1574.

intenable. Les chantiers apostoliques auxquels s'associer sont bien trop nombreux et il en va de la légitimité de l'ordre, fortement lié, depuis son origine, aux destinées du royaume de France et à la figure royale[3]. S'amorce donc un tournant vers la pastorale au crépuscule du XVIe siècle, qui impose aux religieux de se munir préalablement de connaissances théologiques et d'un savoir-faire dialectique et rhétorique que François de Paule aurait sans doute dénigré.

Durant la même période, le centre de gravité de l'ordre, primitivement situé en Touraine puis en Picardie, Auvergne et Dauphiné, se déplace vers l'est[4]. La Champagne, la Lorraine, la Franche-Comté, la Bourgogne et la vallée du Rhône accueillent de nombreux couvents, d'abord intégrés à la province de France, de laquelle se détachent progressivement des entités autonomes : Lyon (1571), Provence (1596), Champagne (1596), Lorraine (1620), Bourgogne-Duché et Bourgogne-Comté[5].

Ce double mouvement invite à s'interroger sur la place de l'espace européen médian, dans sa section française, comme possible laboratoire de cette mutation intellectuelle de l'ordre, en repérant quelques carrières significatives topographiquement enracinées dans cet espace. La figure de François Humblot, comparée à quelques-uns de ses confrères, permettra de caractériser cette prédication minime.

L'INSTITUTIONNALISATION DE LA PRÉDICATION MINIME AU DÉBUT DU XVIIe SIÈCLE

L'institutionnalisation de la prédication chez les minimes est passée par trois voies : le droit; la publication de sermons qui impose *de fait* l'ordre parmi les acteurs de la parole publique sacrée; enfin et plus

3 Pierre, Benoist, « Servir Dieu et le roi : les minimes et le pouvoir royal des guerres de religion à la guerre de Trente ans », *Saint François de Paule et les minimes en France de la fin du XVe au XVIIIe siècle*, éd. B. Pierre et A. Vauchez, Tours, PUFR, 2010, p. 67-86.

4 C'est aussi à ce moment que les gouverneurs des Pays-Bas soutiennent l'implantation des minimes, notamment dans les villes des Flandres et de l'Artois.

5 Whitmore, P. J. S., *The Order of Minimes in Seventeenth Century France*, La Haye, M. Nijhoff, 1967.

tardivement, la mémoire qui reconstruit, au fil des chroniques et des nécrologes, une image de l'ordre plus apostolique et savante qu'il ne l'était à l'origine.

En premier lieu, donc, c'est le droit qui fonde la participation minime à la prédication. Le corpus juridique de l'ordre, composé initialement des trois règles de François de Paule et du correctoire, est réinterprété dans la première moitié du XVIIe siècle en vue d'offrir de nouveaux outils de gouvernement aux correcteurs des couvents et aux provinciaux. Étienne Isnard, théologien provençal, publiant en 1632 le *Codex minimus*, dictionnaire de droit minime, y insère un article « *Praedicatores* », qui prévoit la désignation des prédicateurs par les provinciaux ; les peines infligées à ceux qui se dérobent à leurs devoirs ; l'obligation de résider de manière « honnête » au fil des déplacements ; de se déplacer toujours avec un *socius* ; de rapporter au couvent les aumônes et salaires perçus au terme d'une prédication ; l'impossibilité, sauf exception, d'écouter les confessions dans le cadre de la prédication[6]. Trois décennies plus tard, dans le *Manipulus minimorum*, Balthasar d'Avila, ancien général de l'ordre, rappelle quant à lui que la désignation des prédicateurs doit être approuvée par l'évêque. Il ajoute aux remarques d'Étienne Isnard l'interdiction de citer des auteurs ou des textes contemporains dont la solidité n'a pas encore été totalement éprouvée (décision du 27 octobre 1649) ; l'examen de la vie, des mœurs et de la doctrine des prédicateurs, ce qui exclut les fugitifs et les apostats ; l'obligation d'avoir suivi six années d'études pour prêcher[7]. Il n'y a rien de bien original dans ces réglementations qui mêlent règle et correctoire des minimes, décrets tridentins et décisions des chapitres généraux. Mais il faut souligner l'irruption, dans le second tiers du XVIIe siècle, d'une véritable reconnaissance de la nécessité de former des prédicateurs susceptibles de s'imposer dans les chaires. Les enjeux sont multiples. D'un point de vue politique, les minimes du début du XVIIe siècle doivent faire oublier la mauvaise réputation de leurs confrères du temps de la Ligue, connus pour des prises de paroles outrancières. Jean de Hans, prédicateur parisien très populaire et très agressif, avait prêché l'Avent en 1561 dans la capitale et s'était fait emprisonner pour avoir employé un vocabulaire inadapté pour

6 Isnard, Étienne, *Codex minimus S Ordinis minimorum S. Francisci de Paula, statuta omnia, etiam capitulorum generalium non revocata, comprehendentis*, Lyon, Claude Cayne, 1632, t. II, p. 166-168.

7 Avila, Balthasar d', *Manipulus minimorum ex regulari summorum pontificum sacrarum congragationum et ipsius ordinis agro collectus*, Lille, Nicolas de Rache, 1667, p. 184-187.

désigner les protestants[8]. Claude Sellier, à Troyes, s'est rendu célèbre par une prédication autant politique que spirituelle le 5 janvier 1589, qui n'a pas fait l'unanimité, loin de là[9] ; on peut en dire autant de Gaspard Dinet à Dijon en juin 1595, qui provoque l'expulsion de ses frères de la capitale bourguignonne[10]. Il en va, ensuite, de l'économie conventuelle, la prédication apportant des revenus indispensables aux couvents. C'est ainsi qu'en 1594, les minimes de Verdun demandent à la ville d'être indemnisés par une aumône lorsque la concurrence des autres ordres ne leur permet pas de prêcher[11]. La nécessité se fait jour, enfin, de se tailler une place sur la scène apostolique, alors que l'arrivée dans les villes de minimes, mais aussi de capucins, de récollets, de carmes déchaux et de dominicains réformés met la population urbaine et leurs édiles face à la question de leur utilité.

Une autre source est révélatrice du statut nouveau du prédicateur dans l'ordre des minimes : c'est l'économie du livre imprimé, où l'on repère l'irruption de ce « label » tant pour qualifier l'auteur que pour justifier le recours par un provincial à tel ou tel expert chargé d'examiner le manuscrit avant publication. Cette pratique n'est pas propre aux minimes[12], mais elle est symptomatique du nouveau prestige de la fonction. Claude du Vivier, sur la page de titre de la *Vie et miracles de S. François de Paule*[13], se présente comme prédicateur ; de fait, on lui connaît diverses stations et une charge durable à la cour de l'infante Isabelle, à Bruxelles[14]. Claude Pithoys, minime champenois, s'affirme au seuil de son *Amorce des ames devotes et religieuses* (Paris, 1628), comme « religieux prédicateur de l'ordre des minimes ». La carrière de Jean-Jacques Courvoisier est également

---

8 Sauzet, R., *op. cit.*, p. 123.

9 Simiz, Stefano, *Prédication et prédicateurs en ville, XVIe-XVIIIe siècles*, Villeneuve-d'Ascq, PU du Septentrion, 2015, p. 271-272 ; Claude Sellier est un minime lorrain qui a aussi prêché à la cathédrale de Toul l'Octave du Saint Sacrement en 1589.

10 Dinet, Dominique, *Religion et société. Les réguliers et la vie régionale dans les diocèses d'Auxerre, Langres et Dijon*, Paris, Publications de la Sorbonne, 1999, p. 35-36.

11 Simiz, S., *op. cit.*, p. 116.

12 Henryot, Fabienne, « Portrait du récollet en écrivain au XVIIe siècle », *Les récollets. En quête d'une identité franciscaine*, éd. C. Galland, F. Guilloux, P. Moracchini, Tours, PUFR, 2014, p. 219-233.

13 Sur la page de titre de l'édition de Douai, Balthazar Bellere, 1622 ; sur la première édition (Paris, Sébastien Cramoisy, 1609), Du Vivier se contente de se dire « religieux minime ». Il y a là peut-être un indice ténu d'un changement de perception du statut de prédicateur, qui gagne alors en prestige.

14 Claude du Vivier a été deux fois provincial de France et trois fois provincial de Flandre ; voir La Noue, François, *Chronicon generale ordinis minimorum*, Paris, Sébastien Cramoisy, 1635, an. 1606, 6 ; 1616, 4 ; 1624, 2 ; 1630, 4.

intéressante : bourguignon et prédicateur réputé, il est appelé à peupler la nouvelle province belge érigée en 1617. La page de titre de ses *Œuvres spirituelles* (Bruxelles, 1645) le désigne comme « prédicateur de l'ordre des PP. Minimes » et ses approbateurs, Jean Antonio et Nicolas Sorye, tiennent leur autorité de leur statut de prédicateur. Ainsi, même sur des ouvrages non parénétiques, s'affirmer prédicateur est aussi un moyen de revendiquer une autorité théologique.

La *ratio studiorum* de l'ordre prend acte de cette mutation et organise l'ensemble des savoirs conventuels autour de la nécessité de former des prédicateurs[15] et Pierre Blanchot, par ailleurs praticien aguerri de la prédication, propose une schématisation de l'utilité et de l'architecture des bibliothèques, qui place au premier plan la prédication et ses savoirs connexes, l'exégèse, la théologie, la mystique, la patristique, la rhétorique, l'histoire et la philosophie[16]. Et c'est Isnard, encore lui, qui compose en tête de ses prédications de l'Avent publiées en 1628, une liste de vingt-cinq méthodes pour composer des sermons[17]. On le voit, les minimes se dotent, à partir des années 1630, des moyens de réunir au sein de l'ordre un véritable corps de prédicateurs.

Mais cette procédure est aussi la preuve, en second lieu, d'une institutionnalisation de fait de la prédication minime, qui a précédé de longtemps l'élaboration de nouveaux textes normatifs. La publication de recueils de sermons en est la preuve. Non pas que ces recueils soient si nombreux : on en recense treize entre 1607 et 1656[18] ; mais c'est, somme toute, plus que les capucins dont la vocation fut, dès l'origine, la prédication populaire[19]. Plusieurs de ces recueils ont été publiés de manière posthume,

15 Lesguiller, Nicolas, *Ratio studiorum, seu facilis et compendiosa ad scientas capessendas strata via... cui opportunus accessit tractatus de spiritu ordinis seu religionis...*, Paris, Sébastien Cramoisy, 1639.

16 Whitmore, P. J. S., *op. cit.*, p. 120-121. Voir aussi, sur l'articulation des savoirs nécessaires à l'orateur, Libral, Florent, « Optique, perspective et rhétorique religieuse : "indivision des savoirs" et reconfiguration d'une alliance séculaire (1600-1660) », *Littératures*, n° 67, 2013, p. 69-90.

17 Isnard, Étienne, *Prédications pour l'avent, preschées à l'Église métropolitaine de S. Sauveur d'Aix, parlement de Provence, avec une table très-ample pour rapporter ces sermons à tous les Evangiles du Caresme, et vingt-cinq méthodes différentes pour faire des prédications*, Lyon, André et Jacques Prost, 1628.

18 D'après Whitmore, P. J. S., *op. cit.*, complété par nos propres recherches, et sans les oraisons funèbres.

19 Henryot, F., « Les capucins et l'écriture aux XVIIe et XVIIIe siècles d'après la *Bibliotheca* de Bernard de Bologne », *Études franciscaines*, n° 1, 2011, p. 111-143. Pour la première moitié du XVIIe siècle, les capucins français totalisent 12 recueils de sermons pour 9 auteurs.

ce qui laisse à penser que leurs auteurs ont été instrumentalisés pour la publicité de l'ordre. C'est le cas, premièrement, de François Humblot (1569-1612). L'éditeur de ses sermons n'est pas connu ; il signe l'épître dédicatoire de chaque volume à Henry puis Jean-Jacques de Mesmes, conseillers du roi, des initiales C. M. qui ne permettent pas de l'identifier. La publication a lieu entre 1615 et 1619, soit trois ans après la mort du religieux[20]. L'affaire est visiblement commerciale pour l'imprimeur, Pierre Chevallier, qui accroche au titre des sermons des dimanches la mention « Le tout presché en divers lieux, par un des plus renommez personnages, et l'une des plus grandes mémoires de nostre temps[21] » au lieu de signaler qu'il s'agit de François Humblot, à qui la paternité de ces sermons est seulement attribuée dans l'approbation. Le même procédé est utilisé pour le volume de sermons des fêtes[22], celui de l'Avent[23], enfin celui du Carême[24]. Deux décennies plus tard, c'est ensuite Michel de La Noue (1607-1648), lui-même prédicateur, qui se charge de donner au public les sermons de Pierre Blanchot, décédé en 1637[25]. Quant aux sermons de Jean Dereyroles, l'éditeur anonyme des textes ne mentionne pas qu'ils sont publiés trois ans après la mort de l'auteur, sans doute pour leur donner plus d'actualité[26]. On le voit, l'ordre prend à cœur la circulation de modèles

20 Whitmore, P. J. S., *op. cit.*, p. 293, signale de François Humblot, *Conductitii amanuenses exceperunt Conciones quas Humblotus tum Parisiis tum aliis locis habuit*, Paris, 1607, dont nous n'avons pas retrouvé la trace.

21 *Conceptions admirables sur tous les dimanches de l'année. Ensemble l'octave du sainct Sacrement sur le sacrifice d'Isaac. Le tout presché en divers lieux, par un des plus renommez personnages, et l'une des plus grandes mémoires de nostre temps*, Paris, Pierre Chevallier, 1615.

22 *Conceptions admirables sur toutes les festes de l'année. Preschées en divers lieux par un des plus renommez personnages, et l'une des plus grandes mémoires de nostre temps*, Paris, Pierre Chevallier, 1617.

23 *Conceptions admirables sur les Lamentations de Jérémie, contenant l'entrée de l'homme en l'estat d'innocence, son séjour desastreux en l'estat du péché, et son noble retour en l'estat de la grâce, le tout représenté durant l'Avent par un des plus renommez personnages, et l'une des plus grandes mémoires de nostre temps*, Paris, Pierre Chevallier, 1618.

24 *Conceptions admirables sur le Caresme, par un célèbre personnage, et l'une des plus grandes mémoires de nostre temps*, Paris, Pierre Chevallier, 1619. Ce dernier volume est cette fois dédié au Cardinal de La Rochefoucauld, grand aumônier de France.

25 *Sermons pour les festes principales de l'année et octave du S. Sacrement. Composez et prononcez en divers lieux par feu le R. P. Pierre Blanchot. Reveus et mis en lumière par le R. P. F. Michel De la Noue*, Paris, Rouillard, 1645 ; *Sermons pour tous les jours de Caresme par le R. P. Pierre Blanchot, revus par le R. P. Michel de La Noue*, Paris, Ch. Rouillard, 1648.

26 Jean Dereyroles, *Sainct Paul en chaire sur les sermons des festes de nostre Seigneur, de la Vierge & des Saincts de toute l'année, traictez par raisonnemens théologiques et philosophiques, fondez sur la doctrice de l'Apostre Paul*, Paris, Sébastien Huré, 1647.

parénétiques propres aux fils de François de Paule, encourageant aussi la publication d'autres volumes, du vivant de l'auteur cette fois : Étienne Isnard en Provence, Gilles Camart en Languedoc, Pierre Camus à Paris. Il cherche ainsi à imposer par l'écrit une réalité que les contemporains ont soigneusement consignée : la participation minime aux prédications urbaines, qui sont aussi les plus prestigieuses.

En troisième lieu, la mémoire de l'ordre, au fil du siècle, achève de construire une identité régulière fondée sur la visibilité des religieux dans les chaires. Dès 1623, François Victon, publiant une *Vie* de François de Paule, ajoute en annexe une liste des généraux de l'ordre, suggérant ainsi une continuité des hommes sur le mode de la filiation spirituelle. Les mérites de plusieurs de ces religieux sont soulignés à travers leur talent pour la prédication : il remarque quatre généraux français qui ont été de grands prédicateurs, tous au XVIe siècle[27]. C'est dire l'effort de relecture du chroniqueur qui veut absolument faire de son ordre, depuis son origine, une pépinière de maîtres de l'éloquence sacrée, au risque d'une évidente distorsion de l'esprit originel de l'institut. En 1624, Louis Doni d'Attichy propose dans le livre III de sa chronique de l'ordre[28] les « vies des hommes illustres en sainteté de ce mesme Ordre, qui ont fleury es Provinces de France », soit 14 individus. Parmi ceux-ci, plusieurs modèles concurrents de religieux s'affrontent, de l'humble et charitable religieux peu lettré au prédicateur érudit. Pour s'en justifier, le savant religieux écrit : « Dieu suscita un grand nombre de doctes théologiens & zélés prédicateurs, pour faire teste à l'hérésie, tant par leurs sermons & leçons que par leurs cris & escrits [...] ; notre petite religion en a contribué quelques uns[29] ». C'est donc l'urgence de la situation qui a dicté cette adaptation au climat religieux. La biographie de Jean-François de Binans, ainsi, est l'occasion de rédiger, en quelques pages, un véritable petit traité à l'usage des prédicateurs de l'ordre[30]. En 1655, Hilarion de Coste tentant à son tour une brève chronique de l'ordre, met à jour la

27 Victon, François, *Vie admirable du glorieux père et thaumaturge S. François de Paule, instituteur de l'ordre des minimes, dit de Jesus-Maria*, Paris, S. Cramoisy, 1623 ; ce sont François de Bellemere, Simon Guichard, Joseph Le Tellier « éloquent prédicateur », Jérôme Durant « l'un des plus célèbres prédicateurs de la France ».

28 Doni d'Attichy, Louis, *Histoire générale de l'ordre sacré des minimes*, Paris, Sébastien Cramoisy, 1624, t. 1, livre III.

29 *Ibid.*, p. 328.

30 *Ibid.*, p. 391-396.

liste des personnages remarquables, parmi lesquels Pierre Guérin (mort en 1631), prédicateur parisien de bonne réputation[31]. Même si d'autres entreprises éditoriales tentent de rénover l'image d'un ordre aux mérites uniquement ascétiques et spirituels[32], le nécrologe publié en 1709 par René Thuillier, religieux parisien, pour la province de France, montre l'aboutissement de ce processus, en énumérant nombre de prédicateurs importants entre la fin du XVIe et la fin du XVIIe siècle[33].

Ainsi s'impose, entre les années 1610 et les années 1660, l'image d'un ordre de prédicateurs qui n'allait pas de soi. Plusieurs carrières parallèles de religieux minimes, au commencement du XVIIe siècle montre les ressorts de cette prédication, les profils intellectuels requis et l'espace dans lequel s'inscrit cette activité. Pour la commodité de l'exposé, le plus emblématique d'entre eux, François Humblot, nous servira de repère.

FRANÇOIS HUMBLOT, « L'ORACLE DE LA FRANCE[34] »

François Humblot incarne cette contradiction qui travaille l'ordre des minimes et qui, quand il meurt en 1612, est loin d'être résolue. Il tient beaucoup de François de Paule par son humilité, le sens du service de ses frères, ses mortifications, et « à sa mort il n'a laissé autre despouille qu'une haire presque usée, des escripts et collections[35] ». Tout tient dans cette phrase : il a fallu concilier la pauvreté extrême et le recours à l'engagement pastoral.

---

31 Coste, Hilarion de, *Le portrait en petit de S. François de Paule, instituteur et fondateur de l'ordre des Minimes, ou l'Histoire abrégée de sa vie, de sa mort et de ses miracles* Paris, Sébastien Cramoisy, 1655, p. 413.

32 *Les Portraits de quelques personnes signalées en piété de l'ordre des Minimes, avec leurs éloges tirez des historiens & des chroniques du mesme ordre*, s.l., s.n., 1668.

33 Lemaître, Nicole, « Le modèle de l'ordre des minimes à la fin du XVIIe siècle », *Saint François de Paule et les minimes…*, *op. cit.*, p. 125-140 ; Thuillier, René, *Diarium patrum, fratrum et sororum Ordinis Minimorum provinciae Franciae*, Paris, P. Giffart, 1709. Une dizaine des prédicateurs cités dans ce nécrologe appartiennent à la seconde moitié du XVIIe siècle.

34 Doni d'Attichy, L., *op. cit.*, p. 464.

35 Chavineau, André, *Les derniers soupirs d'une âme religieuse, tirez sur l'heureuse et pieuse mort du RP F. François Humblot, provincial des minimes en la province de Touraine. Avec une oraison funèbre [d'Henri III roi de France]*, Paris, Eustache Foucault, 1613, p. 63.

Tout ce que l'on sait de François Humblot a été rapporté par ses confrères André Chavineau puis Louis Doni d'Attichy[36]. Malgré l'intention spirituelle du premier et édifiante du second, les différents éléments qu'ils fournissent sont corroborés par d'autres sources. Né à Verdun en 1569 dans une famille modeste, François Humblot commence la classe de grammaire au collège des jésuites de Verdun. Il achève sa rhétorique alors qu'il a treize ans et est envoyé à l'université de Pont-à-Mousson pour commencer sa Philosophie. Fronton du Duc, qui fut son maître en grec, et d'autres jésuites mussipontains ont rendu le témoignage de ses talents intellectuels, et dit qu'ils n'avaient jamais vu « une imagination plus prompte, un jugement plus solide, une mémoire plus heureuse que la sienne », rapporte Chavineau. Humblot s'en va finir sa philosophie à Trèves, où il apprend aussi les mathématiques. Il enseigne quelques années en Allemagne et s'y taille une solide réputation scientifique puis revient en Lorraine, et de là se rend à Paris en 1585. Il prend des leçons de science dans la capitale puis entame un tour de France : il enseigne la philosophie et les mathématiques à Valence, obtient son bonnet de docteur en théologie à Avignon, apprend l'hébreu, le syriaque et l'arabe[37], décroche enfin un doctorat en médecine et en jurisprudence. C'est donc un esprit complet, qui devient une véritable célébrité dans le Royaume.

Pour une raison inconnue, à vingt-cinq ans il décide de rompre avec cette vie et entre chez les minimes de la province de Lyon le 10 juillet 1594. Ses biographes n'ont manqué de souligner la prédestination minime d'un individu nommé « Humblot ». Il fait son noviciat comme n'importe quel religieux et prononce ses vœux l'année suivante. À peine ordonné, ses supérieurs le nomment prédicateur et il prononce son premier sermon à Saint-Jean de Lyon ; « il réussit si heureusement, que du depuis il a tenu un des premiers rangs entre les célèbres [prédicateurs] de ce temps[38] ». Il est aussitôt appelé près de la reine Marie pour l'instruire de philosophie, théologie et mathématiques, lui écrivant une sorte de cours resté manuscrit et aujourd'hui perdu. Il demande rapidement à la reine de le libérer de ses obligations curiales et reprend le cours de ses prédications selon les instructions de ses supérieurs.

---

36 Doni d'Attichy, L., *op. cit.*, p. 454-486.

37 On trouve à la B.M. Tours (ms. 857), un vocabulaire latin-arabe du début du XVIIe siècle avec l'ex-libris de François Humblot.

38 Chavineau, A., *op. cit.*, p. 68.

La première station à laquelle il est appelé est à Metz, pour l'Octave du Saint Sacrement, à la demande du cardinal de Lorraine. C'est un succès : Attichy rapporte que « l'octave estant achevée, ce fut une merveille de voir le grand fruict qu'avoit fait ce nouveau prédicateur ès esprits de ceux qui estoient de la RPR[39] ». Nommé provincial de Provence (1599-1602), il prêche avec éclat à Marseille et à Carpentras. Il entame alors un brillant *cursus honorum* dans l'ordre : il est désigné procureur général de l'ordre (1602-1605), puis visiteur d'Italie, puis provincial de Lyon, visiteur général des provinces de France et enfin, provincial de Touraine. Ces charges institutionnelles ne l'empêchent pas de prêcher, à Grenoble, Toulouse, Lyon, Paris, Montpellier, Bourg-en-Bresse, Besançon et surtout, de s'imposer comme un controversiste efficace, à raison, dit Chavineau, de dix heures de travail par jour[40]. On lui connaît une dispute publique avec Théophile Cassegrain à Mâcon dont le récit a été publié[41], et d'autres à Orange, Grenoble et Saumur, cette dernière fois en 1611 et dont il tire un manuel pour controversistes[42]. Il meurt le 29 octobre 1612, dans la première année de son provincialat tourangeau.

Les spécialistes disent de François Humblot que ses sermons sont apologétiques, avec de solides assises scripturaires et patristiques, sans les fautes de goût des sermonnaires de la Ligue, notamment sur la question de l'Eucharistie. Au total, ce sont deux mille cinq cent pages de sermons qui sont publiées dans les années 1610, formant un corpus bien reçu par les contemporains : André Valladier, également prédicateur écrit quelques années plus tard d'Humblot qu'il a compté parmi les grands orateurs sacrés du début du XVIIe siècle, aux côtés des meilleurs

39 Doni d'Attichy, L., *op. cit.*, p. 464.

40 Chavineau, A., *op. cit.*, p. 77.

41 *La dispute solennelle agitée en la maison de ville de Mascon, entre FF Humblot minime et Th. Cassegrain Ministre*, Lyon, Jean Pillehotte, 1598 ; le libelle a donné lieu à une réponse : *Advertissement sur le libelle fameux publié par F. Humblot sous le nom de la dispute solennelle agitée en la Maison de ville de Mascon…*, Genève, Estienne Gamonet, 1600. Sur cet épisode, voir Jérémie Foa, « Don Quichotte controversiste. Les disputes de Théophile Cassegrain (fin XVIe – début XVIIe siècle) », *Clergés en contacts à l'ère des divisions confessionnelles*, éd. J. Léonard, Rennes, PUR, 2016, p. 115-141.

42 Humblot, François, *Fantosme de la Cène ministrale conclu des maximes & opinions des plus fameux ministres de la prétenduë réformation*, Paris, Eustache Foucault, 1612. La préface de ce livre a été reprise, avec quelques remaniements, pour constituer un petit opuscule, intitulé *Armes catholiques pour combattre et vaincre tous ceux de la Religion prétendue Réformée dressée en faveurs des soldats de la guerre ministrale*, Paris, Isaac Mesnier, 1618.

jésuites, franciscains et dominicains du temps[43]. « On pourra s'étonner de le voir oublié parmi les prédicateurs de cette époque de transition », écrit l'auteur de la notice du *Dictionnaire de spiritualité*[44]. Soulignons que l'itinéraire de François Humblot, pour brillant qu'il fut, n'est pas unique et effectivement caractéristique d'une époque donnée, celle du tournant des XVIe et XVIIe siècles et ce, sur quatre critères.

En premier lieu, l'ordre des minimes attire alors les esprits brillants : Joseph Le Tellier (mort en 1613) fut un des meilleurs latinistes de son temps ; Jean-Baptiste Desbois (mort en 1612) fut aussi un savant versé dans toutes les branches du savoir : théologie, poésie, rhétorique, mathématiques et seule sa santé précaire l'empêcha de faire profiter l'ordre de sa science.

Ensuite, pour tous ces minimes jetés dans la mêlée confessionnelle, la frontière entre prédication et controverse est extrêmement floue. Les circonstances, les publics, les formes mêmes du discours public, en principe bien différenciés selon que l'on dispute avec un Ministre ou que l'on parle en chaire, s'avèrent souvent très semblables. Chavineau écrit d'Humblot que « toutes ses prédications ne pointoyent qu'à la controverse[45] » et rapporte qu'il fut invité à prêcher l'Avent à Saumur en 1611 parce que s'y tenait en même temps un synode protestant. Ses sermons, conformément aux canons oratoires et aux exigences parénétiques du début du XVIIe siècle, privilégient nettement l'exposition de la doctrine et laissent de côté la question de la morale, l'urgence étant de faire pièce à la théologie protestante et de conserver les catholiques dans leur foi[46]. Cette imbrication de la prédication et de la polémique tient à l'organisation institutionnelle de la prédication, sous l'œil de plus en plus avisé de l'évêque et des pouvoirs urbains, qui invitent les religieux les plus aguerris dans les lieux où la menace protestante est sensible. Cinq hommes de la même génération, ou presque, ont en commun leur talent parénétique, leur activité polémique et enfin,

43 Valladier, André, *Partitiones oratoriae seu de Oratore perfecto, opus ad sacram etiam instituendum Concionatorem pernecessarium*, Paris, P. Chevallier, 1621, p. 116. « Humbelotius praestanti memoriâ, exquisitâ eruditione, incredibili famâ eduxit Minimitana familia ».

44 Bailly, Paul, « Humblot François », *Dictionnaire de spiritualité ascétique et mystique*, t. VII, Paris, Beauchesne, 1969, col. 1118-1119.

45 Chavineau, A., *op. cit.*, p. 68.

46 Voir les observations préliminaires à *L'éloquence ecclésiastique de la pré-Réforme aux Lumières*, éd. M. Vénuat, Chr. Jérémie, Paris, Honoré Champion, 2014.

d'avoir vu le jour cette portion de l'espace mosan où se trouvent des communautés protestantes actives et surtout, emblématiques de cet âge d'or de la controverse, notamment Sedan. Jean Ropitel, théologien et prédicateur originaire du nord de la Champagne, a prêché huit années à Lyon où il pratique aussi la controverse, et dispute notamment contre Pierre Viret. Son ordre l'a jugé « homme sçavant, éloquent & rompu aux controverses[47] ». Gilles Camart (1571-1624), né à Rethel, exégète, controversiste, actif dans l'expansion de l'ordre et la fondation de couvents au début du XVIIe siècle, notamment à Nancy, a été un prédicateur remarqué et un controversiste agressif[48]. Hippolyte Raulin (1560-1628), né également à Rethel, orateur réputé, a prêché à Grenoble, à Bordeaux, à Besançon et ailleurs, et fut provincial de Lyon où il se distingue dans la controverse, puis le premier provincial de Lorraine en 1620[49]. Claude Pithoys (1587-1676), enfin, né à Sedan, se fit une belle réputation de prédicateur et fut gardien du couvent de Verdun avant de quitter l'ordre et de se convertir au protestantisme, alors même qu'il avait consacré une partie de ses forces à leur opposer des arguments théologiques dans les années 1620[50]. Le cas de François Humblot n'est donc pas isolé.

En troisième lieu, la proximité avec le pouvoir royal est une caractéristique majeure des élites minimes au début du XVIIe siècle. François Humblot est un prédicateur apprécié d'Henri IV ; son biographe André Chavineau, a aussi été prédicateur du roi et a écrit une oraison funèbre d'Henri III. Hippolyte Raulin écrit depuis le couvent lorrain de Marchéville-en-Woëvre un éloge de Louis XIII. Toute cette génération de minimes a clamé avec force son attachement à la figure royale, qui l'a bien rendu à l'ordre, en participant activement à l'élaboration d'une mystique politique dans laquelle s'enracinera, quelques décennies plus tard, l'absolutisme de droit divin.

Pour finir, cette génération de minimes en quête de reconnaissance de leurs talents oratoires est soumise à une spatialisation de la prédication qui suit une logique nord-sud tenant principalement à l'expansion de l'ordre et

47 Doni d'Attichy, L., *op. cit.*, p. 329.

48 Sur Gilles Camart, voir Thuillier, R., *op. cit.*, t. II, p. 84-85. Camart, Gilles, *Sermons prononcez à Castres durant l'octave du s. Sacrement le 25 may 1606, contenans l'exposition du mystère de l'Eucharistie et autres poincts de religion. Avec réfutation des hérésies & erreurs insérées en la créance des calvinistes, et de leur ministre Jean Josiond*, Toulouse, Vve Jacques Colomiez, 1608.

49 Thuillier, R., *op. cit.*, t. I, p. 168.

50 Pithoys, Claude, *L'horoscope, roue de fortune et bonne-aventure des predestinez*, Paris, Denys Moreau, 1628.

à la formation des provinces. Ainsi, Jean-François de Binans, prédicateur modèle selon Doni d'Attichy, fait ses études en Champagne, puis prêche en Provence, ensuite un Carême à Dijon, un autre à Salins en Comté, au cours duquel se produit un miracle : ses auditeurs le voient attaqué par un dragon écumant de colère de ne pouvoir le faire taire ; il finit par disparaître sous le coup du dépit, et des colombes viennent alors voleter autour du Saint Sacrement[51]. Il prêche ensuite huit mois durant à Mâcon, puis retourne à Aix et Avignon pour d'autres cycles de sermons. Humblot aussi arpente, au gré des commandes, la Lorraine, la Franche-Comté, la Bresse, mais aussi la Provence et le Languedoc. Son confrère Gilles Camart est présent en Lorraine dans les premières années du siècle, prêchant en 1604 le Carême et l'Avent à la cathédrale de Metz, avant d'aller à Castres et de devenir le 36e général de l'ordre[52]. La mobilité du prédicateur s'exerce selon les commandes, qui émanent des quatre coins du Royaume. Tout au plus peut-on constater que Lyon apparaît comme un pivot dans la redistribution des forces parénétiques de l'ordre et comme le lieu d'édition favori des religieux, sans doute parce qu'il s'y trouvait justement une hiérarchie encourageante et prompte à délivrer des approbations ; c'est ainsi Hippolyte Raulin, en qualité de provincial de Lyon, qui accorde à Humblot la permission de publier son oraison funèbre au duc de Montpensier le 9 novembre 1608. L'église primatiale donne une résonnance accrue aux carrières de prédicateurs commençants. Ce fait s'explique à la fois par le prestige de la capitale des Gaules, et surtout par l'histoire territoriale des minimes en France. L'érection des différentes provinces détachées de Paris entre la fin du XVIe et le début du XVIIe siècle confère à Lyon le rôle de troisième centre de gravité de l'ordre dans le Royaume, avec Paris et Tours. Tant que cette géographie administrative reste mouvante et provisoire, il est habituel que les religieux d'une province soient envoyés dans une autre en cours de constitution, notamment sur cet axe qui va de la vallée du Rhône à celle de la Meuse. On constaterait le même phénomène, en ce début de XVIIe siècle, chez les capucins, Lorraine, Champagne et Lyon formant primitivement une seule et même province[53]. Les carrières le long de cet axe sont nombreuses au sein des ordres mendiants : le récollet

51 Doni d'Attichy, L., *op. cit.*, p. 397.

52 Thuillier, R., *op. cit.*, t. II, p. 84-85.

53 Henryot, F., « La province des capucins de Lorraine et Champagne au XVIIe siècle, de la formation à l'éclatement », *Lorraine et Champagne du Moyen Âge à nos jours*, éd. F. Roth et M. Bur, Nancy, Association d'Historiens de l'Est, 2009, p. 317-336.

Jean-Marie Lescrivain (mort en 1641), originaire de Normandie, se distingue dans les chaires parisiennes, lorraines, savoyardes, avant de finir sa vie à Turin et dispute contre les protestants à plusieurs reprises[54]. L'espace de circulation des religieux se resserrera fortement au XVIIIe siècle lorsque la géographie des provinces sera définitive.

UN RELIGIEUX DE LA « DORSALE » ?

On le voit, l'espace de l'apostolat de François Humblot excède largement la « dorsale catholique ». La Touraine et la Provence n'en font évidemment pas partie, et le Lyonnais et la Bresse, très discutablement.

Pourtant le lien entre François Humblot et l'espace lotharingien dépasse largement le lieu de la naissance du prédicateur minime. Un certain nombre d'indices convergents montrent une assimilation durable d'Humblot à la très catholique Lorraine, considérée alors comme le fanal de l'Europe. Chavineau, biographe d'Humblot, écrit dans un autre opuscule, consacré cette fois à la sainte mort de Louis de Lorraine, cardinal de Guise, que les enfants de cette famille « apprennent à estouffer les serpens dans le berceau[55] ». Ce religieux devait aussi avoir à l'esprit ce fait en relatant la sainte mort de François Humblot.

D'abord, Humblot est resté fidèle à sa patrie d'origine. Il prononce et publie, en 1608, une oraison funèbre d'Ange de Joyeuse[56], ligueur et courtisan qui choisit, à la mort de son épouse, d'entrer chez les capucins, ordre au recrutement pourtant peu aristocratique. Peut-être Humblot s'est-il reconnu dans cet itinéraire tourmenté qui, par certains côtés, rappelle le sien, le déclassement social remplaçant ici le déclassement intellectuel. Au commencement du discours funèbre, Humblot relève qu'en cette année 1608, le monde chrétien a connu une triple perte : celle du modèle des laïcs

54 Delisle, Léopold, *Notice sur Jean-Marie L'Escrivain, religieux franciscain du diocèse de Coutances*, Saint-Lô, Le Tual, 1903.

55 Chavineau, A., *La mort généreuse d'un prince chrétien tirée sur les dernières actions et paroles de Mgr Louys de Lorraine, cardinal de Guyse*, Paris, Eustache Foucault, 1623, p. 9.

56 Humblot, Fr., *Discours funèbres et panegyrics faicts en mémoire de feu Monseigneur le Duc de Montpensier, et de feu tresreverend Père Ange de Joyeuse, provincial de la province de France, de l'ordre des capucins*, Lyon, Claude Morillon, imprimeur de Mme la duchesse de Montpensier, 1608.

en la personne du duc de Lorraine Charles III ; celle du modèle des moines en celle d'Ange de Joyeuse ; celle du modèle des clercs en la personne de Baronius. Reprenant ce thème au fil du discours, il consacre quatre pages à un long éloge de la famille de Lorraine[57]. Cette digression n'est pas seulement rhétorique ; elle est aussi l'expression d'une reconnaissance à l'égard d'une famille qui protège alors l'ordre des minimes. C'est le cardinal Charles de Lorraine qui a fait venir les minimes à Reims en 1574 et « l'autre » cardinal Charles de Lorraine, à Saint-Mihiel en 1598 ; Henri II, pour sa part, fonde ou dote à lui seul six couvents dans son duché : Épinal, Bonsecours, Stenay, Bar-le-Duc, Dieuze, Lunéville, tandis qu'Henriette de Lorraine participe à l'édification du couvent de Sampigny près de Commercy. Henri II et son épouse Marguerite de Gonzague, à l'image des rois et reines de France, invoquent particulièrement saint François de Paule pour la fécondité de leur couple. C'est dire la fonction politique de l'ordre au début du XVIIe siècle. Les autres fondateurs de couvents en Lorraine sont des proches du duc ou des clients des Guise, tel Jean de Lenoncourt, conseiller d'État et chambellan de Charles III, qui a fait partie de la Ligue et a combattu à Verdun en 1585 aux côtés d'Henri de Guise. Christophe de Bassompierre, grand maître d'hôtel de Charles III, également membre de la Ligue, fut un bienfaiteur des minimes de Nancy. Aussi, les lecteurs lorrains ont dû être sensibles aux propos louangeurs de François Humblot, d'autant que la famille de Joyeuse a des liens matrimoniaux avec les Lorraine, que les ducs et leur entourage ont partagé avec eux un fort engagement ligueur, enfin parce qu'Ange de Joyeuse a été gardien d'un couvent lorrain. Ce fut assez pour décider Sébastien Philippe, imprimeur toulois, de donner une édition séparée de cette oraison funèbre en 1610[58]. En 1628, Étienne Isnard publiant – à Lyon pourtant – ses sermons de l'Avent – les dédie à Charles de Lorraine, duc de Guise, prince de Joinville, pair de France. Ce choix n'est pas innocent et révèle à nouveau l'attachement de l'ordre à la puissante famille qui le protège.

La mémoire de François Humblot, ensuite, est restée vive en Lorraine. De manière immédiate, son confrère champenois Cyprien Rouyer[59], alors

57 *Ibid.*, p. 167-170.

58 Humblot, Fr., *Discours funèbre et panégyric faict en mémoire du très religieux et très vénérable Père Ange de Joyeuse, provincial de France de l'ordre des capucins*, Toul, S. Philippe, 1610.

59 L'ouvrage est publié anonymement mais la représentation de saint Cyprien sur le frontispice aux côtés de saint François de Sales permet d'identifier l'auteur. Cyprien Rouyer deviendra provincial de Champagne deux ans plus tard.

à Saint-Mihiel, édite dans la petite cité mosane un petit opuscule, moins biographique que spirituel, « ouvrage de cloistre [et] tissu de minime[60] » évoquant les mérites d'Humblot. Le texte est censé initier le lecteur aux trois voies purgative, illuminative et unitive, « celuy qui en a fourny l'estoffe a esté prou cogneu bon praticien[61] ». La composition typographique du texte repose sur la mise en exergue, en lettres capitales, d'une série de mots dans le texte, qui doivent servir de degrés d'une échelle de la vie spirituelle. Ce procédé, l'ordre et le choix des termes permettent d'identifier à coup sûr François Humblot comme auteur du texte, puisque c'est exactement le même principe qui dirige un *Exercice spirituel et de perfection* manuscrit attribué à François Humblot[62]. Au total, ce sont 44 termes à désinence similaire (« Protestation », « Détestation », « Contrition », « Dévotion », « Imitation », « Confession », « Résolution », « Satisfaction », « Oblation », « Mortification »...) qui supportent autant de prières et de supplications. Le texte a seulement été réorganisé en chapitres et partiellement réécrit, sans doute par Rouyer. L'ouvrage est agrémenté de cuivres qui insistent sur les dévotions christocentriques – les épisodes de l'enfance de Jésus, la flagellation, la crucifixion, l'ascension, la déférence due au Saint Sacrement – et mariales – l'annonciation notamment. Ces gravures rappellent aussi quelques généralités de la dévotion catholique du début du XVIIe siècle : la vanité de l'existence, la nécessité de bien mourir pour ne pas rater son salut, la dévotion aux Anges et au Sacré-Cœur. L'ouvrage connaîtra une autre édition à Liège, dans ce même espace mosan, en 1622.

Plus tardivement, Augustin Calmet, pourtant méprisant à l'égard des mendiants qu'il s'obstine à oublier dans sa *Bibliothèque lorraine* parue en 1751, consacre une notice à François Humblot, ainsi renaturalisé lorrain[63], même s'il ne fait que compiler Chavineau et Doni d'Attichy sans rien ajouter de nouveau.

Au lendemain de sa mort, Humblot semble ainsi avoir fait l'objet d'une réappropriation lorraine après une carrière cosmopolite. Ce premier

60 *Les délices spirituelles que le R. P. F. F. Humblot minime allant au Ciel a laissé en terre. Avec l'embellissement des figures, et approbation*, Saint-Mihiel, François Du Bois, 1618. L'unique exemplaire conservé est à la Bibliothèque bénédictine de Saint-Mihiel, K13. La citation est tirée de l'épître de l'imprimeur, n.p.

61 *Ibid.*, épître à l'âme dévote, p. 4.

62 B.M. Amiens, ms. 334, *Exercice spirituel et de perfection composé par le Ven. P. et très docte P. Fr. François Humblot minime*, XVIIe siècle.

63 Calmet, Augustin, *Bibliothèque lorraine ou histoire des hommes illustres qui ont fleuri en Lorraine et dans les Trois-Évêchés*, Nancy, Leseure, 1751, col. 530-534.

fait méritait d'être souligné, et il doit être croisé avec l'apport, déjà évoqué, d'une génération de religieux actifs entre Pays-Bas, Lorraine et France, dont la spécialisation parénétique est indissociable de la pratique de la controverse, les deux s'adossant à une solide culture théologique et philologique. On trouverait certes de nombreux minimes présentant le même profil hors de cet espace européen médian[64], mais le fait est qu'entre 1580 et 1630, ils sont particulièrement nombreux à venir de Lorraine, ou au moins des confins campano-lorrains, Franche-Comté et Bourgogne, ou tout au moins à passer par ces régions. Et surtout, ce profil va perdurer alors qu'il s'éteint ailleurs : Antoine Olivier ou Pierre Bourgoin, deux minimes prédicateurs et controversistes, actifs à Metz notamment dans les années 1640 à 1670, restent fidèles à cette pratique parénétique orientée vers la polémique, au cœur de l'Europe médiane.

Peut-on pour autant rapporter la carrière de François Humblot et de ses confrères à cette logique spatiale qui fonde la « dorsale catholique » ? Ce n'est pas sûr. De grands ensembles territoriaux s'articulent au début du XVIIe siècle, qui dépassent largement cette dorsale et qui, lorsqu'ils s'y superposent, n'ont pas nécessairement de rapport avec elle. Les liens entre Lorraine et Champagne, par exemple, très puissants dans le cas des ordres religieux et cadrant les déplacements et les carrières des réguliers, tendent à démontrer que l'axe est-ouest, reliant Lorraine et bassin parisien, est tout aussi structurant que l'axe nord-sud. Qu'on en juge par le cas de Georges Méot, originaire du diocèse de Langres, entré chez les minimes en 1587, prédicateur de renom et théologien érudit, actif dans les provinces de France, de Champagne et de Lorraine, connu pour une controverse écrite depuis le couvent de Bracancourt en Champagne en 1607, et mort à Nancy en 1612, la même année qu'Humblot[65].

L'exemple de François Humblot montre nettement, au début du XVIIe siècle et dans le cas de l'ordre des minimes, une territorialisation de la prédication qui s'appuie sur une géographie spécifique, peut-être liée à cette dorsale catholique qui relie l'espace mosan et l'Italie du

---

64 Par exemple, André Challuau, modèle des prédicateurs, mais investi plutôt en Bretagne et en Touraine. Voir Doni d'Attichy, L., *op. cit.*, p. 374.

65 La Noue, F. de, *op. cit.*, p. 455 ; Thuillier, R., *op. cit.*, t. 1, p. 210-211 ; Méot, Georges, *De l'infinie et admirable toutepuissance de Dieu au S. Sacrement et sacrifice eucharistique… avec la refutation des theorèmes et sentences de Moyse Chevillette*, Chaumont, 1607.

Nord, mais plus encore, au fait que l'ordre, en France, s'organise autour de trois centres : Tours, la capitale historique et le lieu de la relique de François de Paule, aux côtés duquel Humblot aura l'honneur d'être inhumé en 1612 ; Paris, à proximité du pouvoir royal qui soutient fermement l'ordre ; Lyon, d'où se déploie une intense activité parénétique et polémique et où Humblot a fait profession, plutôt que dans sa région natale où les minimes comptaient déjà trois maisons en 1594. Cette logique territoriale a rencontré, au tournant des XVIe et XVIIe siècles, l'ardente demande pastorale de l'Europe médiane mais en reste malgré tout indépendante.

Sur ce point, le cas des minimes n'est pas exceptionnel. Ce sont ces mêmes logiques, à la fois historiques, politiques (l'appui des princes) et spirituelles qui ont fondé d'autres géographies régulières. Que l'on songe aux feuillants, partagés entre France et Italie, et qui échouent à s'installer en Lorraine[66] ; que l'on songe, encore, aux cordeliers, dont la grande province de France parisienne s'étend de la Normandie à la frontière germanique[67] ; que l'on songe, enfin aux bénédictins vannistes qui parviennent à s'assembler entre Champagne et Franche-Comté, mais qui, après un succès fugace aux Pays-Bas, à l'abbaye de Saint-Hubert en Ardenne, doivent se retirer de cet espace pour des raisons politiques[68]. Les territoires construits au fil de ces négociations balisent et contraignent l'activité pastorale des religieux, même si l'existence d'affinités spirituelles avec les autres espaces de l'Europe médiane sont décelables dans le discours parénétique et spirituel.

Fabienne HENRYOT
École nationale supérieure
des sciences de l'information
et des bibliothèques

66 Pierre, B., *La Bure et le Sceptre. La congrégation des Feuillants dans l'affirmation des États et des pouvoirs princiers (vers 1560 – vers 1660)*, Paris, Publications de la Sorbonne, 2006.

67 Moracchini, Pierre, *Recherches sur la notion de « famille franciscaine » en France du Nord et en Lorraine (fin XVIe-fin XVIIIe siècles)*, thèse de doctorat, université de Strasbourg, 2011.

68 Sur cet épisode, voir Yepes, Antonio de, *Chroniques générales de l'ordre de S. Benoist*, trad. M. Rethelois, Toul, S. Belgrand et J. Laurent, 1648, t. III, p. 185-187.

UNE PRÉDICATION POLITIQUE EN ZONE DE FRONTIÈRE

André Valladier et la souveraineté française à Metz (1608-1638)

Au début du XVIIe siècle, la prédication est particulièrement surveillée en France pour ses aspects potentiellement polémiques et politiques, dans le contexte de la pacification après les désordres suscités en chaire au temps de la Ligue[1]. Alors que les réformés décident pour leur part, par prudence notamment, de ne pas parler de politique en chaire (en tout cas en principe[2]), les prédicateurs catholiques ne sont pas empêchés d'aborder ces sujets, mais ils doivent le faire sous le contrôle du pouvoir royal, comme on le voit par exemple dans l'édit de Nantes (1598) :

> Nous deffendons à tous prescheurs, lecteurs et autres qui parlent en public d'user d'aucunes parolles, discours et propos tendans à exciter le peuple à sedition, ains leur avons enjoinct et enjoignons de se contenir et comporter modestement, et de ne rien dire qui ne soit à l'instruction et edification des auditeurs, et à maintenir le repos et tranquilité par nous establie en nostred. Royaume[3].

L'accès en chaire lui-même est surveillé par le pouvoir, afin que le message politique véhiculé soit conforme à l'intérêt du roi Henri IV. Il est cependant parfois difficile de dire si notre connaissance du discours politique en chaire n'est pas déformée par les sermons qui sont ensuite publiés, car seuls les passages loyaux envers le pouvoir sont imprimés. Quoi qu'il

---

1 Brian, Isabelle, *Prêcher à Paris sous l'Ancien Régime (XVIIe-XVIIIe siècles)*, Paris, Classiques Garnier, 2014, p. 70-85 et p. 389-428 ; Simiz, Stefano, *Prédication et prédicateurs en ville (XVIe-XVIIIe siècles)*, Villeneuve d'Ascq, Presses Universitaires du Septentrion, 2015, p. 251-304.

2 Léonard, Julien, *Être pasteur au XVIIe siècle. Le ministère de Paul Ferry à Metz (1612-1669)*, Rennes, Presses universitaires de Rennes, p. 275-298.

3 *L'édit de Nantes et ses antécédents (1562-1598)*, éd. dir. Bernard Barbiche [en ligne : http://elec.enc.sorbonne.fr/editsdepacification], art. 17 des dispositions générales. Consulté le 05/01/2017.

en soit, certains contextes locaux particuliers et certaines personnalités fortes peuvent renforcer l'usage de la politique dans l'homilétique. C'est assurément le cas avec André Valladier (v. 1568-1638) à Metz.

La carrière de ce personnage romanesque est intimement liée à la prédication. Son parcours le mène, un peu par hasard, à Metz, au contact de la dorsale catholique, point nodal d'un espace de frontière des possessions françaises. Dans cette ville qui connaît bien des particularismes confessionnels et surtout politiques, Valladier arrive comme un étranger, extérieur et hostile à ces privilèges. Il s'y comporte en véritable combattant, n'hésitant pas à lancer les hostilités avec les réformés. Mais il s'attaque aussi, et surtout, aux habitudes politiques messines, rompant avec la prudence qu'observaient la grande majorité des Français installés à Metz depuis 1552, date d'une occupation qui ne se transforme que lentement en une souveraineté reconnue de tous. Il profite en cela de son statut : bien que prédicateur du roi et fréquemment appelé à prêcher à Paris, bien qu'abbé d'une abbaye qui se targue de son statut de fondation royale, Valladier n'est pas à proprement parler un agent du roi. Pourtant, il milite ouvertement pour la reconnaissance pleine et entière de la souveraineté d'Henri IV, puis de Louis XIII, sur la ville. Il peut prendre prétexte de la publication de sa prédication, sur des sujets liés au politique, comme un sermon sur la mort d'Henri IV en 1610. Il développe aussi dans d'autres recueils, sur des thèmes plus ordinaires, de larges épîtres dédicatoires qui permettent toutes les digressions.

UN PRÉDICATEUR FRANÇAIS À METZ
Un parcours peu commun

Soulignons d'emblée un handicap méthodologique qu'il faudra garder à l'esprit : l'essentiel de ce que nous savons du parcours d'André Valladier provient d'un ouvrage qu'il a lui-même publié en 1627, la *Tyrannomanie*, appuyé sur de très nombreuses autres parutions à propos de ses démêlés avec divers acteurs de l'histoire messine[4]. De ce fait, l'auteur cherche à se

4 Valladier, André, *La Tyrannomanie, Ou plaincte libellée au Roy, Pour la Conservation des sainctz Canons, concordatz et droictz du Royaume*, Paris, Pierre Chevalier, 1627.

défendre dans un contexte judiciaire, et les informations sont assurément à prendre avec précaution, *a fortiori* lorsqu'elles concernent le début de la carrière du personnage, reconstruit plus ou moins consciemment et déformé par la mémoire. La prédication est en tout cas un fil directeur important de son parcours, et la lecture de son ouvrage étonne, car le moins que l'on puisse dire est que sa carrière est loin d'être linéaire.

Originaire du Forez, où il naît à la fin des années 1560, André Valladier fait ses études chez les jésuites, à Billom, avant d'intégrer en 1586 la Compagnie à Avignon. Dans cette ville au statut si complexe, enclave en France des États du pape, il n'oublie pas qu'il est sujet du roi, et il met d'ailleurs en scène de façon ostensible cette identité lors des festivités qui ont lieu en 1600 pour le passage de la nouvelle reine Marie de Médicis. Il rédige un ouvrage empreint de fidélité monarchique, appuyée parfois jusqu'à l'outrance, d'autant plus qu'il s'agit d'une période où les jésuites sont interdits dans le royaume (1594-1603)[5]. De longues années plus tard, il se vante d'avoir été en cette occasion un précurseur :

> [Je] Luy donnay jà deslors, par reïterées fois, le nom de HENRY LE GRAND, dix ans tous entiers auparavant qu'il luy fut decerné & dedié par toute la Chrestienté[6].

Dès cette époque de sa vie, il est reconnu comme un grand prédicateur. Il voyage pour aller prêcher ponctuellement, puis quitte définitivement Avignon et va de maison jésuite en maison jésuite, passant notamment par Lyon et Dijon, où il se mêle de controverse, ce qui lui suscite des inimitiés qu'il explique par la jalousie. Un premier projet en 1606, porté par le célèbre Père Coton, prévoit de le faire venir à la cour pour prêcher et écrire à la gloire du roi. Mais le tournant de sa carrière intervient en 1608, lorsqu'il parvient, suite à des palabres sans fin à Rome, à obtenir sa sortie de la Compagnie de Jésus, avec l'appui du cardinal de Givry et du procureur cistercien Edme-Lancelot Tiraqueau, qu'il retrouvera tous deux à Metz plus tard. À Rome, sa prédication est reconnue, puisqu'on lui offre la chaire de Saint-Louis, l'église des Français de la ville, pour Pâques, l'Ascension, la Pentecôte, la Trinité et la Fête-Dieu. Finalement, grâce à l'intervention directe de Paul V, il rentre à Paris en n'étant plus

---

5 [Valladier, André], *Labyrinthe royal de l'Hercule gaulois triomphant*, Avignon, Jaques Bramereau, [1601].

6 Valladier, André, *La Tyrannomanie…*, *op. cit.*, p. 16.

jésuite, mais avec le titre de protonotaire apostolique. Il est devenu un prêtre séculier. L'affaire n'est pas si simple, car il lui faut alors un emploi. En rentrant à Paris, il prêche encore et toujours dans différentes paroisses, au gré des opportunités. Sans doute espère-t-il faire carrière dans la capitale, grâce à l'essor des stations qui comportent des séries de prédications[7]. Mais il doit se résoudre, temporairement du moins dans son esprit, à obéir aux ordres du roi. En effet, le cardinal de Givry, lui aussi rentré de Rome et postulé évêque de Metz, a convaincu le souverain de prendre Valladier avec lui comme vicaire général et comme futur théologal, une prébende canoniale qui avait suscité du remous quelques années auparavant[8]. Avant de partir, il accumule les faveurs royales, devenant, toujours selon lui et d'après les titres dont il se pare dans ses publications, aumônier et prédicateur ordinaire du roi, même s'il est possible que cela ne soit resté que purement honorifique[9]. Il reste en tout cas attaché à Paris et y retourne à plusieurs reprises les années suivantes, précisément pour répondre à des appels de paroisses désirant qu'il occupe la chaire durant certaines stations.

L'identité professionnelle et politique de Valladier est double. Il se présente toujours comme prédicateur, et comme fidèle aux deux grands princes qui ont reconnu la qualité de ses services, le pape et le roi. Dès son arrivée à Metz, c'est son activité en chaire qui est déterminante à ses yeux, notamment dans le but de la conversion des nombreux hérétiques calvinistes, qu'il dénonce sans cesse et avec emphase. De façon topique, il présente sa première Octave messine, pour la Fête-Dieu de 1609, comme un grand succès, car y auraient assisté « un grand nombre de tous les premiers de la pretendue Religion », et il en aurait ainsi converti 250, lui donnant même l'assurance d'un prochain siège épiscopal (précisément celui de Toul), promesse que la mort d'Henri IV aurait interrompue, mais dont il continue à espérer l'accomplissement en 1626 encore[10]. C'est d'ailleurs à peine rentré à Metz en 1610 après un cycle parisien qu'il

7 Simiz, Stefano, *op. cit.*, p. 45-59.

8 Cullière, Alain, « Le tumulte des Cendres (Metz, 16 février 1600) », *Mémoires de l'Académie nationale de Metz*, 2004, p. 295-311.

9 Valladier, André, *La Tyrannomanie…*, *op. cit.*, p. 71-72. Sur ces titres, voir Brian, Isabelle, *op. cit.*, p. 235-240. Valladier n'apparaît pas dans la liste dressée par Pierre, Benoist, *La monarchie ecclésiale. Le clergé de cour en France à l'époque moderne*, Seyssel, Champ Vallon, 2003, p. 426, ni dans l'*État de la Maison du roi Louis XIII*, Paris, éd. Eugène Griselle, Édition de documents d'histoire, 1912.

10 Valladier, André, *La Tyrannomanie…*, *op. cit.*, p. 77-78.

apprend la funeste nouvelle de la mort d'Henri IV, et il est chargé d'en prononcer l'oraison funèbre à la cathédrale, discours qui est publié[11]. Durant deux à trois heures, devant une foule de chrétiens comprenant des réformés, il insiste longuement sur sa peine personnelle, lui qui perd son protecteur en même temps que son souverain. Surtout, il en profite pour insister sur la loyauté des Messins vis-à-vis du gouvernement monarchique qui

> approche le plus de celuy de Dieu, Dieu n'estant qu'un en son divin Empire, le Soleil un au Ciel, Adam un chef entre les hommes [...]. Quant à la Monarchie de France, d'autant approche elle le plus de la Divinité, que sa forme est absolue, par-dessus toutes les Monarchies du monde, lesquelles la plus part sont peslemesIées d'Aristocratie, voire encore de la confusion Democratique, & populaire[12].

Dans cette prédication si spéciale, il passe en revue les caractéristiques traditionnellement mises en avant pour marquer la supériorité de la monarchie française sur les autres régimes du monde, notamment son caractère sacré. Il souligne cependant certaines faiblesses messines, notamment celle d'être « ceste ville frontiere [...] des plus meslées, & des plus esloignées du cœur, & du parallele de la France[13] ». C'est après la mort du roi que, selon son propre constat, la situation de Valladier se détériore à Metz. Selon lui l'explication est que, précisément, il est un fidèle sujet du roi et qu'il doit faire face à des ennemis qui appartiennent à une « faction étrangère » :

> Ayant perdu mon grand Roy, mon appuy, mon père, mon consolateur, mon Asyle, mon protecteur, ma douceur, ma lumiere, mes delices, mon thresor, mon phare, mon pole, mon pilotte, mon port, mon palladium, mon asseurance, ma gloire, & mon tout, il y a seize ans : je puis protester à vostre Majesté, que je n'ay eu du depuis un moment de joye, ny de contentement : & que cette vie ne m'a esté puis après qu'une traisnée funeste, & une fusée lamentable de tristesse, de larmes, d'afflictions, d'angoisses, de persecutions, de calumnies, d'oppressions, de perte de biens, d'esloignement de mes amis, de desolation inexplicable, & traverses inimaginables[14]

11 Valladier, André, *Harangue funebre de Henry le Grand Quatriesme de ce nom, tres-invincible & incomparable Roy, de France & de Navarre, d'eternelle memoire*, Paris, Sébastien Cramoisy, 1610. Voir Hennequin, Jacques, *Henri IV dans ses oraisons funèbres ou la naissance d'une légende*, Paris, Klincksieck, 1977.

12 Valladier, André, *Harangue funebre...*, *op. cit.*, p. 18-19.

13 *Ibid.*, p. 2.

14 Valladier, André, *La Tyrannomanie...*, *op. cit.*, p. 93.

Pourtant, il met toujours en avant la protection dont le pouvoir l'entoure et rappelle toujours à ses adversaires les faveurs de la monarchie, comme par exemple, dès avril 1611, la promesse du prochain canonicat vacant[15]. Dans son esprit, la prédication est nécessairement au service de l'ordre et de la soumission à la monarchie française. Il ne fait que suivre là des instructions officielles, puisque le gouverneur de Metz, le duc d'Épernon, malgré son attitude souvent contestée et contestable, l'enjoint à cette période de « tousjours bien servir le Roy, qui ne meurt jamais en France : de contenir en cette obeissance tout le peuple Messin par [s]es predications[16] ». Il consacre également celles-ci à la conversion des hérétiques, et fait le constat d'un véritable flot. D'ailleurs il n'hésite pas à aller lui-même au prêche des réformés et aller faire pression sur les pasteurs, en l'occurrence Étienne Mozet :

> Le Ministre ne pouvant eviter de prescher, se troubla au commencement, & perdit tellement la tramontane, qu'il fut plus de deux heures durant, tournant tousjours autour du mesme pot : & n'en pouvant plus, se jetta, sans me nommer, sur mes loüanges : advoüant que tout n'estoit pas perdu en l'Eglise Romaine : qu'il y avoit encore des bons, & excellents Predicateurs, qui detestoient les abus, & le vice[17].

Il se sent bien investi d'une mission officielle de par son statut, car il se plaint de ce

> qu'entrant dans leur Presche, & salüant courtoisement [Pierre] Joly, & les autres milours assis avec luy, ils ne daignerent me rendre le salut, qui avois l'honneur d'estre Predicateur du Roy, & de representer l'Evesque, comme son grand Vicaire[18].

Pourtant, il les a salués « par civilité politique, & pour le respect des Edicts, & volontez du Roy[19] ». Même si une telle conduite peut mener au désordre et à la sédition, le bon prédicateur a donc bien une fonction politique, mais il voit rapidement qu'en tant qu'étranger à la ville son positionnement se heurte à des privilèges qu'il dénonce comme indus : de ce fait, un de ses buts sera de prouver que Metz est une ville dont le roi de France est le souverain et que ce n'est pas lui, mais ses adversaires, qui sont des étrangers, notamment le procureur du roi en ville, Pierre Joly :

15 *Ibid.*, p. 89-90.
16 *Ibid.*, p. 94.
17 *Ibid.*, p. 102.
18 *Ibid.*, p. 104.
19 *Ibid.*, p. 105.

> il y avoit une estrange faction estrangere de gens forains ramassez : apostez pour spolier des benefices, & expulser de Mets ceux qu'ils recognoissoient estre naturels François, affidez & zelez au service de vostre Majesté : & que ç'avoit esté ce Joly chef de cette ligue plus que Catilinaire, des ramassez, homme furieux, & forcené en son heresie[20].

La situation du vicaire général se détériore avec sa postulation, conformément aux procédures du Concordat germanique dont relève Metz, en juin 1611 comme abbé de Saint-Arnould, qui déchaîne cette « faction étrangère » contre lui. C'est ce qui va également radicaliser sa position sur la souveraineté du roi en général et sur Metz en particulier, créant au passage un sentiment d'altérité, mais en insistant sur le fait qu'il est bien, pour sa part, un « bon Français ».

VALLADIER CONTRE LES PARTICULARISMES MESSINS

À partir de juin 1611, Valladier endure toutes les peines du monde à entrer en possession de son bénéfice de Saint-Arnould, malgré des efforts réels de sa part, puisqu'il fait profession bénédictine en 1615 après un an de noviciat, et se fait sacrer abbé l'année suivante, devenant ainsi un membre du clergé régulier dont la fonction la plus évidente n'est pas la prédication. Pourtant, c'est en s'appuyant sur ses qualités de prédicateur que certains de ses soutiens interviennent à Rome lors de l'imbroglio qui suit sa postulation (1611-1614). Citons comme exemple cette lettre du cardinal de Givry au pape Paul V, écrite de Vic, sa capitale évêchoise, le 7 décembre 1611 et évoquant « l'excellent talent de prescher, qui est en luy[21] ». Je ne vais pas revenir ici en détail sur les affaires successives qui opposent l'abbé à de très nombreux adversaires jusqu'à sa mort en 1638[22], mais ne retenir que son positionnement politique, du moins

20 *Ibid.*, p. 107.

21 *Ibid.*, p. 143.

22 Quelques éléments dans Léonard, Julien, « La rumeur comme arme polémique. L'abbé Valladier de Saint-Arnoul face à ses adversaires (Metz, 1611-1631) », *Annales de l'Est*, numéro spécial, 2015, p. 41-55, et Léonard, Julien « L'affaire André Valladier (1611-1638) :

celui qu'il se donne pour contrer des adversaires qui, eux aussi, se prétendent les serviteurs du roi de France.

Valladier acquiert en effet rapidement la conviction que s'il est rejeté, c'est parce qu'il est le seul à défendre les intérêts du roi, tandis que ses adversaires tenteraient de constituer à Metz une république indépendante dont le roi ne serait que le simple protecteur. Il faut dire qu'entre 1552 et 1648, le statut de Metz est ambigu[23], officiellement ville libre d'Empire, mais *de facto* dans l'orbite française, au prix du maintien de nombreux privilèges. Dans les années 1610, ceux-ci sont encore nombreux et semblent mirobolants à l'abbé de Saint-Arnould. Dès le sermon qu'il prononce en 1612 après la mort du cardinal de Givry, Valladier prend le parti de ne pas tenir compte des particularismes messins, évoquant « ce très-auguste Clergé » de Metz comme « des plus relevez & plus remarquables de la France », faisant ainsi mine d'ignorer que juridiquement, il n'appartient précisément pas au clergé de France[24]. Valladier peut parfois s'enferrer dans des ambivalences, puisqu'il lui arrive, lorsque cela sert ses intérêts, de défendre le Concordat germanique, pourtant fort différent de celui de Bologne.

C'est parce qu'il fait personnellement les frais de la justice municipale messine que Valladier s'engage passionnément dans la défense de la souveraineté du roi à Metz et dans la recherche d'une protection de la justice royale. Le point de départ de l'affaire pourrait sembler mineur. Il s'agit d'une querelle de juridiction sur un habitant de Cheminot, un village appartenant à l'abbaye Saint-Arnould, emprisonné par Valladier et libéré sur ordre du Magistrat de Metz, qui se prétend compétent[25]. Une querelle sur la notion de souveraineté s'envenime immédiatement,

---

une identité messine en creux », *Signes et manifestations identitaires dans les Trois-Évêchés*, éd. Catherine Bourdieu-Weiss, Metz, collections du CRULH, 2016, p. 31-46. Une étude approfondie serait sans doute nécessaire.

23 Zeller, Gaston, *La réunion de Metz à la France (1552-1648)*, Paris, Les Belles Lettres, 1926, 2 vol. ; Petry, Christine, *« Faire des sujets du roi ». Rechtspolitik in Metz, Toul und Verdun unter französischer Herrschaft (1552-1648)*, Munich, Oldenbourg, 2006.

24 Valladier, André, *Epitaphe Panegyrique, ou Le Pontife Chrestien. Sur la vie, les mœurs, & la mort de l'Illustriss. Anne d'Escars, dict Cardinal de Givry, Evesque de Metz, & Prince du S. Empire*, Paris, Pierre Chevalier, 1612, p. 4.

25 Voir les détails dans de très nombreux opuscules publiés par l'abbé, notamment Valladier, André, *Remonstrance du Sieur Abbé de Sainct Arnoul. Au Clergé & à tous les Seigneurs hauts Justiciers de Mets, & du pays Messin. Sur les entreprises, violences, & oppreßions faictes contre son Abbaye, par les Sieurs Treze dudit Mets*, s.l., s.n., s.d. [1614], et Valladier, André, *Factum, ou Prolegomene de la tyrannomanie*, s.l. [Nancy], s.n. [Sébastien Philippe], 1618.

l'abbé de Saint-Arnould défendant l'idée que les terres de son abbaye sont des francs-alleux directement sous la protection souveraine du roi, puis que Metz et le Pays messin eux-mêmes devraient être placés sous ce statut. Le Magistrat se targue donc d'une liberté indue, d'une

> pretenduë souveraineté Acephale, & monstrueuse d'une Republique, sans chef independante (ce qu'elle n'a jamais esté) & de l'Empire & du Royaume, & partant de Dieu, que les Rois representent parmy les hommes[26].

Le conflit devient violent, forçant Valladier à quitter plusieurs années la ville début décembre 1615 et à errer, y compris dans le duché de Lorraine voisin et réellement étranger : en 1618, il va jusqu'à se placer sous la protection du comte de Vaudémont, le frère du duc Henri II, et donner son abbaye en coadjution à son fils, Nicolas-François, futur évêque de Toul et cardinal. Ce n'est qu'en 1621 qu'il peut rentrer sereinement à Metz, même s'il continue à se heurter à plusieurs adversaires, notamment ses moines, mais aussi ses anciens protecteurs lorrains. Avec l'installation du parlement de Metz en 1633 – dont il est un des conseillers d'honneur – et la suppression des francs-alleux, la querelle s'éteint définitivement.

Sans entrer dans les méandres des publications que cette affaire suscite, les théories de Valladier forment un système relativement cohérent sur le plan politique, système que l'on perçoit notamment dans un ouvrage de 1615, celui qui met le feu aux poudres par la dénégation des droits du Magistrat et l'affirmation de ceux de Saint-Arnould[27], mais également dans un traité resté manuscrit qui est sans doute de Valladier sur la souveraineté du roi à Metz[28], et enfin dans la *Tyrannomanie* qui rassemble tous ses travaux précédents. Dans l'épître dédicatoire de cette dernière, adressée au roi, l'abbé se présente ainsi, de façon très explicite :

> J'appartiens à vostre Majesté. Je suis une parcelle de vostre Royaume, un eschantillon de vostre Estat. Je despens de vostre Sceptre : je releve de vostre Couronne : non seulement par droict de naissance, ains de faveur prevenente,

26 *Au Roy et à Nosseigneurs de son Conseil [Pour André Valladier abbé de S. Arnoul de Metz contre les prétentions du sieur de Selve]*, s.l., s.n., s.d. [1626], p. 24.

27 Valladier, André, *L'Auguste Basilique de l'Abbaye royale de sainct Arnoul de Mets, de l'ordre de sainct Benoict. Pour le recouvrement, Restablissement, & maintien de son ancienne pieté, exemption, immunité, & gloire*, Paris, Pierre Chevalier, 1615.

28 BnF, Cinq-Cents Colbert, 440, fol. 283-295 ; et Dupuy, 752, fol. 112-126.

> & de grace subsequente [mais aussi] Par rapport de bien faict, & d'obligation immortelle de feu Henry le Grand, vostre incomparable père, aussi de vostre Majesté, & de la Royne vostre très-honorée mère, en qualité de vostre Predicateur très-indigne[29].

Dans le même passage, il nous livre un des fondements de son argumentation : si le roi est le souverain protecteur de son abbaye, mais aussi de Metz généralement, c'est « par consideration d'Abbé de sainct Arnoul, & de merite de ce grand ayeul des deux dernieres races Royales[30] ». Arnoul, ancêtre des Carolingiens et évêque de Metz au VIIe siècle, enterré dans l'abbaye qui porte son nom, serait donc aussi l'ancêtre en ligne directe du roi régnant[31], et c'est sa présence qui aurait fait de Saint-Arnould une nécropole carolingienne, avec notamment Hildegarde et son fils Louis le Pieux. Valladier consacre de très longs développements à cette question, forgeant une généalogie présentant les formes de la cohérence, mais s'appuyant sur des sources contestables. Le but est donc clairement de s'opposer aux prétentions messines et aux particularismes, en ne se targuant que d'une qualité : « Je suis François : natif de la fleur de lys, originaire des Gaules[32] ». C'est ce qui le pousse à toujours se présenter comme un agent du roi dans ses titres (notamment celui de prédicateur ordinaire du souverain), mais dans les faits, il agit comme abbé de Saint-Arnould, tandis que ses adversaires, eux, sont réellement des agents du roi, notamment le procureur Pierre Joly ou le président à la justice royale Lazare de Selve. Valladier lie ces personnages à cette fameuse

> faction estrangere en la ville de Mets, composée de plusieurs nations estrangeres, ennemie de tous les bons subjets, & serviteurs du Roy, bandée à les persecuter, & traverser, signamment au faict des Benefices[33].

Pourtant, Valladier insiste sur le caractère français des Messins eux-mêmes, ne jetant l'opprobre que sur ses dirigeants acquis aux intérêts étrangers :

---

29 Valladier, André, *La Tyrannomanie…*, *op. cit.*, p. 12.

30 *Ibid.*

31 Sur cette argumentation, Julien Léonard, « L'abbaye Saint-Arnould de Metz et la mémoire carolingienne au service de la francisation (1552-1648) », dans *Charlemagne, les Carolingiens et Metz. Représentation, recomposition et instrumentalisation du passé du Moyen Âge au XXe siècle*, Nancy, PUN – Éditions universitaires de Lorraine, 2017, p. 105-119.

32 Valladier, André, *La Tyrannomanie…*, *op. cit.*, p. 13.

33 *Ibid.*, p. 110.

> En vain je m'efforce de faire croire qu'on diffame & calomnie vostre ville de Mets. Que le peuple Messin ne respire que la fleur de lys[34].

À cause de cette situation, huit prédicateurs du roi auraient été chassés de Metz par les étrangers du chapitre cathédral qui n'hésite pas à « manger le pain de celuy qui dessert le benefice[35] », car depuis les premières années du XVIIe siècle, les bénéfices ecclésiastiques messins sont théoriquement réservés aux locaux ou aux Français, à l'exclusion des étrangers.

Même si c'est en filigrane, la prédication n'est jamais absente de ces affaires : Valladier est ainsi accusé d'avoir prêché de façon violente contre le Magistrat dans le village contesté. Ses qualités sont soulignées par ses défenseurs, comme l'avocat général Louis Servin qui s'interroge :

> Et que peuvent cognoistre des païsans tels que ceux de Cheminot, devant lesquels le sieur Valladier Abbé a presché ? que peuvent, crions nous, cognoistre des paysans aux mysteres d'un sermon fait par un docte & eminent predicateur[36] ?

Pour répondre au danger d'une prédication politique de Valladier contre les privilèges messins, ses ennemis cherchent toujours à l'empêcher de prendre la parole. C'est le cas avant son entrée en possession du bénéfice en 1614, quand on essaie de faire courir le bruit qu'il serait hostile au roi pour pousser Concini à interdire sa prédication parisienne du cycle de l'Avent à Saint-Barthélemy[37]. C'est cependant en vain, car on sait qu'il prêche diverses stations dans la capitale de l'Avent 1613 jusqu'à la Pentecôte 1614, faisant notamment le Carême à Saint-Eustache[38]. Mais même après son installation formelle comme abbé de Saint-Arnould, Valladier continue à prêcher, et on essaie de le faire taire, en engageant notamment à la cathédrale pour l'Avent et le Carême des prédicateurs qui lui sont hostiles[39], ou en faisant courir le bruit que sa prédication est hostile au pouvoir politique et au gouverneur, le duc d'Épernon[40].

---

34 *Ibid.*

35 *Ibid.*, p. 112.

36 Servin, Louis, *Extraict du Plaidoyé de monsieur Servin Advocat General, pour monsieur le Procureur General du Roy. Des Registres de la Cour de Parlement. En la causse de Messire André Valladier [...] Pour servir iceluy plaidoyé à la justification du narré de la Tyrannomanie estrangere*, Paris, Pierre Chevalier, 1626, p. 136.

37 Valladier, André, *Factum, ou Prolegomene...*, *op. cit.*, p. 63-64.

38 *Ibid.*, p. 99. Voir aussi AD Moselle, H 177, journal de dom Floret, fol. 32.

39 *Ibid.*, p. 102.

40 Valladier, André, *La Tyrannomanie...*, *op. cit.*, p. 300.

Lors de son errance après sa fuite de Metz en 1615, il prêche encore à Paris, notamment à Saint-Séverin pour la Pentecôte 1616. Mais là, si on l'empêche finalement de continuer à parler et si on craint la sédition, c'est à cause de sa virulence contre les réformés, ce qu'il assume avec fierté, et il rapporte qu'on lui fait dire

> que vostre Majesté ne trouveroit pas bon que je continuasse mes predications, pour des bonnes considerations, entre autre pource que ceux de Charenton, de la pretenduë Religion, s'estoient pleins, de ce que je les traittois trop rigoureusement, jusques là, qu'on en craignoit quelque esmeute dedans Paris[41].

Cette virulence qui aurait déplu au pouvoir royal est crédible : en février 1613 déjà, le tout jeune Louis XIII aurait refusé d'aller entendre Valladier prêcher pour cette raison[42]. Le Forézien est en tout cas infatigable, puisqu'en plus de ses voyages parisiens réguliers en ces années, il décide aussi de prêcher, comme abbé de Saint-Arnould, avec la mitre et la crosse qui sont désormais sur ses armes. Malgré toutes les péripéties qu'il doit affronter, malgré ses allers et venues, il ne renonce jamais à prêcher, pensant que ses « predications ordinaires [sont] trop necessaires à la pauvre ville de Mets[43] », mais aussi pour de grandes occasions, comme lors d'un chapitre provincial des carmes en avril 1622[44].

La rhétorique politique de Valladier, aussi répétitive qu'obséquieuse, noircit des centaines de pages dans des factums qu'il multiplie au cours de ses années de combat contre le Magistrat, puis contre la Lorraine ou contre ses moines. Mais, de façon plus ou moins explicite, elle irrigue aussi sa prédication. On peut l'imaginer au vu des difficultés qu'il a à prendre la parole, mais l'observer plus directement dans sa production imprimée.

41 *Ibid.*, p. 285.

42 *Journal de Jean Héroard. Médecin de Louis XIII*, éd. dir. Madeleine Foisil, Paris, Fayard, 1989, t. 2, p. 2083.

43 Valladier, André, *Remonstrance du Sieur Abbé…*, *op. cit.*, p. 10.

44 Arch. dép. Moselle, H 177, journal de dom Floret, fol. 47r°.

L'INSTRUMENT DE LA PUBLICATION DE SERMONS

Valladier participe pleinement à la compétition entre prédicateurs, mais aussi entre paroisses parisiennes, compétition dont un des ressorts est le crédit, la renommée, voire la gloire. Tout cela se répercute aussi, sous des formes légèrement différentes, dans la publication[45]. La déformation du sermon lors du passage de l'oral à l'écrit est bien connue, et liée à la naissance d'un statut de l'écrivain[46] : sans doute l'historien doit-il s'en contenter, car les sermons sous forme de brouillons manuscrits peuvent ne pas refléter non plus ce qui s'est exactement dit. Parce qu'elle demeure fondamentalement une expression orale, la prédication elle-même est donc insondable, par nature. Valladier publie beaucoup ses sermons parisiens, plus rarement les messins. Ces versions imprimées ne comportent que peu d'allusions à la situation politique, ou alors de façon beaucoup trop éclatée et elliptique pour être réellement utiles. D'ailleurs, les jugements sur les sermons de Valladier ont été sévères, que ce soit par les contemporains ou par les historiens, se moquant notamment des titres ampoulés et inutilement mêlés de philosophie absconse. Dom Calmet, au XVIIIe siècle déjà, note ainsi avec une pointe d'ironie mordante que « Valladier a eû raison de donner le nom de Philosophie à ces Sermons » en parlant du titre d'un de ses recueil[47]. Les arguments

45 Brian, Isabelle, *op. cit.*, p. 123-132 et p. 429-471.

46 Viala, Alain, *Naissance de l'écrivain. Sociologie de la littérature à l'âge classique*, Paris, Éditions de Minuit, 1985 ; Jouhaud, Christian, et Viala, Alain (dir.), *De la publication entre Renaissance et Lumières*, Paris, Fayard, 2002. Voir aussi, à propos de sermons protestants cependant, les réflexions de Gœury, Julien, « Action orale, action écrite : le sermon comme "agent double" », *Écriture et action. XVIIe-XIXe siècle, une enquête collective*, éd. GRILH, Paris, Éditions de l'EHESS, 2016, p. 143-150.

47 Calmet, Augustin, *Histoire de la Lorraine, tome IV contenant La Bibliothèque lorraine*, Nancy, Leseure, 1751, col. 970. L'ouvrage visé par cette remarque est Valladier, André, *La saincte Philosophie de l'ame, Sermons pour l'Advant preschez à Paris à St Medric l'an 1612*, Paris, Pierre Chevalier, 1613. Entre autres exemples de jugements négatifs à différentes périodes, voir [Albert, Antoine, et Lacour, Jean-François de], *Dictionnaire portatif des prédicateurs François*, Lyon, Pierre Bruyset Ponthus, 1757, p. 267-269 ; Jacquinet, Paul, *Des prédicateurs du XVIIe siècle avant Bossuet*, Paris, Didier et Cie, 1863, p. 57-64 ; Fumaroli, Marc, *L'âge de l'éloquence. Rhétorique et* « res literaria » *de la Renaissance au seuil de l'époque classique*, Paris, Albin Michel, 1994 (rééd.), p. 274-275.

politiques de l'abbé sont donc souvent bien difficiles à comprendre, *a fortiori* pour un lecteur du XXIe siècle. Mais la publication des sermons lui permet surtout de se servir de discours édifiants, théologiques, apologétiques ou de controverse, pour en faire des armes politiques et s'attirer la protection de la justice du roi. Dans cette perspective, ce sont les épîtres dédicatoires qui servent d'instrument. Valladier utilise sa légitimité de prédicateur reconnu et d'auteur de sermons imprimés pour imposer ses idées politiques sur la souveraineté du roi à Metz et sur ses relations avec d'autres acteurs de pouvoir locaux, comme le Magistrat ou les ducs de Lorraine. Je vais en présenter quelques exemples, sans prétention à l'exhaustivité.

Commençons, en guise de préambule, par deux exceptions dans le corpus des sermons publiés, puisqu'il s'agit de prédications qui sont par elles-mêmes politiques, prononcées avant que Valladier soit abbé de Saint-Arnould et enferré dans des affaires qui lui font développer les questions de souveraineté : il s'agit du sermon, déjà cité, prononcé à Metz après l'assassinat d'Henri IV, et de celui que le pouvoir lui aurait demandé à Reims pour le lendemain du sacre du jeune Louis XIII en octobre 1610, finalement non prononcé[48]. Cela donne un bon aperçu des doctrines courantes dans le clergé de France, du moins dans celui qui se rallie ostensiblement à la vision henricienne de la monarchie, et on en a déjà vu un aperçu avec le sermon sur la mort du roi : les deux textes sont d'ailleurs par bien des aspects complémentaires. Le propos est extrêmement stéréotypé, par exemple sur le caractère sacré de la royauté et sur la protection de l'Église gallicane par les rois de France. Dès l'épître dédicatoire du sermon sur le sacre, il parle en effet de

> l'importance de cette onction celeste, en laquelle sans doute consiste la marque de vostre Royauté ; l'establissement de vostre sceptre ; l'alliance inviolable avec vostre peuple ; l'estonnement des pretextes ; le charactere indubitable de vostre succession legitime, & hereditaire ; l'asseurance de vostre personne ; la prosperité de vostre regne, & la preeminence de vostre sacrée Majesté par-dessus tous les Roys de la terre habitable[49].

48 Valladier, André, *Harangue funebre…*, *op. cit.*, et Valladier, André, *Parenese Royale : Sur les Ceremonies du Sacre du Tres-Chrestien Louys XIII. Roy de France & de Navarre*, Paris, Pierre Chevalier, 1611.

49 Valladier, André, *Parenese Royale…*, *op. cit.*, n. p.

Tout est résumé là, et il rappelle aussi qu'il ne fait que son « devoir qu['il] [a] à [s]on Roy, & à [s]a patrie[50] », « ce puissant Royaume de la fleur de Lis, le plus grand de la terre[51] ». En revanche, ailleurs et quelques mois plus tard, il fait bien la différence entre le roi et la France d'une part, et l'État d'autre part. Ce dernier n'a pas à être sacralisé, il n'est qu'au service du roi qui, lui, est sacré :

> Je me ris de certains Zelotés d'Estat, qui ne respirent, & ne songent qu'à l'Estat, voulans sembler estre plus zelez du bien de l'Estat, que les Roys mesmes[52].

Le texte du sermon sur le sacre lui-même, qui porte sur l'onction des rois d'Israël dans l'Ancien Testament, ne fait que confirmer ce positionnement, usant de nombreuses comparaisons historiques, avec un focus sur certains rois comme Clovis et saint Louis, mais aussi « Henry le Grand », omniprésent dans le déroulé du discours, présenté, comme dans son oraison funèbre, avec une emphase renforcée par le rappel constant de son statut de protecteur du prédicateur, qui n'hésite pas, comme à Avignon onze ans plus tôt, à développer le parallèle avec la figure d'Hercule. Le pouvoir absolu des rois de France, empereurs en leur royaume et sans aucun supérieur au temporel, est ainsi présenté dans sa forme la plus répandue, tout en réservant tous les droits spirituels du pape, et c'est important pour lui. En faisant cela, il s'éloigne des gallicans les plus zélés qui rejettent toute forme d'intervention pontificale, mais il peut plaire au pouvoir royal lui-même, dont la vision des liens entre Église et État est sans doute plus concordataire que gallicane[53]. Autre élément attendu, la thèse selon laquelle on peut légitimement tuer un roi oint, défendue par des jésuites comme l'Espagnol Juan de Mariana, est qualifiée de « propositions detestables, & horriblement heretiques, contraires à la doctrine des Pères, & à l'Escriture saincte, condamnées d'heresie & anathématizées par les saincts conciles[54] ».

Une fois que Valladier est devenu abbé de Saint-Arnould, l'aspect politique change légèrement d'aspect. Il se concentre désormais dans

---

50 *Ibid.*

51 Valladier, André, *Harangue funebre…*, *op. cit.*, n. p.

52 Valladier, André, *Epitaphe Panegyrique…*, *op. cit.*, p. 15.

53 Descimon, Robert, et Ruiz Ibáñez, José Javier, *Les ligueurs de l'exil. Le refuge catholique français après 1594*, Seyssel, Champ Vallon, 2005, p. 32.

54 Valladier, André, *Parenese Royale…*, *op. cit.*, p. 83.

les épîtres dédicatoires ouvrant des sermons qui, eux, sont plus neutres. La mise du discours au service de ses intérêts particuliers est patente. Sa stratégie éditoriale de protection est assez intéressante, car elle n'est pas à sens unique, il adresse ses différents recueils à plusieurs acteurs du pouvoir, sans toujours observer de position cohérente, car tous ces personnages n'ont pas toujours la faveur totale du roi. Dans le livre qui reprend ses sermons pour l'Octave de la Fête-Dieu qu'il a célébrée à Paris en 1612, Valladier s'adresse ainsi au chancelier Nicolas Brûlart de Sillery[55]. Ce n'est pas un hasard, car il cherche l'appui du chef de la justice dans les démêlés qui l'opposent alors à plusieurs adversaires l'empêchant de prendre pacifiquement possession de Saint-Arnould où il a été postulé. Dans des sermons de l'Avent 1612, c'est la reine-mère et régente qui est destinataire de l'ouvrage, et l'épître insiste sur ses ennuis messins, dans lesquels il sait pouvoir compter sur la « protection Royale, & de ce grand, & certes divin Conseil d'Estat, où [il] [a] tousjours rencontré autant de Dieux que de Juges[56] ». Le propos est parfois très étrange, on le voit.

En 1616, s'adressant cette fois directement au roi, sur le sujet des difficultés auxquelles doivent faire face les souverains, l'abbé de Saint-Arnould propose de montrer les héritages entre les rois :

> tirons de la meslée les Davids, les Saincts Loys, les Louys Debonnaires, les Charlemagnes : bon Dieu ! que de maux, que de traverses, que d'atroces calomnies ont accompagné la traisnée lamentable de leur vie[57].

C'est surtout dans une série d'éditions ou de rééditions de ses prédications, au cours des années 1623-1626, que Valladier systématise cette position et multiplie les tentatives d'interpellation de personnages au cœur de la monarchie. Pour défendre ses droits sur Saint-Arnould contre tous ses adversaires, il insiste sur l'argument généalogique qu'il a mis sur pied dans ses écrits plus judiciaires. Il le fait en s'adressant à des officiers du roi, comme par exemple Mathieu Molé, alors procureur général au parlement de Paris, louant son zèle

55 Valladier, André, *Les divines parallèles de la saincte eucharistie, sermons pour l'octave du Sainct Sacrement preschés à Paris à St Médric, l'an 1612*, Paris, Pierre Chevalier, 1613.

56 Valladier, André, *La saincte Philosophie…*, *op. cit.*, n. p.

57 Valladier, André, *Metanealogie sacrée. Sermons sur toutes les Evangiles du Caresme. Preschez à Paris à S. Jacques de la Boucherie*, Rouen, Louys Loudet, 2e éd., 1628, n. p. [l'épître dédicatoire est datée de 1616].

> au bien de l'Estat Royal, dont vous estes des premieres colomnes, & de l'Estat Ecclesiastique, dans lequel vous estes en possession, & juste reputation[58].

Marie de Médicis aussi est sollicitée, comme « Mere du Roy de la fleur de Lys, le plus grand Roy du monde », et c'est à elle qu'il présente Arnoul, le saint tutélaire de son abbaye, comme

> le plus grand Prince de l'Austrasie, après nos Roys ; extraict en ligne paternelle de Clodion le Chevelu, & du frere germain de Merovée, chef de la premiere race Royale [...]. Il avoit eu, entr'autres, deux enfants masles : Anchise, duquel en droicte ligne paternelle est issu au cinquiesme degré le Roy Pepin, Charlemagne, & toute la seconde race. Et sainct Clodulphe puisné, grand ayeul paternel de Hugues Capet, & de toute sa sacrée posterité[59].

Bien entendu, l'argument généalogique est encore plus puissant quand il s'adresse à des membres de la famille de Bourbon qui descendent eux-mêmes des fondateurs. C'est le cas par exemple de la duchesse de La Valette, bru du duc d'Épernon et femme du successeur désigné de celui-ci comme gouverneur de Metz, mais aussi fille naturelle d'Henri IV, demi-sœur de Louis XIII et sœur d'Henri de Bourbon-Verneuil, évêque désigné de Metz. En s'adressant au duc son époux et en évoquant leur récent mariage, il loue

> Cette Alliance supreme avec la fleur de Lys, presage asseuré que le petit restant de cette humeur sauvagine, & Germanique, qui traisnoit encore l'aisle de cette Aigle dans quelques cœurs estrangers en cette frontiere Empirique, fera reluire sur cet Horizon comme les astres fixes sur le Ciel serein, les Lys pretieusement dorez sur l'azur, & le celeste de France, animant tout le peuple de vostre gouvernement à l'amour de nos Louvres vos alliez maintenant, & Augustes du sang sacré, & Royal que vous avez espousé[60].

Il dénonce par la même occasion ses ennemis qui sont aussi ceux du roi, « estrangers, & incognus ». Avec la duchesse, qui reçoit par ailleurs des reliques de ses ancêtres, Valladier insiste sur les temps carolingiens et sur

58 Valladier, André, *L'amphitheatre de Calvaire. Drame lamentable de la mort de Jesus Christ, & de la passion de sa saincte Mere*, Paris, Pierre Chevalier, 1623, n. p.

59 Valladier, André, *Parallèles et celebritez Parthénéennes pour toutes les Festes de la glorieuse Mere de Dieu. Sermons preschez à Paris en l'Egllise de St. Estienne des Grecs, durant l'octave de sa Triomphante Assumption*, Paris, Pierre Chevalier, 1626, n. p.

60 Valladier, André, *Le Mariage divin et spirituel entre Dieu et l'homme en la saincte eucharistie, octave seconde des Divines parallèles*, Paris, Pierre Chevalier, 1623, n. p.

son lointain aïeul saint Arnoul[61]. Avec Gaston d'Orléans, le frère unique de Louis XIII, l'argument est même encore plus clair, quand il parle de Charlemagne et « du grand S. Arnoul, son grand ayeul, & le vostre, Sainct Patron de mon Eglise[62]. » Puis Valladier noircit plusieurs pages pour présenter cette généalogie. La lignée de la sainteté est importante également. Arnoul, son fils Clodulf, puis Charlemagne et Louis IX sont particulièrement mis en avant, car « la genealogie de nos Roys, qui est la vostre, n'est qu'une suitte, & continuation de saincts[63] ». Surtout, la synthèse de toutes les races royales justifie la souveraineté des rois sur Metz et surtout sur l'abbaye de Saint-Arnould :

> Le frere aisné de sainct Clodulphe fut Ansichise, ou Anchise, vous suppliant de prendre garde, que du costé d'Ansichise l'aisné vostre extraction Royale descend de la premiere race du costé maternel, par Hauoy, ou Hacuide [Hedwige de Saxe] mere de Hugues Capet, & du costé de sainct Clodulphe son frere puisné en droicte ligne paternelle. Et laquelle partant unit, & rassemble aujourd'huy les trois races Royalles, par ligne indubitablement masculine, en la personne du Roy Louys XIII. Car cét Ansigise ayné de S. Arnoul, fut père de Pepin le gros, dict d'Eristel père de Charles Martel, duquel nasquit Pepin Roy le premier de la seconde race : & de Pepin sainct Charlemagne, plus grand sainct, qu'Empereur, vray restaurateur de la Chrestienté par devant luy desolée, par tant d'estranges inondations, & incursions des Barbares[64].

Le couronnement de cette stratégie est l'épître dédicatoire au roi lui-même dans un recueil de 1623. À côté de la reprise pure et simple d'éléments déjà vus sur la monarchie sacrée, Valladier résume l'argument généalogique si important pour justifier son propre positionnement, parlant des « excellens mérites, & incomparable pieté des premiers Roys, fondateurs de cette Monarchie », et notamment de « S. Clovis, vostre ayeul, & le premier Roy de vostre nom[65] ».

L'intrusion – si c'en est une ! – du politique dans la prédication d'André Valladier, prédication d'ailleurs centrale dans son identité pastorale, est

61 *Ibid.*

62 Valladier, André, *Les Stromes Sacrés, Sermons, Pour les festes des Saincts, Seconde edition reveuë, corrigée, et advouée par l'autheur*, Paris, Pierre Chevalier, 1623, t. 1, n. p.

63 *Ibid.*

64 *Ibid.*

65 Valladier, André, *Les Triumphes et solennités de Jésus-Christ. Sermons. Pour toutes les festes de Nostre Seigneur*, Paris, Pierre Chevalier, s.d. [1623], n. p.

révélatrice des problèmes personnels qu'il a rencontrés pour prendre possession de l'abbaye à laquelle il a été postulé en juin 1611. Même si ses idées politiques sur la souveraineté du roi à Metz préexistent, c'est bien sa postulation comme abbé de Saint-Arnould, puis ses prétentions à exercer des droits qui lui sont contestés par le Magistrat, qui le poussent à systématiser ses arguments et à se placer sous la protection de la monarchie et de la justice royale, même si le parlement et le pouvoir n'ont pas toujours les mêmes positions sur les rapports entre l'État et l'Église. Pour Valladier, il s'agit de montrer que c'est en tant que fondateur et protecteur de son abbaye que le roi de France est souverain sur ses francs-alleux, mais aussi sur tout le Pays messin, un enjeu majeur en zone de frontière. Il insiste beaucoup sur le risque encouru, que ses adversaires « étrangers » prennent le contrôle de cette place si stratégique. En ce sens, il est probable que l'instrumentalisation dans la prédication de ces arguments politiques soit bien propre à cet espace de contact de la dorsale catholique.

Cette affaire, pourtant secondaire, reconnaissons-le, montre bien la nécessité de toujours replacer les idées politiques dans leur contexte, car il y a des effets de celui-ci sur celles-là. Le parcours personnel de Valladier, si tortueux et complexe, explique bien des choses, et notamment certains paradoxes apparents. Ainsi, en 1628, après la fin de l'essentiel de ses ennuis, il se rend dans le duché de Luxembourg pour prononcer l'oraison funèbre de son ami proche et ancien ligueur Bernard de Montgaillard, le célèbre « petit Feuillant », devenu sujet du roi d'Espagne aux Pays-Bas dès 1596 et abbé cistercien d'Orval en 1605[66]. L'amitié entre les deux hommes peut s'expliquer par leur identité de prédicateurs à succès et de réformateurs d'abbayes. Cette prédication a choqué, car Montgaillard est resté une figure emblématique de la Ligue, comme le prouve la profanation de sa tombe par des soldats français en 1637[67]. Il est difficile dans ces conditions de comprendre que son éloge soit prononcé par un thuriféraire d'Henri IV. La prédication de Valladier élude pourtant, précisément, son passé de ligueur et insiste sur le fait qu'il a été accusé à tort. Surtout, il ne perd jamais l'occasion de rappeler son idée fixe, celle de fonder la souveraineté des rois par sa propre abbaye :

66 Valladier, André, *Les saintes montagnes et collines d'Orval, et de Clairevaux. Vive representation De la vie exemplaire & Religieux Trespas de Reverend Père en Dieu Dom Bernard De Montgaillard Abbé de l'Abbaye D'Orval de l'Ordre de Cisteaux*, Luxembourg, Hubert Reuland, 1629.

67 Descimon, Robert, et Ruiz Ibáñez, José Javier, *op. cit.*, p. 13, p. 42, p. 136-137, p. 236 et p. 256-257.

> L'an 1627 vers le mois de May, que j'eus la faveur du Ciel de le voir en cette maison, mon chemin faisant, je luy fis part des Reliques de mon Eglise, partie du grand Confesseur de Jesus Christ, Sainct Arnould : Grand ayeul paternel, en droite ligne des deux dernieres races Royales de nos Roys Tres Chrestiens[68].

Voilà qui résume bien les contradictions et les obsessions d'un prédicateur agité, peut-être irréductible à toute généralisation, mais en tout cas révélateur des débats sur la souveraineté qui agitent Metz en ce premier tiers du XVIIe siècle, inspirant peut-être des travaux ultérieurs et plus apaisés de Cardin Le Bret ou d'autres, parus au début des années 1630[69]. Instrumentalisant la publication de sa prédication pour imposer des idées qui doivent dans son esprit régler des problèmes assez prosaïques, cet abbé montre à quel point les particularismes messins peuvent susciter le trouble.

Julien LÉONARD
Université de Lorraine –
CRULH

68 Valladier, André, *Les saintes montagnes...*, *op. cit.*, p. 73.

69 Hersent, Charles, *De la souveraineté du Roy à Mets, Pays Metsin, et autres villes et pays circonvoisins*, Paris, Thomas Blaise, 1632 ; Cassan, Jacques de, *La recherche des droicts du Roy, & de la Couronne de France sur les royaumes, duchez, comtez, Villes & Païs occupez par les Princes estrangers*, Paris, Trabouillet, 2 vol., 2e éd., 1634 ; Le Bret, Cardin, *De la souveraineté du Roy*, Paris, Du Bray, 1632.

LA PRÉDICATION AU-DELÀ DES FRONTIÈRES CONFESSIONNELLES

Le XIXe siècle du père Hyacinthe Loyson (1827-1912)

Le père Hyacinthe Loyson est un homme de rupture. Son parcours religieux, sans réelle continuité identitaire et communautaire, fait de lui une forme d'incarnation de la liberté religieuse – de croyance et de culte – du XIXe siècle. Orateur reconnu, il construit et déconstruit ses appartenances confessionnelles par la prédication. Sans jamais cesser de se présenter comme prêtre, ce grand voyageur en christianisme passe allégrement les frontières nationales et ecclésiales. Né à Orléans en 1827, mort à Paris en 1912, Charles-Jean-Marie – Hyacinthe de son nom religieux – Loyson est successivement sulpicien, novice dominicain, puis carme. Sorti de l'Église catholique en 1869, il se tourne alors vers le vieux-catholicisme en Suisse puis fonde dix ans plus tard en France une « Église gallicane », dont il se distancie à la fin de sa vie. Loyson est un témoin, comme d'autres acteurs et mouvements religieux du XIXe siècle, de l'importante émulation qui cherche à ouvrir une troisième voie entre Églises traditionnelles (protestante ou catholique) et détachement (indifférence, athéisme).

En première partie, cet article décrit et examine le parcours de prédicateur de Hyacinthe Loyson, montrant comment sa « vocation » d'orateur a pu supplanter chez lui les autres fonctions religieuses liées à la prêtrise. L'analyse se concentre, en seconde partie, sur le contexte et le contenu de ses prédications à Genève, au moment où le père Hyacinthe cherche à ériger une nouvelle Église catholique. Quel usage fait-il des libertés d'expression et de culte dans un contexte d'importante mixité confessionnelle ? Il s'agit de s'interroger sur les objectifs du prédicateur à la fois en termes de recherche spirituelle individuelle, de formation d'une identité confessionnelle et de construction communautaire. Au-delà du cas particulier, la figure de Loyson permet de questionner le rôle et la place de la prédication dans la société du XIXe siècle, au carrefour entre liturgie, politique et spectacle.

UNE VOCATION DE PRÉDICATEUR

Au vu de sa biographie, il apparait clairement que Hyacinthe Loyson, ordonné prêtre en 1851, mène une quête religieuse complexe[1]. Dans ses jeunes années, il dit aspirer à une vie de méditation et de prière mais ne trouve pas satisfaction dans les cadres institutionnels des ordres catholiques sulpiciens et dominicains. Dans sa correspondance des années 1860, alors qu'il a opté pour l'ordre du Carmel, on voit se dessiner clairement chez lui une vocation de prédicateur, qu'il associe explicitement à la mission d'évangélisation du Christ :

> Après tout, je prends cœur à la prédication, pourvu qu'elle ne soit pas trop fréquente, et je crois bien que c'était là ma vocation. Je m'approprie dans ma petitesse la parole de Notre-Seigneur : *multis civitatibus oportet me evangelizare, quia ideo missus sum*[2].

1 Nous sommes abondamment documentés sur la vie du père Hyacinthe, grâce à la biographie en trois volumes rédigées, pour la plus grande partie du vivant et sous le contrôle de Hyacinthe Loyson par l'historien du catholicisme français et moderniste Albert Houtin : Houtin, Albert, t. 1, *Le Père Hyacinthe, dans l'Église romaine, 1827-1869*, Paris, E. Nourry, 1920 ; t. 2, *Le Père Hyacinthe, réformateur catholique, 1869-1893*, Paris, E. Nourry, 1922 ; t. 3, *Le Père Hyacinthe, prêtre solitaire (1893-1912)*, Paris, E. Nourry, s.d. Les abondantes archives personnelles du père Loyson (5,1 m) sont par ailleurs déposées à la Bibliothèque de Genève (BGE Ms. fr. 2861-2979, 3891-3928). Voir aussi : Berlis, Angela, « Hyacinthe Loyson dans le vieux-catholicisme. Un esprit libéré des frontières religieuses », in Amsler, Frédéric, Scholl, Sarah (éd.), *L'apprentissage du pluralisme religieux. Le cas genevois au XIXe siècle*, Genève, Labor et Fides, 2013, p. 189-214 ; Zuber, Valentine, « Hyacinthe Loyson, d'un catholicisme à l'autre… », in Dierkens, Alain (éd.), *L'intelligentsia européenne en mutation, 1850-1875. Darwin, le Syllabus et leurs conséquences*, Bruxelles, Éditions de l'Université de Bruxelles, 1998, p. 197-214 ; Portier, Lucienne, *Christianisme, Églises et religions. Le dossier Hyacinthe Loyson (1827-1912). Contribution à l'histoire de l'Église de France et à l'histoire des religions*, Louvain-la-Neuve, Centre d'histoire des religions, 1982.

2 Dans une lettre du 5 décembre 1863 au père provincial Alphonse Ferrari, sur la situation du Carmel, citée par Houtin Albert, t. 1, p. 108 (Luc 4, 43, sans la mention du Royaume de Dieu).

Ce constat d'un appel à la parole est étroitement lié à la reconnaissance de son talent par les fidèles. À Périgueux en 1864, pour le Carême, Loyson connaît selon Albert Houtin un de « ses premiers triomphes oratoires[3] ». Le père Hyacinthe explique avoir retiré une véritable consolation de cette prédication. Il décrit : « la foule immense et recueillie qui entourait ma chaire, les intelligences éclairées, les cœurs touchés, les volontés redressées, les âmes rapprochées de Dieu, et par surcroît rapprochées de la mienne[4] ». Dans le même temps, il exprime aussi la volonté de faire de sa prédication et de son enseignement un « combat », dans un contexte où il se sent responsable de lutter à la fois contre les « exagérations d'une partie des catholiques » et contre les « attaques croissantes de l'incrédulité[5] ». Une ligne qui l'amène à devoir justifier son libéralisme théologique dès qu'il devient un prédicateur reconnu. À Périgueux, dans son sermon du jour de Pâques, il donne ainsi une longue explication :

> Quelques-uns m'ont trouvé trop *libéral*. Ce mot, sujet à tant d'interprétations diverses, ne peut être accepté qu'après explication. Si, par libéralisme, on entend la négation ou seulement l'amoindrissement du principe d'autorité dans l'Église ou dans l'État, l'égalité des droits entre le mensonge et la vérité, entre le mal et le bien, je ne suis pas, je ne serai jamais libéral. Mais, si, par libéralisme, on entend le respect sincère de la Liberté uni au respect non moins sincère de l'Autorité, le dévouement sans bornes à l'Église s'alliant, loin de l'exclure, au dévouement profond, ardent et réfléchi à la société civile, aux intérêts et aux aspirations légitimes du siècle et du pays où l'on est né, de la France et de l'Europe du XIXe siècle ; si par libéralisme, on entend, dans la réprobation absolue, dans la haine vigoureuse de l'erreur et du vice, les égards persistants, les égards respectueux et affectueux pour la personne qui erre et qui faillit ; alors, je l'avoue sans rougir, je le déclare bien haut, je suis libéral[6].

Sa définition du libéralisme implique donc, dès les années 1860, une articulation personnelle des principes de liberté et d'autorité, repoussant le relativisme des croyances mais cherchant à comprendre la diversité des sociétés contemporaines, avec une nette dimension de respect des voies alternatives au catholicisme de Pie IX.

Après avoir prêché à Lyon, Bagnères, Périgueux, Bordeaux, Loyson accède à l'Avent 1864 à Notre-Dame de Paris, considérée comme la

3 *Ibid.*, t. 1, p. 111.
4 *Idem*, t. 1, p. 113-114.
5 *Idem*, t. 1, p. 114.
6 *Idem*, t. 1, p. 112.

première chaire de France, grâce à l'archevêque Mgr Darboy et avec les encouragements de Charles de Montalembert. Ses enseignements sont très suivis et relativement bien acceptés. Durant ce même mois de décembre, le *Syllabus*, au dire d'Albert Houtin, inflige à Loyson « une blessure qui ne devait jamais guérir » mais qu'il ne laisse pas voir. Il note dans son journal intime sa volonté de ne « point mentionner l'Encyclique » dans ses discours publics : « Éviter même d'en parler... Parce que ses tendances et ses formules sont malheureuses. Elle n'éclaire rien et ne tranche rien[7]. » À Notre-Dame, ses conférences de l'Avent traitent de sujets théologiques (le Dieu personnel et vivant), éthiques (la famille et la morale chrétienne) et ecclésiologiques[8]. Durant cette période, ses écrits témoignent d'une vive tension entre ses convictions et les options prises à Rome, entre l'espoir et le découragement : « [...] l'avenir réel et pratique, ne sera ni celui que rêvent les révolutionnaires, ni celui que rêvent les rétrogrades, mais un moyen terme divin, dont la Providence a le secret et qu'elle réalisera à son heure[9] ».

Son libéralisme, en particulier sa mise en cause du catholicisme comme unique voie de salut, s'affirme de plus en plus à mesure qu'approche le Concile de Vatican I et la question se pose pour lui de manière violente et douloureuse de franchir ou non les limites qui le mettront définitivement en porte-à-faux avec son Église. À 42 ans, en septembre 1869, le père Hyacinthe atteint un point de rupture[10]. Sommé à plusieurs reprises de modérer ses propos et de s'abstenir d'afficher ses convictions théologiques et ecclésiologiques, il ne peut accepter de retreindre ses prises de parole. Il répond finalement au Général des carmes dans une lettre rapidement rendue publique :

> Je n'hésite pas un instant. Avec une parole faussée par un mot d'ordre ou mutilée par des réticences, je ne saurais remonter dans la chaire de Notre-Dame. [...] Je ne serais digne ni de l'auditoire, ni de l'évêque, ni de ma conscience, ni de Dieu, si je pouvais consentir à jouer un pareil rôle[11] !

---

7 *Idem*n, t. 1, p. 143, inscription du 3 novembre 1865.

8 En matière de prédication, les archives Loyson (BGE) contiennent quelques textes imprimés, une soixantaine de manuscrits et de notes préparatoires de sermons et de conférences ainsi qu'une septantaine de sermons des années 1862-1864 pris en note par Sœur Marie Colombe (Paris).

9 Lettre du 7 novembre 1866 au P. Xavier de Bengy, citée par Houtin, t. 1, p. 175.

10 Zuber, Valentine, « Hyacinthe Loyson, d'un catholicisme à l'autre... », *op. cit.*, p. 201.

11 Texte réédité dans : Loyson, Hyacinthe, *Mon testament. Ma protestation, mon mariage, devant la mort*, Paris, A. Fayard, [1893], citation p. 14.

« Ma conscience », « Dieu » et la liberté de prédication. L'essentiel de la démarche de Loyson se trouve résumé dans la juxtaposition de ces termes : une quête de cohérence très personnelle entre ce qu'il estime être sa vocation d'évangélisation, le message de Dieu et sa conscience d'homme du XIXe siècle. Il quitte son couvent, devenu une « prison de l'âme » dans ces circonstances et estime de ce fait ne pas être infidèle à ses vœux : « j'ai promis l'obéissance monastique, mais dans les limites de l'honnêteté de ma conscience, de la dignité de ma personne et de mon ministère[12] ». Il dénonce la romanisation de l'Église, son « pharisaïsme » et déclare : « Je proteste contre le divorce impie autant qu'insensé qu'on s'efforce d'accomplir entre l'Église, qui est notre mère selon l'éternité, et la société du dix-neuvième siècle, dont nous sommes les fils selon le temps, et envers qui nous avons aussi nos devoirs et nos tendresses[13]. »

Loyson quitte l'Église mais il choisit de continuer à se dire catholique et prêtre. À première vue, cette rupture n'apparait donc pas comme le passage d'une frontière confessionnelle. Mais, à y regarder de plus près, le protestantisme est déjà entré, à ce moment-là, dans la vie de Loyson, comme en témoigne une série d'exemples. Ainsi, lors de ses conférences de l'Avent 1865, il affirme que les kantiens, les protestants, les déistes, les francs-maçons peuvent être « les auxiliaires » de la morale religieuse, contre la morale indépendante et son athéisme. En 1866, il fait partie d'une très éphémère « Société nationale pour une nouvelle traduction des Livres saints en langue française », composée plus ou moins officiellement de catholiques et de protestants, ainsi que de juifs et de libres penseurs. On y croise notamment les noms des abbés Michaud et Michon, du comte de Montalembert, du père Gratry, des pasteurs Emmanuel Petavel et Edmond de Pressensé, du banquier protestant Alfred André et du Grand Rabbin Aristide Astruc[14]. Même si Loyson sort très rapidement du projet, dès qu'il est publiquement dénoncé par la presse catholique, sa présence initiale est un bon témoin de sa conviction d'une communauté d'intérêt entre confessions sur certains objets. En 1868, il voyage en Angleterre et ce séjour le fait « sans cesse osciller du catholicisme au protestantisme[15] ».

---

12 Loyson, Hyacinthe, *Mon testament…*, p. 15.

13 *Ibid.*, p. 17.

14 Voir la liste conservée aux Archives Nationales à Paris (AN F19, 5436). Lire Savart, Claude « Une tentative de traduction œcuménique de la Bible en 1866 », *Revue d'histoire de l'Église de France*, t. LXXIX, 1993, p. 95-114 et Houtin, A, t. 1, p. 163.

15 *Ibid.*, t. 1, p. 224.

En 1869, il participe au Congrès de la paix de Paris, avec un discours fortement contesté par ses détracteurs comme mettant « sur le même pied l'Église, le temple de Luther, la synagogue[16] ». Cette intervention lui vaut la réaction du Général des carmes. Durant la période du concile Vatican I, Loyson noue des liens avec le savant allemand Ignaz von Döllinger et il se rend, en 1871, au congrès vieux-catholique de Munich en compagnie du pasteur Edmond de Pressensé, dont il est apparemment proche. Ces différents événements seraient moins significatifs s'ils n'étaient concomitants à la rencontre de Hyacinthe Loyson avec Émilie Mériman, une Américaine d'origine protestante rencontrée entre Paris et Rome en 1867, dont il accompagne la conversion au catholicisme. Ils deviennent mari et femme en 1872 et ils auront un fils, Paul, né à Genève en 1873. Ce compagnonnage est tout à la fois spirituel et amoureux, il est – comme ont pu l'être d'autres mariages mixtes[17] – fondateur d'un renouveau religieux. Ainsi, dès la cérémonie scellant sa conversion au catholicisme, en juillet 1868, Émilie Meriman supprime de la profession de foi qu'elle récite l'article affirmant qu'il n'y a pas de salut hors de l'Église et celui anathématisant les doctrines contraires. Elle refuse ainsi de condamner la « foi de sa mère[18] ». À la fin de sa vie, Hyacinthe Loyson parle pour eux deux d'une « grande révolution religieuse » s'étant accomplie dans leur relation : « j'étais maintenant moitié protestant pendant qu'elle était moitié catholique[19] ».

Le père Hyacinthe évolue donc dans des cercles pluriconfessionnels tout en refusant explicitement et de manière réitérée toute conversion au protestantisme. Il adopte en effet à partir de 1872 une posture très claire affirmant son droit à rester prêtre et prédicateur catholique : « Je fus excommunié, je restai catholique. Le pape peut séparer de l'Église visible à laquelle il préside, non de l'Église invisible dont le Christ est le chef[20]. »

16 *Idem*, t. 1, p. 304.

17 Lalouette, Jacqueline, « Épouser une protestante : le choix de républicains et de libres penseurs au siècle dernier », *BSHPF*, 1991, p. 197-231 ; Scholl, Sarah, *En quête d'une modernité religieuse. La création de l'Église catholique-chrétienne de Genève au cœur du Kulturkampf (1870-1907)*, Neuchâtel, Alphil, 2014, p. 30-33.

18 Houtin, A., t. 1, p. 209.

19 *Ibid.*, t. 1, p. 218.

20 Il ajoute : « J'allai jusqu'au bout des saintes revendications de la liberté chrétienne, et, trois ans après mon excommunication, je me mariai en demeurant prêtre. J'accomplis, ce jour-là, l'acte le plus logique, le plus courageux, j'allais presque dire le plus chrétien de ma vie », Loyson, Hyacinthe, *Mon testament…*, p. 48.

Au nom de cette ecclésiologie, il affirme sa légitimité à prêcher en catholique hors du catholicisme officiel, sur les frontières confessionnelles. C'est pourquoi, au début 1873, dans les premiers mois du *Kulturkampf* suisse, il répond favorablement bien qu'avec quelques hésitations à l'invitation d'un groupe de catholiques genevois aux opinions politiques et religieuses très libérales. Soutenus par plusieurs figures importantes du protestantisme, impressionnées par le courage du père Hyacinthe, ils espèrent qu'une série de conférences permettront d'entamer un processus de réforme du catholicisme à Genève[21]. L'objectif est de mettre en place avec l'aide de l'État cantonal une Église catholique nationale genevoise capable de concurrencer l'Église catholique dite romaine. Cette Église sera aussi nommée : libérale, catholique-chrétienne et vieille catholique, car elle s'affilie rapidement au mouvement vieux-catholique allemand et à l'Église d'Utrecht. Les réformes envisagées et mises en place durant l'année 1873 comprenaient l'élection des curés, l'autorisation du mariage des prêtres, un système de direction de l'Église par les laïcs et la messe en français. Le père Hyacinthe arrive à Genève quelques semaines après l'expulsion de Mgr Gaspard Mermillod du territoire suisse pour avoir exercé les fonctions de vicaire apostolique – c'est-à-dire d'évêque de Genève – sans le consentement des autorités suisses. Il s'était installé à Ferney, d'où il continuait à diriger son diocèse et à assurer, entre autres choses, une activité importante de prédicateur. Pour contrer son influence, les anticléricaux Genevois ont donc besoin d'une personnalité forte et d'un prédicateur charismatique, officiellement et explicitement à la fois libéral et anti-ultramontain.

Le père Hyacinthe est élu curé de Genève en octobre 1873, avec deux autres prêtres originaires de France. Par son discours et par son statut de prêtre marié, Loyson porte en lui-même la nécessité d'une réforme catholique. Mais il n'est absolument pas préparé à sa mise en œuvre, d'autant que celle-ci rencontre de nombreux obstacles politiques et sociaux. Le père Hyacinthe n'est ni un homme d'appareil ni un réformateur aux idées radicales bien déterminées. Il hésite par exemple sur le bienfondé d'introduire la communion sous les deux espèces. Il écrit en juillet 1874 : « Objet, d'un côté, des attaques furieuses des ultramontains, je

21 Scholl, Sarah, *En quête d'une modernité religieuse…*, p. 152ss ; Zwianzek, Georges, *Hyacinthe Loyson. Curé de Genève. 1873-1874*, Mémoire pour le Diplôme d'Études Approfondies, Histoire religieuse, Chambéry, Université de Savoie, 1996.

suis, de l'autre, en butte aux sourdes hostilités des libéraux qui trouvent que je ne vais pas assez loin[22]. » En août 1874, il donne sa démission de curé de Genève arguant que l'Église catholique nationale est plus une affaire politique que religieuse. Loyson est notamment opposé à ce que les décisions doctrinales et d'organisation du culte soient prises par des laïcs. Mais il ne quitte pas Genève pour autant et poursuit dès lors sa prédication en dehors de l'Église catholique nationale, sous une forme dont il sera question plus loin. Sa femme et lui reprennent leur périple en 1876, tout en conservant des liens forts avec la cité de Calvin où ils se réinstallent en 1901 et même avec l'Église catholique-chrétienne, où Loyson prêchera à nouveau à plusieurs reprises.

Après différents déplacements, notamment en Angleterre, le couple s'installe à Paris à la fin des années 1870. Loyson y fonde une Église « catholique gallicane », marquée par les liens construits avec l'anglicanisme. Il ouvre entre autres une chapelle de mille places rue d'Arras. Il remet cette communauté en 1893 à l'évêque d'Utrecht après de nombreuses tractations. Il continue ensuite sa vie de voyages et se rend en particulier à plusieurs reprises en Terre sainte, où se modifient encore, au contact du judaïsme et de l'islam, ses conceptions théologiques. Dès lors et jusqu'à sa mort en 1912, Loyson prêche pour une forme d'union religieuse entre les monothéismes[23]. L'histoire dit qu'un archiprêtre arménien et un prêtre orthodoxe lui ont rendu visite sur son lit de mort. Et qu'à l'enterrement un évêque anglican a lu les litanies et un pasteur réformé les dernières prières.

DE L'USAGE DE LA PRISE DE PAROLE

La période genevoise fait vraiment de Loyson un homme de la frontière confessionnelle, tout particulièrement en ce qui concerne ses usages de la prédication. Le canton de Genève, à ce moment-là est déjà composé à parts égales de protestants et de catholiques, avec une petite

22 Dans une lettre de juillet 1874 citée par Houtin, A., t. 2, p. 173.

23 Sur ces différents développements : Berlis, Angela, « Hyacinthe Loyson dans le vieux-catholicisme… », p. 205-214.

communauté juive. Les sept premières conférences du père Hyacinthe, celles pour lesquelles il a été appelé à Genève, n'ont pas lieu dans un cadre liturgique mais à la Salle de la Réformation, un auditoire construit quelques années plus tôt en mémoire de Jean Calvin. Ces conférences s'échelonnent sur plusieurs mois de mars à juin 1873. Elles sont parallèles au début liturgique de la nouvelle Église, la première messe étant célébrée par Loyson en avril, pour le dimanche de Pâques, devant un millier de personnes. Le public se déplace nombreux et l'impact de ses prises de parole est considérable. Les premières conférences sont données devant plus de 3 000 personnes (pour une ville de 70 000 habitants). Le premier discours, sur le thème de « la situation de l'Église catholique vis-à-vis de l'État » où il s'insurge contre la « théocratie romaine », doit être répété à la demande du public. Le *Journal de Genève*, qui consacre près d'une page entière au compte-rendu de cette conférence affirme avoir entendu « un maître entre les orateurs », « l'irrésistible ascendant d'une foi profonde unie à la plus ardente charité[24] ». Le protestant Henri-Frédéric Amiel, professeur de littérature à l'Université de Genève, note quant à lui dans son journal intime :

> Première conférence de Hyacinthe Loyson, à la salle de la Réformation. Il a dit tout l'essentiel contre le romanisme et la théocratie papale. [...] Mon impression générale, c'est l'honnêteté de l'orateur, mais il me paraît d'une candeur assez chimérique, et sa culture est restée celle du séminaire (il parle du Bouddhisme comme une religion de *fabrique humaine*, il cite la Vulgate, etc.). Il n'est qu'éloquent, mais pas reinté et corsé [fort, viril]. Il entend bien l'art de la parole et il a souffert pour ses convictions. Telles sont les deux meilleures cartes de son jeu[25].

Quant au contenu, les réactions sont encore plus contrastées. *Le Courrier*, le journal des catholiques romains de Genève, refuse de commenter l'événement et se contente de dénoncer le fait que Loyson est venu « combattre *à Genève* Mgr Mermillod, exilé *à Fernex* » et qu'il a obtenu la liberté de parole « qui est refusée à l'évêque envoyé par Pie IX[26] ». L'article insiste sur le fait que pas un seul véritable catholique n'est allé l'écouter. Les rédacteurs du *Courrier* s'attaquent principalement

24 *Journal de Genève*, 19 mars 1873.

25 Amiel, Henri-Frédéric, *Journal intime*, vol. XIX, Lausanne, L'Âge d'Homme, 1990, notes du 18 mars 1873, p. 691.

26 *Le Courrier*, 18 mars 1873.

au mariage de Loyson. *La Suisse radicale*, qui met fortement en doute la légitimité de l'État à soutenir une réforme du catholicisme, critique l'absence d'un programme ecclésiologique explicite : « Tout cela reste peu clair dans son argumentation, et il nous paraît difficile de constituer une Église avec toutes ses négations, ses périphrases, mêlées d'aspirations mystiques[27]. » Certains catholiques nationaux sont aussi critiques envers Loyson parce qu'il ne va pas assez loin selon eux dans sa remise en cause du principe d'autorité et dans son renouvellement du culte et de l'institution catholique.

Durant la période genevoise, il est intéressant de constater qu'une part importante du débat entre la société civile et le chef de file ecclésiastique appelé pour réformer l'Église a justement lieu sous cette forme de conférences théologiques. Les mises au point, les changements de cap, même les règlements sont réglés par prises de parole publiques. Telle sa conférence du 7 juin 1874 intitulée « La vraie et la fausse réforme catholique », dont le but est entre autres d'affirmer l'incompatibilité de la libre-pensée avec le catholicisme véritable. Les réactions contrastées suscitées par ce rappel à l'ordre ont sans doute amené à la démission de Loyson[28].

Si les contenus soutenus par Loyson varient considérablement au gré des circonstances, la forme de son discours reste stable au cours du temps. Il s'inscrit dans la pratique de la prédication-conférence du XIXe siècle[29], sur le modèle de ce qu'il avait fait à Notre-Dame de Paris. Sa rupture avec l'Église catholique romaine ne remet pas cette méthode oratoire en question. Dans la réforme liturgique entreprise par Loyson à Genève, la question du sermon occupe une place infime. Le manuel de *Liturgie de l'Église catholique de Genève à l'usage des fidèles*, édité par lui en 1873, insiste sur d'autres aspects : la possibilité de réformer la messe, la pratique de la confession auriculaire et l'usage de la langue vernaculaire, notamment. Le père Hyacinthe consacre beaucoup d'énergie à l'élaboration d'une liturgie en français mais sa renommée reste attachée à ses prédications. De plus, Hyacinthe Loyson publie très peu de manuels, d'ouvrages théoriques ou même de pamphlets et d'articles de journaux, il refuse de présider le synode catholique national qui se met en place en 1874.

27 *La Suisse radicale*, 20 mars 1873.

28 Scholl, Sarah, *En quête d'une modernité religieuse...*, p. 232-236.

29 Pour une description de ce genre oratoire, voir l'article « Prédication » de M. Launay dans *Le catholicisme : hier, aujourd'hui, demain*, t. 11, Paris, Letouzey et Ané, 1988, col. 798ss. Albert Houtin parle de « discours prononcé[s] à la messe » (t. 2, p. 193).

Son outil privilégié et presque unique de réforme ecclésiale et sociale est donc la prédication-conférence.

Ce rôle central et presque exclusif du discours devient encore plus important lorsqu'il quitte l'Église catholique nationale et qu'il crée non pas une autre Église mais ouvre un culte public, dans une salle louée pour l'occasion. Ce qu'il appelle « sa chapelle de Genève ». Débarrassé des questions institutionnelles et ecclésiologiques, il utilise alors la prédication pour former autour de lui une sorte de communauté très lâche qui a été bien décrite par Albert Houtin :

> La messe se disait en français avec des vêtements blancs. [...] D'ordinaire deux cents personnes assistaient à son culte : la plupart étaient des étrangers (Anglais, Américains, Russes) en quête de sensations d'éloquence. Mais, certains jours, quand on conjecturait que l'« actualité » inspirerait l'orateur l'affluence était énorme. L'actualité, c'était l'espèce de « *Kulturkampf* » qui sévissait alors partout en Suisse[30]

Albert Houtin précise que, pendant toute cette période, Loyson acquit sans cesse de nouveaux admirateurs mais pas de fidèles. Le public était friand de ses réflexions et de son talent oratoire mais « Il ne convertissait personne[31]. » Sur le terrain genevois, la spécificité de cette prise de parole est de s'adresser autant aux catholiques qu'aux protestants. Durant cette période, l'un des aspects centraux de sa prédication est de se situer par rapport au catholicisme romain intransigeant et au protestantisme le plus libéral en expliquant en quoi la voie médiane est la seule légitime. Contre le protestantisme, Loyson prône en particulier l'attachement à la tradition, aux sacrements et à l'épiscopat.

Hyacinthe Loyson – ni catholique romain, ni catholique national, ni protestant – est un prédicateur sans Église. Ce qu'il restera jusqu'à la fin de sa vie, refusant pour lui-même autant la pénitence que la tutelle anglicane ou celle de l'évêque d'Utrecht. Cela ne l'empêche pas de proposer, à travers la prédication, des programmes ecclésiologiques autant visionnaires qu'utopiques, en particulier à la fin de sa vie, après ses voyages en Orient. En 1901, dans une conférence prononcée à Notre-Dame de Genève, il affirme la nécessité non seulement de réformer l'Église

30 Houtin, A., t. 2, p. 183-184. Nous pouvons entrevoir ici l'un des attraits de la prédication-conférence au XIXe siècle : lorsqu'elle est donnée par un grand orateur et de surcroît sur des sujets d'actualité polémique, elle peut devenir une forme de divertissement.

31 *Ibid.*, t. 2, p. 199.

catholique, seule Église universelle, mais de faire l'union des chrétiens par une fédération : « Vingt-deux cantons forment une Confédération helvétique, quarante-six États ne forment qu'une République américaine : pourquoi toutes les sociétés religieuses qui relèvent de l'Évangile ne s'uniraient-elles pas en une seule Chrétienté[32] ? » Le rapprochement poursuivi n'a pas pour but « l'uniformité des théologies et des rites » mais « l'union des âmes ». Plus encore, Loyson aimerait réunir en une communauté de prière les croyants en un Dieu unique. Musulmans, juifs mais aussi spiritualistes ou déistes sont considérés comme pouvant être pris sous l'aile du christianisme. À travers ces pérégrinations et ces évolutions théologiques, il apparait que pour Loyson prêcher est la principale, si ce n'est la seule manière de faire Église.

Il serait trop rapide de classer le « prêtre solitaire » qu'a été Hyacinthe Loyson, selon l'expression d'Albert Houtin, comme un cas à part, un excentrique, dont l'influence et la représentativité auraient été nulles. Et d'en conclure qu'une place à la frontière, une fois toutes les frontières confessionnelles transgressées, était intenable au XIXe siècle. Loyson n'est effectivement pas un réformateur et toutes ses tentatives de création d'Églises nouvelles se soldent par des échecs et des renoncements. Mais sa parole est attendue et entendue. Outre que son départ de l'Église et son mariage participent d'une crise du clergé largement reconnue par les contemporains[33] et blessent profondément la communauté catholique française[34], Loyson reste l'un des prédicateurs francophones les plus importants de la seconde moitié du XIXe siècle. La question difficile est de départager ce qui tient de son charisme et de son art oratoire de ce qui concerne plus spécifiquement son message. Loyson offre, les sources en témoignent, une distraction de choix aux amateurs de beaux discours. Ainsi, à cette période, le fait d'aller à l'église écouter un orateur talentueux a une dimension de loisir très importante. Mais le père Hyacinthe

32 Loyson, H., *L'Union religieuse et le Dieu inconnu, discours prononcé dans l'Eglise de Notre-Dame de Genève le 6 octobre 1901*, Genève, Librairie Georg & Co, 1901, p. 8.

33 Voir par exemple un article sur « Les prêtres démissionnaires » – les « évadés » – dont « la liste s'augmente chaque jour », *Catholique national*, [Genève] 29 juillet 1905, p. 59 ; un dossier sur la question est disponible ANF F19/6068. Lire aussi Houtin, Albert, *La crise du clergé*, Paris, E. Nourry, 1907.

34 On connait les prières de Thérèse de Lisieux pour son retour dans l'Église. Elle offre sa dernière communion pour son salut.

répond aussi – de manière plus profonde – aux attentes d'une partie de l'intelligentsia européenne en jouant sur la frontière confessionnelle, en réunissant des fidèles, même momentanément, de différentes religions et nationalités, en triant abondamment dans les principes catholiques ou protestants. Ses discours participent à une reconfiguration profonde des attentes religieuses d'individus en voie de sortie d'Église, un public très présent à Genève et dans tous les lieux d'apprentissage du pluralisme confessionnel. L'individualisation des cheminements religieux est désormais concevable, bien que toujours très contestée dans une Europe des *Kulturkämpfe* qui exacerbe une nouvelle fois les camps confessionnels[35]. Loyson en souffre d'ailleurs toute sa vie. Son parcours et celui de son public montrent que la liberté de croyances et de cultes est malgré tout en train de changer la donne. Un aspect dont le prédicateur était conscient dès 1873 en écrivant :

> [...] je ne demande qu'une seule chose aux gouvernements de ce monde : la liberté de prêcher l'Évangile ; et je vais à Genève comme j'ai été à Munich, à Cologne, à Rome, comme j'irai partout où m'appelleront les catholiques résolus à n'abdiquer la foi de leurs pères ni entre les mains de l'ultramontanisme ni entre celles de l'incrédulité[36].

Sarah Scholl
Université de Genève –
Histoire du christianisme

35 Clark, Christopher, Kaiser Wolfram (éd.), *Culture Wars. Secular-Catholic Conflict in Nineteenth-Century Europe*, Cambridge, Cambridge University Press, 2003 ; Blaschke, Olaf, *Konfessionen im Konflikt. Deutschland zwischen 1800 und 1970 : ein zweites konfessionnelles Zeitalter*, Göttingen, Vandenhoeck & Ruprecht, 2002.

36 Lettre de Hyacinthe Loyson à un ami, publiée notamment dans *La Patrie* du 6 mars 1873, p. 2.

TROISIÈME PARTIE

ESPACES ET SANCTUAIRES DE LA PRÉDICATION

LES LIEUX ET LES ESPACES DE LA PRÉDICATION MENDIANTE EN AUVERGNE

(v. 1250 – v. 1530)

> Plus ont paié lesdits consulz au beau pere frere Jehan Beate pour ses poines et travaulx d'avoir presché toute la caresme derniere passee tant pour ses gaiges que ladite ville a acoustumé donné chacun an a celluy qui prescha la caresma que sont dix livres tournois que pour certain present qu'est aussi acoustumé donner audit prescheur à ce non comprins le bois que ledit Beate heust et pour ce fust ordonné luy estre donné tant à cause desdits dix livres que de ce que restoit dudit present la somme de quinze livres tournois comme appert par quictance cy rendu pour ce XV l. tournois

C'est ainsi que sont traités les prédicateurs mendiants accomplissant leur mission pastorale dans le diocèse de Clermont à la fin du XVe siècle. Cette mention, extraite des comptes des recettes et des dépenses de la ville de Clermont[1], soulève plusieurs problèmes sur les modalités et les conditions d'exercice des prédicateurs. En premier lieu, elle n'évoque pas le lieu précis du prêche ni le nombre de sermons prononcés par le frère Jean Beate. En second lieu, elle atteste l'existence d'une rétribution octroyée directement au frère et non à un *procurator*[2].

La question de la prédication a fait l'objet de recherches dès les années 1980[3]. Les outils de la prédication ont d'abord focalisé l'attention

1 Archives Départementales du Puy-de-Dôme, 3 E 500/67, 1480.

2 Il s'agit du frère désigné comme intermédiaire pour traiter notamment les questions financières de l'ordre. Sur la question du statut des « personnes interposées », notamment dans l'ordre des frères mineurs, voir Viallet, Ludovic, « Procureurs et personnes interposées chez les franciscains », *Économie et religion : l'expérience des ordres mendiants (XIIIe-XVe siècles)*, éd. N. Bériou, J. Chiffoleau, Lyon, Presses Universitaires de Lyon, 2009, p. 661-705.

3 Longère, Jean, *La prédication médiévale*, Paris, Études augustiniennes, 1983, 300 p. ; Hamesse Jacqueline, Hermand, Xavier éd., *De l'homélie au sermon. Histoire de la prédication médiévale*, Actes du colloque, Louvain-la-Neuve, 9-11 juillet 1992, Louvain-la-Neuve, Institut d'Études Médiévales, 1993, 380 p.

des historiens avant d'inscrire la prédication dans un espace sacré ou profane[4]. Le statut du prédicateur et les modalités de son exercice sont assez bien connus avec plusieurs synthèses réalisées dans une aire géographique ou pour un ordre donné[5]. En France, les analyses relatives à la prédication mendiante sont éparses et fréquemment intégrées à des travaux plus généraux sur les ordres mendiants[6].

Le caractère souvent lacunaire des archives des ordres mendiants rend complexe l'étude de la prédication[7]. Qui plus est, la prédication et la quête n'ont pas fait l'objet de recommandations précises dans la législation des ordres. Dans les diocèses d'Auvergne, seul Hervé Martin s'est intéressé aux sources évoquant les prédicateurs et l'exercice de la prédication. Son analyse est fondée sur les registres de comptes consulaires de Clermont et Montferrand et sur les recueils de sermons conservés[8]. Pour l'étude présentée ici, les registres des comptes et des délibérations

---

4 Schmitt, Jean-Claude, « Recueils franciscains "d'*exempla*" et perfectionnement des techniques intellectuelles du XIIIe au XVe siècle », *Bibliothèque de l'École des Chartes*, vol. 135, 1977, p. 5-21 ; Bataillon, Louis-Jacques, *La prédication au XIIIe siècle en France et en Italie. Études et documents*, Brookfield, Variorum, 1993, 337 p. ; Bériou, Nicole, Morenzoni, Franco éd., *Prédication et liturgie au Moyen Âge*, Turnhout, Brepols, 2008, 416 p.

5 Martin, Hervé, *Le métier de prédicateur en France septentrionale à la fin du Moyen Âge, 1350-1520*, Paris, Le Cerf, 1988, 720 p. ; Roest Bert, « Preaching : cornerstone of the Franciscan educational project », *A History of Franciscan Education (c. 1210-1517)*, Leiden, Brill, 2000, p. 272-324.

6 Pour le nord du Royaume, voir : Volti, Panayota, *Les couvents des ordres mendiants et leur environnement à la fin du Moyen Âge : le nord de la France et les anciens Pays-Bas méridionaux*, Paris, Éditions du CNRS, 2003, 311 p. ; pour l'est, voir : Ruther, Andreas, « La participation des ordres mendiants au soutien spirituel dans les campagnes d'Alsace », *La christianisation des campagnes, Actes du colloque du CIHEC*, Rome, 25-27 août 1994, éd. J.-P. Massaut, M.-É. Henneau, Bruxelles, Institut historique belge de Rome, 1996, t. I, p. 127-138. Le sud-est du Royaume demeure le plus étudié sur ces questions depuis le début des années 1990 : Vicaire, Marie-Humbert, « Prêcheurs et paroisse », *La paroisse en Languedoc (XIIIe-XIVe siècles)*, Toulouse, Privat, Cahiers de Fanjeaux, 25, 1990, p. 261-283 ; *La prédication en Pays d'Oc (XIIe – début XVe siècle)*, Toulouse, Privat, Cahiers de Fanjeaux, 32, 1997, 428 p. ; Lenoble, Clément, « Les mendiants au village. Quêtes et prédication autour d'Avignon à la fin du Moyen Âge (XIVe-XVe siècle) », *L'Église au village. Lieux, formes et enjeux des pratiques religieuses*, Toulouse, Privat, Cahiers de Fanjeaux, 40, 2006, p. 327-344.

7 Hervé Martin parle d'« un travail sur des bribes », Martin, Hervé, « La prédication comme travail reconnu et rétribué à la fin du Moyen Âge », *Le travail au Moyen Âge : une approche interdisciplinaire, Actes du colloque international*, Louvain-la-Neuve, 21-23 mai 1987, éd. J. Hamesse, C. Muraille-Samaran, Louvain-la-Neuve, Institut d'Études Médiévales, 1990, p. 396.

8 Martin, Hervé, *Le métier de prédicateur…*, *op. cit.*, p. 629, 631.

des assemblées consulaires de Clermont, Montferrand et Saint-Flour ont été dépouillés. Les limites de la recherche sont triples : l'existence de lacunes documentaires dans les archives communales[9], la brièveté et l'imprécision des mentions évoquant la prédication – déjà identifiées par Hervé Martin[10] – et une inégale répartition des données dans les trois diocèses auvergnats. Malgré ces limites et afin d'approfondir la réflexion, d'autres sources telles que les sources architecturales et iconographiques ont été prises en compte. L'approche comparative est ici privilégiée. L'étude porte sur les diocèses de Clermont, du Puy et de Saint-Flour, ce dernier créé en 1317.

L'analyse qui suit est une contribution à l'étude de la prédication chez les ordres mendiants dans les diocèses d'Auvergne à l'époque médiévale. Il s'agit d'identifier les formes de la prédication, ses modalités de diffusion, les lieux et les espaces dans lesquels elle s'inscrit afin de mesurer l'action des frères dans le développement d'une pastorale dynamique leur assurant la reconnaissance de la communauté et une place de choix dans l'encadrement religieux des fidèles.

LA PRÉDICATION MENDIANTE EN AUVERGNE (V. 1250 – V. 1430)

Formes et modalités

En 1203, Alain de Lille définit la prédication comme « un enseignement public et collectif des mœurs et de la foi, en vue d'instruire les hommes, appuyé sur la raison et puisé aux sources de l'autorité[11] ». Cette définition pourrait guider l'analyse développée ici mais elle n'est

9 Pour Clermont, les registres de comptes et de délibérations des assemblées consulaires ont été dépouillés de 1410 à 1535 ; pour Montferrand, de 1259 à 1535 et pour Saint-Flour, de 1376 à 1502.

10 Hervé Martin parle d'« un travail sur des bribes », Martin, Hervé, « La prédication comme travail reconnu et rétribué à la fin du Moyen Âge », *Le travail au Moyen Âge*, ouv. cit.

11 *Praedicatio est manifesta et publica instructio morum et fidei, informationi hominum deseriens, ex rationum semita et auctoritatum fonte proveniens*, Alain de Lille, « *Ars praedicandi* », c. 1, *Patrologiae cursus completus. Series latina*, éd. J.-P. Migne, Paris, Garnier, 1844-1864, t. 210, 111C. Traduction É. Gilson, « Michel Ménot et la technique du sermon médiéval », *Les idées et les lettres*, Paris, Vrin, 1932, p. 97.

pas représentative des discours variés qui se développent durant les trois derniers siècles du Moyen Âge. L'objectif n'est donc pas tant de donner une définition de la notion que d'identifier les différentes formes du ministère de la parole et ses modalités de développement[12].

Comme le rappelle Jean-Claude Schmitt, « c'est à l'action de tous les ordres mendiants et non de tel ou tel d'entre eux, qu'est attribué l'essor, à partir du début du XIIIe siècle, d'une prédication de masse destinée aux laïcs[13] ». Les sermons sont le support principal de cette prédication de masse. Ils sont fondés sur la connaissance des textes évangéliques fréquemment diffusés en langue vernaculaire auprès d'un large public (fidèles, autorités urbaines, clercs) dans des lieux et des espaces publics ou sacrés. Le succès des sermons prononcés notamment par les frères mendiants réside dans leur articulation avec les textes liturgiques[14] et le recours aux *exempla*, ces récits illustrant le propos, au caractère parfois anecdotique, intégrés aux sermons[15]. L'attente des fidèles sur le devenir de l'âme après la mort, liée au développement de la croyance en l'existence du Purgatoire explique également l'audience large des prédicateurs[16]. Dans les diocèses d'Auvergne, rares sont les recueils de sermons conservés. Dans les années 1440-1480, le franciscain Louis Peresi a composé un recueil de 36 sermons et 51 *exempla* en latin. Ce recueil était conservé dans la bibliothèque des dominicains de Clermont[17], ce qui prouve la circulation des textes et par conséquent l'existence d'échanges entre les ordres sur les moyens de prendre en charge la *cura animarum*. Ce prédicateur est connu pour « la sobriété et [...] la clarté » de son propos[18].

12 Pour une définition de la prédication médiévale, voir Longère, Jean, *La prédication médiévale*, *op. cit.*, chap. 1 « Qu'est-ce que la prédication ? », p. 11-18.

13 Schmitt, Jean-Claude, « Recueils franciscains d'"*exempla*" et perfectionnement des techniques intellectuelles du XIIIe au XVe siècle », *Bibliothèque de l'École des Chartes*, t. 35, livraison 1, 1977, p. 5.

14 Sur l'articulation entre la prédication et la liturgie, voir Bériou, Nicole, Morenzoni, Franco éd., *Prédication et liturgie...*, *op. cit.*

15 Sur les *exempla*, voir les travaux de Marie-Anne Polo de Beaulieu, en particulier : Polo de Beaulieu, Marie-Anne, Berlioz, Jacques, Collomb, Pascal éd., *Le Tonnerre des exemples : exempla et médiation culturelle dans l'Occident médiéval*, Rennes, Presses Universitaires de Rennes, Histoire, 2010, 423 p. ; Polo de Beaulieu, Marie-Anne, Bouhaïk-Girones Marie éd., *Prédication et performance du XIIe au XVIe siècle*, Paris, Classiques Garnier, 2013, 329 p.

16 Le goff, Jacques, *La naissance du purgatoire*, Paris, Gallimard, 1981, p. 14-15.

17 Clermont-Ferrand, BMIU, ms 44, 249 fo. Martin, Hervé, *Le métier de prédicateur...*, *op. cit.*, p. 224, 486, 629.

18 *Op. cit.*, p. 240.

Il a notamment élaboré plusieurs sermons sur l'*Ave Maria*. Certains de ses sermons sont suivis d'un abrégé biblique[19]. La bibliothèque des dominicains de Clermont a également conservé un recueil de sermons de Carême de Vincent Ferrier intitulé *Sermones quadragesimales* et datant du premier tiers du XVe siècle[20]. L'adaptation du discours à l'auditoire est donc essentielle. En Pologne, le recueil de sermons du théologien et recteur de l'université de Cracovie Stanislas de Skarbimierz constitue ainsi « la documentation la plus connue sur les croyances et les pratiques[21] » de la population locale au tournant des XIVe et XVe siècles.

L'enseignement constitue une forme spécifique du discours. Chez les ordres mendiants, les enseignements sont dispensés par des frères docteurs ou maîtres en théologie. À Saint-Flour, entre 1383 et 1466, les registres des comptes consulaires mentionnent plusieurs *leyssos*[22] dispensées par le lecteur ou le maître en théologie du couvent dominicain de la ville. Ces *leyssos* sont lues[23] et l'objet du discours est débattu sous la forme d'interrogations auxquelles sont apportées des réponses argumentées[24]. Seule une mention évoque l'assemblée des étudiants[25]. La présence des consuls est quant à elle systématique. Ils sont invités par

19 *Op. cit.*, p. 296.

20 Clermont-Ferrand, BMIU, ms 45, 165 fo. Le recueil est décrit dans le *Catalogue général des manuscrits des bibliothèques publiques de France*, éd. U. Robert, Paris, Plon, 1885, tome XIV, p. 11.

21 Bylina, Stanislas, « Prédication, croyances et pratiques traditionnelles en Pologne au Bas Moyen Âge », *L'Église et le peuple chrétien dans les pays de l'Europe du Centre-Est et du Nord, Actes du colloque*, Rome, 27-29 janvier, 1986, Rome, École Française de Rome, Collection de l'École Française de Rome, 128, 1990, p. 304.

22 Albert Rigaudière les définit comme des « forme[s] de conférence[s] ouverte[s] à tous », Rigaudiere, Albert, *Saint-Flour, ville d'Auvergne au Bas Moyen Âge : étude d'histoire administrative et financière*, Paris, Presses universitaires de France, 1982, tome 1, p. 376. La question de l'audience de ces leyssos demeure cependant posée (voir *infra*).

23 « Item lo XIIIIe jorn de novembre lo leccors dels frayres predicadors comensec legir sas leysses et par so que coindet les senhors cossols lay traineyront I sisteir de vin agut del senhors cossols valant : IX s. IIII d. », Archives Municipales de Saint-Flour, chap. XI, article 2, f° 41r^o^, 14 novembre 1426.

24 « Item quant lo lectors del covent des frayres predicadors destavila comenset sas leyssos et prepauset alcunas questions à maistre Anthoin lors maistre en ars que fos son respondent lodit lectors coindet adinar los senhors cossols et ly senhor cossol ly traineyront I sisteir de vin pres de senhor Peyre Gilet cossol par loqual vin ont payat aluy : VI s. VIII d. », Archives Municipales de Saint-Flour, chap. XI, article 2, f° 68v^o^, 1437.

25 « Item a XXII de juing par II pichins de vin que los senhors cossols feyront portar als frayres predicadors quant los estudians faziont lafi de lors leyssos et coinderont los senhors cossols apres dinar par so : XVI d. », Archives Municipales de Saint-Flour, chap. XI, article 2, f° 28, 22 juin 1416.

les dominicains. Leur venue donne lieu à un repas après les *leyssos* et à des cadeaux en nature offerts aux frères (vin)[26]. Dans quelle langue sont prononcées ces *leyssos* et sont-elles destinées aux laïcs ? En l'absence de mentions explicites d'une audience laïque, la question demeure posée. La précision du lieu dans lequel sont réunies ces assemblées pourrait constituer un indice mais aucune précision n'apparaît dans les mentions. Seule l'hypothèse d'un repas pris au couvent avec les frères peut être envisagée. Cette prise de parole est en outre ponctuelle : elle a lieu en début[27], en milieu[28] ou en fin d'année[29]. L'implication des consuls dans la vie religieuse des frères peut être rapprochée de celle des autorités consulaires de Montpellier où le *Cérémonial consulaire* (XVe siècle) accorde une place de choix aux pratiques de dévotion. Les consuls sont invités à célébrer la messe et à écouter des sermons dans les différents lieux sacrés de la ville, en particulier dans les couvents mendiants[30].

L'activité de prêcher nécessite donc des prédicateurs titulaires d'un grade universitaire. Dans les universités, les étudiants sont formés à la prédication car une fois diplômés, ils sont amenés à prêcher ou à transmettre l'art de prêcher à leurs frères. Sur la question des centres d'enseignement mendiants, Stéphanie Martinaud a brossé un tableau documenté du réseau des *studia* mendiants dans le Midi de la France[31]. Elle distingue trois niveaux : les *studia* conventuels, *provincialia* et *generalia.* Chez les

26 « Item a XIX deldit mes de javier frayre Stephane Moltos lectors del covent dels frayres predicadors de saint flour fes son commensament delas escolas et de sas leyssos et coindet los senhors cossols aldinar que fes al covent et al respondent et par so ly senhor cossol lay traineyront I sistieir de vin dalveaihe agut de Jacme Caluat par loqual vin ont payat : VI s. VIII d. », Archives Municipales de Saint-Flour, chap. XI, article 2, f° 29, année 1434, 19 janvier 1434.

27 *Ibid.*

28 « Item a XXII de juing par II pichins de vin que los senhors cossols feyront portar als frayres predicadors quant los estudians fazïont lafi de lors leyssos et coinderont los senhors cossols apres dinar par so : XVI d. », Archives Municipales de Saint-Flour, chap. XI, article 2, f° 28, 22 juin 1416.

29 « Item a XXVII de novembre lo lectors dez frayres predicadors continuet sas leyssos et coindet los senhors cossols adinar et par so ly senhors cossols lay traineyront I sistieir de vin agut de Stephane Contastin par lo qual vin ont payat : IX s. IIII d. », Archives Municipales de Saint-Flour, chap. XI, article 2, f° 36, 27 novembre 1432.

30 Derens, Jean-Arnault, « La prédication et la ville : pratiques de la parole et "religion civique" à Montpellier aux XIVe et XVe siècles », *La prédication en Pays d'Oc* (XIIe – début XVe siècle), Toulouse, Privat, Cahiers de Fanjeaux, 32, p. 353-355.

31 Martinaud, Stéphanie, « Le réseau des *studia* mendiants dans le Midi (XIIIe-XIVe siècles) », *Église et culture en France méridionale (XIIe-XIVe siècles)*, Toulouse, Privat, Cahiers de Fanjeaux, 35, 2000, p. 93-126.

dominicains, les *studia provincialia* sont le lieu de formation privilégié des frères qui auront en charge la vie pastorale du couvent. Au sein de ces *studia*, les frères étudient la logique et la rhétorique dans le *studium artium* et la théologie dans le *studium theologiae* ou *Sententiarum*[32]. Les frères en charge de la prédication sont titulaires *a minima* d'une licence. La majorité des prédicateurs exerçant dans les diocèses d'Auvergne sont licenciés et docteurs (ou maîtres) en théologie. C'est le cas du lecteur du couvent des dominicains de Saint-Flour qui prêche la Passion du Christ les vendredis saints en 1406 et en 1410[33]. Ces exemples montrent que le sujet des sermons suit le déroulement de l'année liturgique, en l'occurrence les étapes de la Passion du Christ avant sa crucifixion et sa résurrection à Pâques. Dans les diocèses étudiés, l'art de prêcher est donc organisé (qualification des prédicateurs), encadré (envoi des frères dans les *studia provincialia*) et formalisé (sermons). Cette activité, associée ensuite à un métier, donne rapidement lieu à une gratification du prédicateur.

Hervé Martin a soulevé avec raison le paradoxe concernant la rémunération de la prédication mendiante : « Nouveau paradoxe, la transformation du ministère de la parole de type "apostolique" en un métier reconnu s'est opérée au profit et peut-être par les bons soins des Mendiants, adversaires résolus de tout commerce du savoir dans les universités et, plus généralement, de tout trafic de la science et des choses sacrées[34] ». En effet, les premières constitutions des ordres mendiants et la législation pontificale interdisent aux frères de posséder de l'argent[35].

32 *Ibid.*, p. 103-104.

33 « Item ont donat les senhors cossols al lector dels frayres predicadors de saint flour par so que sermonet lo venres saint et a demandat almorna als senhors cossols : XX s. ; Item ont donat los senhors cossols al lector dels frayres predicadors par so que prediquet la passio lo jorn del venres saint par almorna : XX s. », Archives Municipales de Saint-Flour, chap. XI, article 2, f° 59, 1405, f° 49, 1409.

34 Martin, Hervé, « La prédication comme travail reconnu et rétribué à la fin du Moyen Âge », *Le travail…*, *op. cit.*, p. 396.

35 Chez les dominicains, la section *De predicatoribus* des *Constitutions* de 1228 précisent : « *Euntes vero ad iam dictum predicationis officium exercendum vel alias itinerantes aurum, argentum, pecuniam et munera, excepto victu et vestitu et necessariis indumentis et libris, nec accipuent nec portabunt* » (Denifle, Heinrich von, « Die Constitutionen des Predigerordens vom Jahre 1228 », *Archiv für Litteratur und Kirchengeschichte des Mittelalters*, 1, 1885, p. 223-224) c'est-à-dire : « Quand ils s'en vont ainsi pour exercer le ministère de la prédication ou voyagent pour d'autres causes, ils ne doivent recevoir ni porter de l'or, de l'argent, de la monnaie ou quelqu'autre cadeau, à l'exception de la nourriture, du vêtement et des autres instruments de nécessité et des livres » (Vicaire, Marie-Humbert, *Saint-Dominique de Caleruega d'après les documents du XIIIe siècle*, Paris, Éditions du Cerf, 1955, p. 179). Chez

Si Hervé Martin note l'usage exceptionnel de gratifier les prédicateurs avant 1350, son étude montre cependant qu'en France septentrionale, certaines villes ont rapidement rémunéré les performances des prédicateurs[36]. Dans les diocèses d'Auvergne, la plus ancienne mention d'un don en argent concerne un prédicateur franciscain, frère *Costancis*, qui prêche le 8 septembre 1297[37]. Jusqu'au milieu du XVe siècle, les termes *socii* ou *nuncii* (ou leurs traductions française et occitane) n'apparaissent pas dans les documents. L'existence de « compagnons » est attestée au tournant des XIVe et XVe siècles[38]. En l'absence d'indications plus précises, le doute subsiste quant à leur statut. S'agit-il de *socii*, de *nuncii* ou de frères également en charge du ministère de la parole ? La gratification accordée aux prédicateurs varie en fonction de la durée et du lieu de la prédication et des moyens dont dispose la communauté urbaine. Si un prédicateur prononce un seul sermon, la rémunération est modeste (moins de 10 sous). Les mentions sont peu disertes sur les circonstances de ce type de prêche[39]. En revanche, si la prédication est effectuée à un moment important de l'année liturgique, le Carême par exemple, la rémunération est supérieure (de 10 sous à 15 livres tournois)[40]. La

les franciscains, la bulle du pape Grégoire IX *Quo elongati* du 28 septembre 1230 oblige les frères à s'entourer d'amis spirituels dont la fonction est de recevoir les aumônes en argent des fidèles pour les nécessités immédiates des franciscains. Les mineurs doivent également être en relation avec les représentants des bienfaiteurs, les *nuncii*, qui doivent recevoir et dépenser l'argent reçu des bienfaiteurs.

36 Martin, Hervé, *Le métier de prédicateur…*, *op. cit.*, p. 149, 151.

37 *Item XXX s. que agront lhi fraire menor lo jorn de la festa de setenbre E preziguet fraire Costancis, anno XVII 8 septembre 1297*, Archives Départementales du Puy-de-Dôme, 3 E 113 FDS II CC 158, f° 59. Document publié par Lodge, Anthony, *Les comptes des consuls de Montferrand (1273-1319)*, Paris, École des Chartes, 2006, 212 p. Aucune rémunération n'est ensuite attestée avant le milieu du XIVe siècle.

38 « Item le samedi VIe jour de novembre vint à montferrand ung augustin qui est filli debordon pour precher à l'eglize notre dame à la requeste de nostre commune et de nous et fu despandu pour li et son companhon et aucuns des habitans pour boyre devers soer deux quartes de vin any confin deux onsses monte tout II s. », Archives Départementales du Puy-de-Dôme, 3 E 113 FDS II CC 173, 6 novembre 1400 ; « Item ont donat à frayre Johan Saysset par lo sermo que fes lo premier jorn de caresme : V s. », Archives Municipales de Saint-Flour, chap. XI, article 2, f° 74, 1403.

39 « Item ont donat los senhors cossols à frayre Johan Saysset quand hat predicat lo premier jorn de caresma darnier passat : IIII s. », Archives Municipales de Saint-Flour, chap. XI, article 2, f° 71, 1397-1398.

40 « Item al frayre menor de Brioude par so quar prediquet la pacion lo jorn del venre saint par so : XX s. », Archives Municipales de Saint-Flour, chap. XI, article 2, f° 79v°, 1399-1400.

rémunération varie alors en fonction de la durée de la prédication (une journée : environ 10 sols, une semaine : plusieurs dizaines de sols jusqu'à une dizaine de livres tournois)[41]. Lorsque le prédicateur a exercé durant une période plus longue, des précisions sont apportées sur le statut du prédicateur, les circonstances de la prédication voire sur le nombre de sermons prononcés. La rémunération est dans ce cas plus importante[42]. La venue de prédicateurs renommés tel que le dominicain Vincent Ferrier à Saint-Flour en 1416 donne lieu à des dépenses exceptionnelles : une estrade (*chadafalt*) est élevée en place publique, les frais d'hébergement, de nourriture et autres dépenses engendrées par la présence du prédicateur et de ses compagnons sont pris en charge par la cité, soit plus de 40 livres[43]. Des dépenses similaires sont effectuées en Savoie à Annecy (1402), Genève (1403) et Chambéry (1404) où se rend le dominicain pour prêcher[44]. Les rémunérations sont effectuées en argent ou en nature. Ces dernières sont constituées essentiellement de dons en pain et en vin[45].

41 Les séries des registres des comptes et des délibérations des assemblées consulaires de Clermont, Montferrand et Saint-Flour étant chacune lacunaires, il demeure difficile de déterminer des différences de rétribution selon les diocèses et les époques.

42 « Item lodit sapte vent ayssi I religios de lorde de saint Augusti doctor en decretz et licencié en theologia lo qual prediquet ayssi par XIIII jour et par contemplation desa predication à son departiment de voluntat dels senhors juratz de cossolat li fos honrada sa despensa fayca als frayres predicadors par so que quant fos vengnez ayssi fos dit al prior dels frayres que li administressont sa despensa car los senhors cossols la lor paghariont dont fos payat alsditz frayres par despensa aluy admistrada baillada par declaration : XXV s. Plus li fes donat en condant à son departiment : III moltos », Archives Municipales de Saint-Flour, chap. XI, article 2, f° 35, 1428-1429.

43 Par exemple : « Item a XXIX d'aost a gront XIIII obrers par fare lo chadafalt et la barreyra de maistre Vincent als quals doneront par [...] despenssa : XVIII s. VIII d. », Archives Municipales de Saint-Flour, Chapitre XI, article 2, f° 30v°, 19 août 1416. À titre de comparaison, le passage de Vincent Ferrier à Nevers entraîne une dépense de plus de 41 livres et à Moulins plus de 50 livres, Boutillier, Abbé, « Dépenses faites à Nevers pour le passage de saint Vincent Ferrier en 1417 », *Bulletin de la société nivernaise des lettres, sciences et arts*, 2e série, tome III, 1869, p. 189 ; Martin, Hervé, *Le métier de prédicateur...*, *op. cit.*, p. 155.

44 Leguay, Jean-Pierre, « Urbanisme et ordres mendiants : l'exemple de la Savoie et de Genève. XIIIe-XVIe siècles », *Religion et mentalités au Moyen Âge. Mélanges en l'honneur d'Hervé Martin*, éd. S. Cassagnès-Brouquet, A. Chauou, D. Pichot, L. Rousselot, Rennes, Presses universitaires de Rennes, 2003, p. 180.

45 « Item le dumenche a V de juign [5 juin 1373] fu donnez le present de la ville au frere que preziguet le jour de Pantecouste en pain e vin : V s. IIII d. », Archives Départementales du Puy-de-Dôme, 3 E 113 FDS II CC 169, 5 juin 1373. Document publié par Lodge, Anthony, *Les comptes des consuls de Montferrand (1346-1373)*, Paris, École des Chartes, 2010, p. 435.

L'état fragmentaire de la documentation ne permet pas d'observer une évolution réelle de la rémunération des prédicateurs. On note néanmoins le caractère coutumier des dons aux prédicateurs, évoqué explicitement dans les documents au début du XVe siècle[46].

De même, les lieux précis où se déroule la prédication sont rarement mentionnés. Lorsqu'ils le sont, il s'agit presque exclusivement de sanctuaires tels que les églises paroissiales et les cathédrales. Dans ce cas, les mentions précisent la date ou le moment de l'année liturgique au cours duquel le frère prêche[47] ou le lieu où il prononce un sermon[48], parfois les deux, en particulier dans la première moitié du XVe siècle[49]. Le recours aux sources architecturales et iconographiques prend ici toute son importance. En effet, l'architecture des églises et des bâtiments conventuels est organisée selon les besoins apostoliques des frères. Les églises-halles, les églises à nef unique et de grandes dimensions, ont un plan particulièrement adapté à l'accueil des fidèles venant célébrer l'office[50]. La taille de l'église et la possibilité d'agrandir l'espace ecclésial sont des problématiques de poids dans l'implantation et le développement d'une communauté de frères. Ainsi, en vue de la fondation d'un couvent

46 « Item fos donat al frayre menor de Brioude par son poges chalendar coma es acoustumat de donar chascun an par so que prediqua ayssi par las festas de chalendas : XX s. », Archives Municipales de Saint-Flour, chap. XI, article 2, f° 41, 1419-1420.

47 Par exemple : « Item le dumenche a V de juign [5 juin 1373] fu donnez le present de la ville au frere que preziguet le jour de Pantecouste en pain e vin : V s. IIII d. », Archives Départementales du Puy-de-Dôme, 3 E 113 Fonds II, CC 169, f° 22, 5 juin 1373 ; « Item ont donat a frayre Johan Saysset par lo sermo que et lo premier jorn de caresme : V s. », Archives Municipales de Saint-Flour, chap. XI, article 2, f° 74, 1403.

48 Par exemple : « Item a XXVI jours dabrial feimes feire una processio general per la patz et lo fruit de terra maire. Et feimes prezicar a la Rodada a un fraire menor, e donemes aus fraires menors pa e vi que costet : VIII s. », Archives Départementales du Puy-de-Dôme, 3 E 113 FDS II CC 164, 26 avril 1355. Document publié par Lodge, Anthony, *Les comptes des consuls de Montferrand (1346-1373)*..., *op. cit.*, p. 176.

49 « Item ont payat à frayre Peyre Siquard de convent dels frayres predicadors par sa pena et trebailh de far lo sermo del premier jour de caresma en la gleysa cathedral de saint flor par so : X s. », Archives Municipales de Saint-Flour, chap. XI, article 2, f° 30, 1433-1434.

50 À Clermont, la seconde église des franciscains, transférée *extra-muros* au sud-ouest de la ville près de la collégiale Saint-Genès dans les années 1260 est une église à nef unique mesurant 10,5 × 50,5 m. Celle des carmes, édifiée au cours du XIVe siècle, possède également une nef unique et mesure 40,2 × 10,9 m. Les dominicains du Puy-en-Velay, qui s'installent dans la ville en 1221, construisent une église à trois nefs mesurant 66 × 22,48 m. Il s'agit de la plus vaste église mendiante conservée dans les diocèses d'Auvergne. Ranquet, Henri du, « À travers le passé de la paroisse », *Annuaire paroissial pour 1910. Paroisse de Saint-Genès des Carmes*, Clermont-Ferrand, Librairie catholique, 1910, p. 141-142 ; Courtille, Anne, *Auvergne, Bourbonnais, Velay gothiques, les édifices religieux*, Paris, Picard, 2002, p. 207, 321.

dominicain à Anvers, le provincial de Teutonie demande au sous-prieur du couvent de Louvain au début des années 1240 d'« obtenir un endroit qui puisse offrir suffisamment d'espace pour l'accueil des fidèles lors des prédications[51] ». De même, l'archevêque de Pise Federico Visconti (1263-1267) prend l'exemple de l'église franciscaine de la ville pour illustrer le lien entre l'exiguïté de l'espace ecclésial et l'efficacité de la prédication[52]. L'existence d'auvents au-dessus des portails des églises conventuelles, destinés notamment à abriter le prédicateur en cas de pluie, est attestée à plusieurs reprises dans les archives des ordres. Ainsi, le 4 novembre 1386, les carmes de Clermont obtiennent de Jean de Montclard, vicaire général de l'évêque de Clermont, l'autorisation de construire un auvent au-dessus du portail de leur église édifié en 1344[53]. Dans la seconde moitié du XVe siècle, la vue de Clermont extraite du *Registre d'armes ou Armorial d'Auvergne* montre un auvent protégeant les trois baies inférieures de la façade ouest. Celle de Montferrand suggère l'existence d'un porche abritant le portail ouest de l'église[54]. Cependant, jusqu'au milieu du XVe siècle, aucun texte ne documente les sermons prononcés par les frères dans les églises conventuelles. Ceux-ci participent pourtant pleinement de la liturgie de la messe[55]. C'est pourquoi dans l'église – notamment chez les dominicains – la chaire est fréquemment placée près de la clôture du chœur afin que les fidèles voient et entendent le discours du prêtre[56]. Un sermon prononcé par un frère dans une église

51 Diercxsens, Jean-Charles, *Antverpia Christo et crescens*, Anvers, J. H. Soest, 1773, tome 1, p. 253.

52 Exemple cité et traduit en français par Volti, Panayota, *Les couvents des ordres mendiants...*, *op. cit.*, p. 30 : « Si en effet (les églises) sont exiguës comme celle-ci, les hommes ne s'y rendent pas volontiers pour écouter la parole divine et y retournent difficilement en se disant mutuellement : je ne veux pas m'y rendre, parce que l'autre jour, je m'y suis senti opprimé et que jusqu'à ce moment j'ai mal à la tête ou aux pieds, et d'autres propos analogues », *Si enim sunt breves sicut ista, male libentur ibi morantur homines audire divina et predicationes et peius revertantur alia vice dicentes ad invicem : nolo illuc venire, quoniam talen stricturam ibi alio die habui, quod adhuc doleo caput vel pedem et huiusmodi talia* (f° 82v), Bihl, Michael, « E sermonibus Friderici de Vicecomitibus, archiep Pisani, de S. Francisco (1263-1267) », *Archivum Franciscanum Historicum*, 1, 1908, p. 653.

53 Archives Départementales du Puy-de-Dôme, 21 H 4, pièce 140.

54 *Registre d'armes ou Armorial d'Auvergne, dédié par le hérault Guillaume Revel au roi Charles VII*, Bibliothèque Nationale de France, Fonds français, Ms Fr. 22 297.

55 Pour ne citer qu'un exemple, chez les dominicains, les sermons sont prononcés après la lecture de l'Évangile, Mortier, Daniel-Antonin, *Histoire des maîtres généraux de l'ordre des frères Prêcheurs*, Paris, Picard, 1903, p. 508.

56 *Idem*, p. 510.

paroissiale peut émaner des consuls, c'est-à-dire des représentants de la communauté urbaine. Ces demandes peuvent concerner des prédicateurs mendiants itinérants[57] ou les communautés mendiantes de la cité[58]. À Saint-Flour, Albert Rigaudière a constaté les relations cordiales existant entre les consuls et les frères Prêcheurs, ces derniers intervenant parfois dans les affaires de la communauté urbaine. Les dons et cadeaux offerts aux frères, dans le cadre notamment de la prédication, témoignent de cette bonne entente[59]. La prédication mendiante n'est toutefois pas limitée aux espaces sacrés. Elle peut également se dérouler en plein air.

Dans les diocèses d'Auvergne, la prédication en plein air la plus connue est celle de Vincent Ferrier. D'après Roger Sève, qui a étudié son itinéraire, Vincent Ferrier prêche environ quinze jours en septembre 1416 à Saint-Flour, puis fait une étape d'une durée similaire au Puy au mois d'octobre. À la fin du mois de novembre, il entre à Clermont où il séjourne environ un mois durant la période de l'Avent. Entretemps, il se rend à Montferrand et à Riom[60]. Dans tous ces lieux, il exerce en plein air. À Clermont, Roger Sève suggère que la prédication a eu lieu au Champ Herm situé *extra-muros* au nord-est de la ville, entre la Porte Champet près de l'église Notre-Dame-du-Port et le couvent des dominicains[61]. Les dominicains de Clermont auraient en effet conservé l'estrade sur laquelle le frère aurait prêché jusqu'au XVIIIe siècle[62]. À Riom, Vincent Ferrier aurait prêché dans la rue, en face de l'horloge[63]. Le frère peut prêcher plusieurs fois par

---

57 « Item le samedi VIe jour de novembre vint à montferrand ung augustin qui est filli debordon pour precher à l'eglize notre dame à la requeste de nostre commune et de nous et fu despandu pour li et son companhon et aucuns des habitans pour boyre devers soer deux quartes de vin any confin deux onsses monte tout : II s. », Archives Départementales du Puy-de-Dôme, 3 E 113 Fonds II, CC 173, f° 19, 6 novembre 1400.

58 « Item fos donat al prior dels frayres predicadors par lo sermo general que fes lo premier jorn de caresma à la requesta dels senhors cossols coma es de bona coustuma far chascun an : XX s. », Archives Municipales de Saint-Flour, chap. XI, article 2, f° 42, 1421-1422.

59 Rigaudière, Albert, *Saint-Flour, ville d'Auvergne au Bas Moyen Âge…*, *op. cit.*, p. 695, 697.

60 Sève, Roger, « Saint Vincent Ferrier à Clermont », *Mélanges d'histoire du Moyen Âge dédiés à la mémoire de Louis Halphen*, éd. C.-E. Perrin, Paris, Presses Universitaires de France, 1951, p. 670-671.

61 *Idem*, p. 669.

62 « Quem annum 1407 in Arvernia finivit per adventum Claromonte concionatus, ubi cathedra ejus adservatur, sed in duas scissa partes, cujus pars in ecclesia cathedr., pars in proprii ordinis conventu visitur », *Acta sanctorum*, Apr., I, « Commentarius praevius », p. 481.

63 Chabrol, M., *Coutumes générales et locales de la province d'Auvergne*, Riom, Martin Dégoutte, 1786, tome IV, p. 456.

jour, le matin et le soir. L'objet de ses sermons est partiellement connu. L'essentiel des thèmes provient de la Bible, des épîtres et des évangiles[64]. La prédication en plein air peut en outre être associée à une fête ou à une procession. C'est le cas à Montferrand le 26 avril 1355 : « *Item a XXVI jours dabrial feimes feire una processio general per la patz et lo fruit de terra maire. Et feimes prezicar a la Rodada a un fraire menor, e donemes aus fraires menors pa e vi que costet : VIII s.*[65] ». La prédication a lieu au lieu-dit la Rodade, localisé *extra-muros* au nord-ouest de la ville. Aucun aménagement spécifique n'est mentionné pour ce type de prédication. À Montpellier, la chronique romane du *Petit Thalamus* atteste le lien entre procession et sermon dès 1323. Prononcés une fois la procession terminée, les sermons précisent la raison d'une telle cérémonie. Ils peuvent également acquérir une fonction d'information et de communication[66].

Définir les espaces de la prédication n'est guère plus aisé. À la fin du XIIIe siècle, la législation des différents ordres tente de délimiter des aires de prédication et de quête à l'extérieur des couvents[67]. Les

64 Sève, Roger, « Saint Vincent Ferrier à Clermont », art. cité, p. 669. Par exemple, voir : Brunel, Clovis, « Un plan de sermon de saint Vincent Ferrier », *Bibliothèque de l'École des Chartes*, tome LXXXV, n° 1, 1924, p. 110-117.

65 Archives Départementales du Puy-de-Dôme, 3 E 113 Fonds II, CC 164, 26 avril 1355. Document publié par Lodge, Anthony, *Les comptes des consuls de Montferrand (1346-1373)*, *op. cit.*, p. 176.

66 Derens, Jean-Arnault, « La prédication et la ville : pratiques de la parole et "religion civique" à Montpellier aux XIVe et XVe siècles », *La prédication en Pays d'Oc* (XIIe – début XVe siècle), Toulouse, Privat, Cahiers de Fanjeaux, 32, p. 340-345.

67 La section *De itinerantibus fratribus* des *Constitutions* dominicaines de 1228 définit les obligations liturgiques, spirituelles et matérielles auxquelles les religieux sont soumis lorsqu'ils se déplacent hors du couvent notamment pour prêcher. La section *De scandalo predicationis* recommande aux frères de ne pas être malveillants envers le clergé local dans leurs sermons. La section *Ubi non audeant predicare fratres* encadre les relations avec l'évêque du diocèse dans le cadre de la prédication. Denifle, Heinrich von, « Die Constitutionen des Predigerordens vom Jahre 1228 », art. cité, p. 224 / Vicaire, Marie-Humbert, *Saint-Dominique de Caleruega d'après les documents du XIIIe siècle*, Paris, Éditions du Cerf, 1955, p. 180-181. En 1244, le chapitre général de Bologne demande à ce que la quête effectuée hors de la zone terminaire d'un couvent soit autorisée par le prieur du couvent ou de la province. *Acta capitulorum generalium Ordinis Praedicatorum*, éd. A. Frühwirth et B. M. Reichert, Rome, Domo Generalitia, Ex Typographia Polyglotta S. C. de Propaganda Fide, 1898, tome III, vol. I, p. 29. Chez les franciscains, en 1260, les *Constitutions* de Narbonne créent les zones terminaires pour le développement de la prédication. Bihl, Michael, « Statuta generalia ordinis edita in capitulis generalibus celebratis Narbonae an. 1260, Assisii an. 1279 atque Parisiis an. 1292 », *Archivum Franciscanum Historicum*, 34, 1941,

zones terminaires (*termini*) sont des territoires sur lesquels l'activité de prédication et la quête sont l'apanage d'un couvent mendiant urbain. Les limites sont déterminées par l'existence de zones terminaires voisines fixées par d'autres couvents. Dans les diocèses d'Auvergne, Ludovic Viallet a mis en évidence chez les franciscains divers conflits qui, seuls, permettent de connaître l'existence et le bornage de ces territoires. Un acte du 2 janvier 1385 rapporte le désaccord existant entre la communauté des frères de Montferrand et ceux du couvent de Montbrison, localisé à l'extrême ouest du diocèse de Lyon. Les frères de Montferrand interdisent en effet à leurs voisins de quêter à Ambert et dans les environs, c'est-à-dire dans les marges orientales du diocèse de Clermont[68]. Quelques années plus tard, à l'ouest du diocèse de Clermont éclate un conflit opposant les franciscains de Clermont aux frères des couvents de Limoges et de Brives, situés dans la custodie de Limoges dans la province d'Aquitaine[69]. La création de ces zones répond à des besoins multiples : encadrer l'apostolat des différents ordres afin d'éviter la concurrence, favoriser la *cura animarum* et s'assurer de revenus suivis au moyen de quêtes régulières. Elle peut entraîner de véritables négociations entre les couvents. Dès 1270, des négociations sont ainsi initiées entre les dominicains de Strasbourg et ceux de Fribourg pour déterminer les aires de prédication et de quête attribuées à chacune des communautés[70]. En 1336, le couvent de Zierikzee obtient la zone terminaire du couvent dominicain de Bruges en échange de 80 florins[71]. Les auberges et hôtels où les frères font étape lors de leurs périples sont des relais indispensables pour le bon déroulement de l'apostolat mendiant. Aucun établissement de ce type n'est connu dans les diocèses d'Auvergne, ce qui ne signifie

p. 37-94, 284-319. En 1292, le chapitre général de Paris définit à nouveau les zones terminaires, en raison notamment de la multiplication des fondations. Sur ce point, se reporter à Charles-Marie de la Roncière, « Les Mineurs et les campagnes européennes au XIIIe siècle : prédication et évangélisation », *Alle frontiere della Critianità, I frati mendicanti e l'evangelizzatione tra '200 e '300, Actes du 28e congrès international d'Assise*, Assise, 12-14 octobre 2000, éd. Società internazionale di studi francescani, Spolète, Centro italiano di studi sull'alto medioevo, 2001, p. 25.

68 Archives Départementales du Puy-de-Dôme, 31 H 10.

69 Archives Départementales du Puy-de-Dôme, 30 H 4, vidimus du 8 juillet 1399.

70 Turck, Sandrine, *Les dominicains à Strasbourg entre prêche, prière et mendicité (1224-1420)*, Strasbourg, Société savante d'Alsace, 2002, p. 55-56.

71 Exemple cité dans Meerssemann Gilles-Gérard, « Les débuts de l'ordre des frères Prêcheurs dans le comté de Flandres », *Archivum Fratrum Praedicatorum*, vol. 17, 1947, p. 26.

pas pour autant leur absence. Jusqu'au début du XVe siècle, les prédicateurs exerçant dans les villes semblent majoritairement issus des couvents urbains du diocèse. Ainsi à Montferrand, en l'absence de précisions sur l'origine géographique des prédicateurs, l'on peut suggérer que ceux-ci proviennent du couvent des franciscains, seul ordre mendiant implanté dans la ville[72]. Les espaces de circulation des frères paraissent donc internes aux villes du diocèse mais n'empêchent pas les déplacements dans les différents diocèses (voir carte annexée, FIG. 2). Par exemple, en 1400, un franciscain de Brioude (diocèse de Clermont) se rend à Saint-Flour dans le diocèse voisin pour prêcher durant le Carême[73].

Ainsi, dans les diocèses d'Auvergne, les modalités de la prédication telles qu'elles sont attestées jusqu'au début du XVe siècle (formes de la prédication, rémunération des prédicateurs, lieux d'exercice) semblent conformes à ce qui a pu être observé dans l'ensemble du Royaume de France. Les conflits concernant le développement de l'apostolat qui émergent à la fin du XIVe siècle à l'est et à l'ouest du diocèse de Clermont semblent significatifs d'un rapport particulier des frères à l'espace. Ce rapport se complexifie avec la multiplication des fondations de couvents dans la seconde moitié du XVe siècle.

72 « Item per lo frayre que pressiguet lo dumi[ni] de la Trinitat [21 juin 1356] per la pas, prt I sisteyr de vi et per par : XVIII s. », Archives Départementales du Puy-de-Dôme, 3 E 113 FDS II CC 164, 21 juin 1356 ; « Item per lo prezent que fo donat al fraire que preziguet lo jorn de l'Asencio : X s. », Archives Départementales du Puy-de-Dôme, 3 E 113 FDS II CC 167, 1364-1365.

73 « Item al frayre menor de Brioude par so quar prediquet la pacion lo jorn del venre saint par so : XX s. », Archives Municipales de Saint-Flour, chap. XI, article 2, f° 145, 1400.

ÉVOLUTION DE LA PRATIQUE DE LA PRÉDICATION MENDIANTE EN AUVERGNE (V. 1430 – V. 1530)

Au cours du XVe siècle, la législation des ordres effectue des rappels concernant les modalités de la prédication et de la quête[74]. Malgré la multiplication des fondations, notamment chez les franciscains, la législation ne semble pourtant pas plus précise dans ses recommandations. Les textes documentant la prédication sont quant à eux plus nombreux. Hervé Martin a noté ce phénomène pour la France septentrionale. C'est également le cas dans le centre de la France[75].

En premier lieu, les textes mettent en lumière la reconnaissance de la communauté urbaine pour l'art de prêcher. Celle-ci peut être évaluée par la quantité de locuteurs et de sermons dénombrés, par l'observation d'une préférence de la communauté pour certains ordres et par l'augmentation de la rétribution attribuée aux ministres de la parole. D'un point de vue quantitatif, les travaux d'Hervé Martin ont montré qu'à Clermont, 71 religieux prêchent jusqu'au début du XVIe siècle. Le Carême et l'Avent, mentionnés dès la fin du XIVe siècle à Montferrand, constituent deux moments de l'année liturgique particulièrement propices à la prédication. 31 locuteurs ont été dénombrés à Saint-Flour. Tous ne sont pas mendiants certes, mais le terme répété de « beau père » concerne certainement des

74 Chez les dominicains, le chapitre général qui a lieu à Lyon en 1450 évoque les modalités de la quête accompagnant la prédication et détermine les sanctions encourues en cas de transgressions des règles. *Acta capitulorum generalium Ordinis Praedicatorum*, éd. A. Frühwirth, B. M. Reichert, Rome, Domo Generalitia, Ex Typographia Polyglotta S. C. de Propaganda Fide, 1900, tome 8, vol. III, p. 253. Ces recommandations sont rappelées en 1468 lors du chapitre général de Rome et en 1491 au chapitre général du Mans. *Op. cit.*, p. 309, 395. Chez les franciscains, les Constitutions martiniennes de 1430 demandent aux frères d'obtenir une autorisation auprès de l'évêque pour prêcher. De plus, seuls les frères acceptés par le ministre général peuvent prêcher. En 1443, les Constitutions cismontaines attribuent la fonction de quêter à des *questuarii* qui doivent se rendre dans les zones terminaires pour quêter. Ils sont envoyés par le gardien du couvent. *Chronologia historico-legalis Seraphici Ordinis Fratrum Minorum Sancti Patris Francisci*, éd. G. da Venezia, Venise, A. Bortoli, 1650, p. 91-92, 105-107. Il en va de même chez les carmes où des sanctions et des peines sont prévues si les frères quêteurs sortent des *termini* du couvent ou de la province. *Constitutions des grands carmes*, ms de Lunel, XVe siècle, transcription par P. de Saint-Joseph, M.-J. du Sacré-Cœur, s.l.n.d., p. 21.

75 Martin, Hervé, *Le métier de prédicateur…*, *op. cit.*, p. 30.

prédicateurs mendiants. En effet, pour la France septentrionale, Hervé Martin a démontré que les ordres mendiants constituent « l'écrasante » majorité des orateurs parmi les prédicateurs attestés et probables, les chiffres avancés correspondant par exemple aux effectifs des ordres principaux en Bretagne[76]. Clermont et Saint-Flour appartiennent alors à la catégorie des villes où les prédicateurs sont nombreux comme Troyes (28), Nanterre (46) ou Amiens (220)[77]. L'historien estime en outre qu'environ 1600 sermons ont été prononcés durant cette période[78]. Ce nombre est similaire à Troyes (1100 à 1200), Auxerre (1300) ou Morlaix (1500)[79]. L'évaluation quantitative ne suffit pas à comprendre les mécanismes de l'évolution des pratiques de la prédication. Au cours du XVe siècle en effet apparaît dans les textes la notion d'éloquence. La communauté reconnaît les « beaux et notables sermons », qu'ils soient l'œuvre de prédicateurs connus localement[80] ou étrangers à la ville[81]. Cette reconnaissance de la part de la communauté est-elle proprement urbaine ? Les villages de campagnes situés dans les zones terminaires des couvents sont en effet sillonnés régulièrement par les prédicateurs. Pourtant, dans les diocèses d'Auvergne rares sont les textes documentant l'impact du discours des frères sur les fidèles. Un acte de 1432 conservé dans les archives du couvent franciscain de Clermont évoque en outre les revenus peu importants fournis par la quête dans le pays d'Auvergne[82].

---

76 Martin, Hervé, *Le métier de prédicateur…*, *op. cit.*, p. 45-47.

77 Martin, Hervé, « La prédication comme travail reconnu et rétribué à la fin du Moyen Âge », art. cité, p. 396.

78 *Op. cit.*, p. 396.

79 Martin, Hervé, *Le métier de prédicateur…*, *op. cit.*, p. 152.

80 « Item plus ont payé lesdis consulz et par les mains dudit Faydit theseurier au pere reverend frere Anthoine de Boser docteur de l'ordre saint Francoys la somme de douze livres dix solz tournois que luy fuste ordonnee estre bailhee pour ses poines et travaulx d'avoir fait en ladite ville et habitans plusieurs beaulx notables sermons durant la caresme dernierement passee tant de matin que apres disner comme appert par mandement desdit consulz et quictance dudit pere reverend cy rendu pour ce icy : XII l. X s. tournois », Archives Départementales du Puy-de-Dôme, 3 E 500/68, f° 38, 1481.

81 « Item per voluntat et deliberacion dels senhors juratz de cossolat ont donat a ung notable frayre predicador apelat frayre Vidal del convent dez predicadors de Tholosa lo quals afaitz ayssi XV bels et notables sermos et molt ben instruit lo poble de plusors belas doctrinas tant en comptant comma en administracion d'alcuna partida desa despensa que afayta ayssi ains sos dos companhos tant quant say ademorant per so X moltos d'or que valont : VIII l. », Archives Municipales de Saint-Flour, chap. XI, article 2, f° 62, 1438-1439.

82 Il s'agit d'un acte royal dont l'objet principal est un faux-monnayeur. Archives Départementales du Puy-de-Dôme, 30 H 7.

En ville, la prédication mendiante est donc prégnante par rapport à la prédication des séculiers par le nombre de locuteurs, la qualité et l'efficacité des sermons. À Clermont, 2 prédicateurs sur 52 sont des séculiers entre 1400 et 1520[83]. De même, à Besançon entre 1440 et 1512, 3 prédicateurs seulement sur 49 sont des séculiers[84]. La préférence des autorités consulaires pour les prédicateurs mendiants est un autre facteur de leur quasi monopole du ministère de la parole. Dans les villes accueillant un couvent mendiant, la logique voudrait que les frères du couvent occupent une place prépondérante dans l'art de prêcher. Les exemples de Montferrand (un couvent franciscain)[85] et de Saint-Flour (un couvent dominicain) démontrent que l'implantation d'un couvent mendiant dans l'espace urbain n'interdit pas la venue d'autres prédicateurs. Saint-Flour est un lieu de passage privilégié de prédicateurs mendiants, certains d'entre eux venant notamment de Toulouse ou de Tarascon[86]. La localisation de la ville sur la route reliant le royaume de France au Languedoc pourrait constituer une explication à cette situation qui n'est pas documentée par ailleurs en Auvergne. Le même phénomène est attesté à Padoue en Italie au début du XVe siècle. Bien que la cité abrite plusieurs couvents mendiants, les autorités urbaines, civiles et ecclésiastiques, effectuent des « commandes » de cycles de prêches à des prédicateurs mendiants renommés, notamment pour la période de l'Avent[87].

83 Martin, Hervé, *Le métier de prédicateur…*, *op. cit.*, p. 165.

84 Gauzente, Boris, *Les abbayes et couvents de Besançon à la fin du Moyen Âge (1350-1500) : des établissements urbains entre crise et renaissance. Implantation, organisation et relations extérieures*, Thèse de Doctorat d'histoire sous la direction de J. Theurot, Université de Franche-Comté, Besançon, 2008, p. 771-776.

85 « Plus ledit XVIIIe jour de novembre fut donné deux quartes de vin au custode de la province de saint francoys et en paya ledit consul III solz IIII deniers et nous permist bailler ung prescheur. », Archives Départementales du Puy-de-Dôme, 3 E 113 FDS II CC 243, f° 38r, 18 novembre 1529.

86 « Item lodit jour fos donat par los senhors cossols a maistre Bertrand maistre en theologia del covent dez predicadors de Tarasco per so quar era vengutz ayssi et avia servida la communitat de plusors bels notables sermos et messas et so par VIII jours per so aluy : VI moltos », Archives Municipales de Saint-Flour, chap. XI, article 2, f° 19, 1436-1437 ; « Item per voluntat et deliberacion dels senhors juratz de cossolat ont donat a ung notable frayre predicador apelat frayre Vidal del convent dez predicadors de Tholosa lo quals afaitz ayssi XV bels et notables sermos et molt ben instruit lo poble de plusors belas doctrinas tant en comptant comma en administracion d'alcuna partida desa despensa que afayta ayssi ains sos dos companhos tant quant say ademorant per so X moltos d'or que valont : VIII l. », Archives Municipales de Saint-Flour, chap. XI, article 2, f° 62, 1438-1439.

87 Gallo, Donato, « Predicatori francescani nella cattedrale di Padova durante il '400 », *Predicazione e società veneta nel Quattrocento. Committenza, ascolto e recezione, Actes du 2e congrès*

Les cadeaux obtenus par les prédicateurs témoignent également de la reconnaissance de la communauté urbaine. Les termes employés pour désigner la gratification des locuteurs diffèrent peu de ceux employés jusqu'au premier tiers du XVe siècle. Les consuls donnent[88], payent[89] et fournissent[90] une rémunération en nature ou en argent. Au début du XVIe siècle, cette rémunération est considérée comme un salaire[91]. Ce changement de vocable est assez tardif. En Italie, le terme apparaît pour la première fois en 1442 et devient fréquent dans les années 1480[92]. Une évolution est également perceptible dans les modalités de la rémunération. Dans certains cas, le motif de la rémunération est précisé comme par exemple l'entretien du cheval du prédicateur ou de son compagnon[93]. La nature de la gratification, en argent ou en nourriture, ne change pas. Cependant, la somme allouée

international d'études franciscaines, Padoue, 25-27 mars, 1987, *Le Venezie francescane*, nouvelle série, tome VI, 1989, p. 159-199.

88 « Item a XIX deldit mes de fevruer fos lo premier jour de caresma et a coma es de bona costuma ledit senhor cossol feront dire lo sermo a frere Peyre Guytart prieur del orde es predicadors de saint flour ala grand gleysa de saint flour et par sa pena et trebalh luy foront donat : VIII s »., Archives Municipales de Saint-Flour, chap. XI, article 2, f° 74, 19 février 1451.

89 « A esté conclud et ordonné que touchant le beau père on luy doura ung don jusques à soixante solz lesquieulx la ville payera touchant lez aultres despances que se feront à cause de la reparation desdits », Archives Départementales du Puy-de-Dôme, 3 E 500/138, 1490.

90 « Je certifie que mondit seigneur le consul Terlier a payé et fourny pour faire les distributions [mot illisible] fait pour frere Guillaume Cebazat a l'eglise des cordeliers le samedi XVIe decembre la somme de dix solz dix deniers chascun la messe la somme de dix solz tournois fait lesdits jour et an », Archives Départementales du Puy-de-Dôme, 3 E 113 Fonds II CC 403, f° 5v, 16 décembre 1526.

91 « Item pour son salaire d'avoir presché lesdits advens a esté bailhé audit mestre et prescheur comme appert par certiffication par ledit Pellisson », Archives Départementales du Puy-de-Dôme, 3 E 113 Fonds II CC 230, f° 33v, 1516.

92 Dessi, Rosa Maria, « La prophétie, l'Évangile et l'État. La prédication en Italie au XVe et au début du XVIe siècle », *La parole du prédicateur (V^e^-XVe siècle)*, éd. R. M. Dessi, M. Lauwers, Nice, Z'éditions, 1997, p. 405.

93 « En la presence des notaires et tesmoins si desoubz escriptz reverend père frere Pierre Reynault docteur de l'ordre des carmes de Clermont a confessé avoir heu et receu des consulz de ladite ville et par les mains que dessus la somme de six livres tournois pour avoir presché en ceste ville tous les jours de caresme darnier passé plus à Jehan de la Besse par les despenses de son cheval toute ladite caresme quinze solz tournois dung solz tournois que furent [mot illisible] estre [mot illisible] à son compaignon et dix huit solz six deniers par despense que lesdits consulz firent durand ladite caresme par ledit prescheur que monte somme toute huit livres treize solz six deniers tournois presens à ce Jehan Albiat Anthoine Petit Pierre Saigue et Jacques Aynard et plusieurs autres fait le XXIIe jour d'avril l'an 1487 », Archives Départementales du Puy-de-Dôme, 3 E 113 Fonds II CC 362, f° 8, 22 avril 1487.

est plus importante[94] et la liste des dons pour la nourriture et l'entretien du prédicateur lors de son séjour peut s'étendre sur plusieurs lignes[95] ! Une certaine régularité du montant peut être observée. À Clermont dans le dernier tiers du XVe siècle, 10 livres tournois sont habituellement données au prédicateur[96]. Des différences existent toutefois au sein d'une même ville selon la période de l'année. En 1494, à Montferrand, le frère qui prêche le Carême reçoit 40 livres[97] tandis que le « beau père » de l'Avent 1532 reçoit une gratification de 8 sous[98]. De plus, les prédicateurs n'hésitent pas à demander une gratification aux consuls de la ville. Ces demandes sont attestées à Saint-Flour dès 1406 et à Clermont en 1497[99].

À l'extérieur des couvents, une redéfinition des territoires de quêtes favorise le développement de la prédication. La fondation de couvents franciscains observants au cours du XVe siècle fait éclater divers conflits.

94 « Presentement estably frere Jehan de Paris religieux de saint francoyz qui confesse avoir eu et receu de Gabriel Aynard consul de Montferrand par et la somme de quatre livres tournois pour faire la despense du frere et beaupere qui presche ceste presente caresme en ceste ville de Montferrand et par Estienne Bonhomme et Pierre Maistre le XIIIIe jour de mars l'an 1494 », Archives Départementales du Puy-de-Dôme, 3 E 113 Fonds II CC 370, f° 3, 14 mars 1494.

95 Archives Départementales du Puy-de-Dôme, 3 E 113 Fonds II CC 245, f° 8v°, 25 février 1531.

96 « Item à pere reverend frere Jehan Berthelemy pour plusieurs nottables sermons qu'il avoit fait la caresme d'avril passee dix livres tournois [...] ; Item plus ont poyé lesdis esleuz pour les mains dudit Pierre Mazeyroles à reverend pere frere Jehan Beate religieulx de l'ordre de saint Francoys la somme de dix livres tournois et ce pour plusieurs notables sermons par luy faitz tout au long du caresme darnierement passé et ce fut ordonné luy estre donné en une consscultacion par lesdis esleuz faicte le vendredi XIe jour de ce present moys d'avril ainsi que plus à plain est contenu par ung mandement signé desdis esleuz et pour quictance dudit frere Jehan Beate donnee le XIXe jour d'avril l'andit pour ce icy : X s. tournois ; Plus a esté donné par ordonnance desdis conseilhier audit de Lyra pour avoir presché ledit caresme la somme de dix livres tournois pour ce ycy : X l. tournois. Ainsi qu'il appert par quictance dudit de Lyra (veriffié par la dite quictance datee du premier jour de juing l'an mil [498] », Archives Départementales du Puy-de-Dôme, 3 E 500/47, 1462 ; 3 E 500/64, f° 33, 1477 ; 3 E 500/84, 1498.

97 *Cf.* note 88.

98 « Plus pour ung bar cher et autre poisson donné audit beau pere huit solz appert par certification dudit Druays du XIIIe decembre parce », Archives Départementales du Puy-de-Dôme, 3 E 113 Fonds II CC 246, f° 45r, 20 décembre 1532.

99 « Item ont donat los senhors cossols al lector dels frayres predicadors de saint flour par so que sermonet lo venrers saint et a demandat almorna als senhors cossols : XX s. », Archives Municipales de Saint-Flour, chap. XI, article 2, f° 59, 1405-1406 ; « Plus que le prescheur demande estre payé ou que plaise la ville luy donner ce qu'on a acoustumé donner es aultres prescheurs. », Archives Départementales du Puy-de-Dôme, 3 E 500/159, 1492.

En effet, entre 1430 et 1472 sont fondés les couvents observants de Murat dans le diocèse de Saint-Flour (1430), la Cellette (1448), Châteldon (1463) et Vic-le-Comte (1472) dans le diocèse de Clermont (voir carte annexée, FIG. 1). L'implantation de communautés de frères entraîne une nouvelle géographie mendiante. Elle modifie en outre les aires de prédication et de quête établies par les ordres antérieurement installés. Ces derniers réagissent donc pour conserver le monopole de l'apostolat. C'est le cas dans le nord du diocèse de Clermont où un tour de prédication est défini pour la ville d'Aigueperse. Ce calendrier des prédications est organisé à l'initiative des consuls entre 1392 et 1530. Il concerne les dominicains et les carmes de Clermont, les franciscains de Riom et les augustins d'Ennezat. Il encadre les tours de prédications et les aumônes réalisées à cette occasion[100]. Une telle organisation est attestée précocement dans les villages proches d'Avignon dans le Comtat Venaissin. À Pont-sur-Sorgues, les registres de comptes de la paroisse témoignent de la présence de deux prédicateurs mendiants chaque dimanche. Les prédicateurs se rendent dans le village par deux. Les ordres semblent s'être relayés dans un tour de prédication. Les produits de la quête, estimés jusqu'au début du XVe siècle, sont importants puisque le vin est par exemple collecté dans des tonneaux[101]. L'implantation de nouvelles communautés, notamment en milieu rural, entraîne un resserrement du maillage conventuel mendiant. Cette topographie permet aux prédicateurs une circulation et un accès plus aisés aux différents couvents qui constituent des relais appréciables lors des campagnes de prédication et de quête dans les zones terminaires. L'exemple du couvent de La Cellette (1448), situé à huit lieues de Clermont à la limite des diocèses de Clermont et de Limoges, est intéressant[102]. Dès sa fondation, l'église est consacrée à saint François. Le fondateur de l'ordre devient rapidement le protecteur du bétail des fidèles qui célèbrent l'office avec les frères les

100 Culhat, Jean-Baptiste, « Inventaire des archives d'Aigueperse », *L'Auvergne historique*, 18e année, 1914, p. 169.

101 Lenoble, Clément, « Les mendiants au village. Quêtes et prédication autour d'Avignon à la fin du Moyen Âge (XIVe-XVe siècle) », *L'Église au village. Lieux, formes et enjeux des pratiques religieuses*, Toulouse, Privat, Cahiers de Fanjeaux, 40, 2006, p. 329, 336.

102 La fondation du couvent n'est connue que par une copie du contrat de donation faite aux franciscains du couvent de la Cellette, dans la forêt de Chavanon par l'abbé et les religieux de l'abbaye de Mausac en 1448, Archives Départementales du Puy-de-Dôme, 28 H 1.

dimanches à la belle saison[103]. Seules des relations privilégiées avec les fidèles peuvent permettre la mise en place de l'apostolat par les frères observants. La répartition des zones de prédication et de quête peut cependant faire l'objet de véritables négociations, comme cela a été observé avant le début du XVe siècle. En 1509, le couvent de Liège cède aux dominicains le droit de prêcher et de quêter sur un territoire se trouvant dans la région de Saint-Vith pour une durée de douze ans. En échange, le couvent liégeois perçoit une pension annuelle de 32 florins de Horne[104]. Force est de constater de notables différences dans la mise en place et la conservation du monopole du ministère des âmes selon les régions. Dans les diocèses d'Auvergne, les communautés de frères ne semblent pas établir une quelconque stratégie dans l'organisation de l'apostolat mais s'adapter aux situations locales. Leur réaction face aux conflits générés par cette question paraît étayer cette hypothèse.

Les conflits liés à la prédication et à la quête ne sont pas nouveaux (voir *supra*). Au début du XVIe siècle, la définition des zones terminaires demeure problématique. Une ordonnance de l'évêque de Clermont Jacques d'Amboise en faveur des dominicains, des franciscains, des carmes et des clarisses interdit aux franciscains observants de Vic-le-Comte, de la Cellette et aux clarisses d'Aigueperse de quêter dans la cité épiscopale[105]. Cette ordonnance montre que les conflits ne concernent plus les membres d'un même ordre mais les quatre principaux ordres les plus anciennement installés dans la cité épiscopale. Elle met également en lumière la géographie des couvents observants qui cherchent à leur tour à obtenir une place de choix dans l'apostolat et à récolter le produit de leurs sermons. Les couvents mis en cause sont éloignés de Clermont de 25 à 70 kilomètres, ce qui constitue un indice de l'étendue des zones terminaires et des changements opérés dans le rayonnement des frères à l'extérieur des enclos conventuels.

À la fin du XVe siècle, la pratique même de la prédication semble évoluer. En 1490, l'évêque de Clermont Charles de Bourbon adresse une requête aux abbés, aux doyens et aux vicaires paroissiaux de la ville. Les clergés régulier et séculier devront rassembler les fidèles dans les églises

103 Fodéré, Jacques, *Narration historique et topographique des convens de l'ordre Sainct François et monasteres Saincte Claire, érigez en la province anciennement appellée de Bourgogne, a present Sainct Bonaventure*, Lyon, P. Rigaud, 1619, p. 103-113.

104 Bertrand, Paul, *Commerce avec dame pauvreté : structures et fonctions des couvents mendiants à Liège (XIIIe-XIVe siècles)*, Genève, Droz, 2004, p. 298.

105 Archives Départementales du Puy-de-Dôme, 30 H 25, 1509.

dans lesquelles auront lieu des prédications lorsque les franciscains de Montferrand se présenteront pour montrer les reliques de saint François, de saint Amable et la Sainte-Épine afin de recueillir des dons des fidèles[106]. Le contenu de cet acte atteste l'existence d'un lien étroit entre la prédication et la quête – peut-être effectuées par les frères – et la cérémonie de l'ostension des reliques[107]. Une comparaison par analogie montre que dans les deux cas, un discours est véhiculé, soit par le langage, soit par la vue. Déplacer les reliques dans l'espace sacré est un moyen de manifester la présence des saints dans l'assemblée. Dans leurs sermons, les prédicateurs ont fréquemment recours aux vies des saints pour illustrer les recommandations faites au fidèle pour atteindre le Salut. Qui plus est, cette cérémonie contribue à cimenter l'identité collective urbaine. Il n'est pas anodin que les reliques montrées par les franciscains soient celles d'un attribut du Christ rappelant sa Passion, d'un prêtre local de l'époque paléochrétienne et du fondateur de leur ordre. Ne serait-ce pas une volonté des franciscains de rappeler la filiation existant entre le clergé séculier et le clergé régulier dans la célébration de la vie du Christ depuis les fondements du Christianisme ? Lors des prédications dans les églises ou dans les espaces publics, le locuteur renforce également l'identité collective en répondant aux attentes communes du fidèle ou en convoquant dans le discours les autorités ecclésiastiques locales. Cet épisode est révélateur de la mise en place de pratiques du sacré différentes par les frères qui passe par une théâtralisation de la pastorale. Celle-ci n'est pas novatrice puisque des exemples sont attestés à Avignon dans la deuxième moitié du XIVe siècle[108]. À l'automne 1452, à Wroclaw en Pologne, le franciscain Jean de Capistran brandit un crâne de son vêtement au cours d'un sermon. Il vise à témoigner du devenir de l'homme après la mort[109].

106 Lettre de recommandation de l'évêque accordée aux franciscains de Montferrand, Archives Départementales du Puy-de-Dôme, 31 H 9.

107 Sur le cérémonial de l'ostension des reliques et ses significations, voir notamment *Les reliques : objets, cultes, symboles, Actes du colloque international de l'Université du Littoral-Côte d'Opale*, Dunkerque, 4-6 septembre 1997, éd. É. Bozoky, M.-A. Helvétius, Turnhout, Brepols, 1999, 336 p.

108 Chiffoleau, Jacques, « Cultes des saints et pastorale de la sainteté chez les Cordeliers d'Avignon », Le peuple des saints. Croyances et dévotions en Provence et Comtat Venaissin à la fin du Moyen Âge, *Mémoires de l'Académie du Vaucluse*, 7e série, n° 6, 1985, p. 233-234.

109 Exemple cité dans Viallet, Ludovic, *Les sens de l'observance. Enquête sur les réformes franciscaines entre l'Elbe et l'Oder, de Capistran à Luther (vers 1450 – vers 1520)*, Münster, Lit Verlag, Vita regularis 57, 2012, p. 129.

Le succès des frères entraîne dans certains cas une méfiance de la part des curés des paroisses. Chez les franciscains, la fin du XVe siècle est marquée par l'observance franciscaine, fondée sur le retour à un strict respect de la Règle de saint François et à la pauvreté primitive[110]. Cette volonté de réforme religieuse engendre divers conflits à l'intérieur comme à l'extérieur de l'ordre. À Clermont en 1495, le prêche du franciscain observant Étienne Charretier est considéré comme suspect. Des peines d'excommunication sont prononcées à l'encontre des fidèles ayant écouté son sermon et adhéré à ses propos[111]. Ce frère ne semble donc pas avoir prêché de manière « modeste », comme le recommande Marco de Bologne, vicaire général des observants, aux prédicateurs italiens[112]. Le sujet du sermon n'est pas précisé mais il est possible qu'il soit orienté en faveur du pouvoir royal. En Italie, le changement apparaît dès la deuxième moitié du XVe siècle : les prédicateurs observants mettent leur parole au service des autorités urbaines[113]. À Chambéry en 1470, les sermons de deux frères franciscains observants connaissent un certain retentissement auprès des bourgeois de la ville. La cathédrale, trop petite pour accueillir l'assemblée, est alors désertée au profit de l'ancien prieuré Saint-Marcel[114].

Malgré les tentatives de la législation pour redéfinir les espaces et les modalités de la quête, l'apostolat des prédicateurs semble marqué par une adaptation perpétuelle de l'activité aux situations locales parfois conflictuelles. Cette adaptation nécessaire entraîne un changement de la pratique de la prédication dans la définition de l'activité, dans sa rémunération et dans son développement sur les territoires extra-conventuels.

---

110 Merlo Grado, Giovanni, *Au nom de saint François. Histoire des Frères mineurs et du franciscanisme jusqu'au XVIe siècle*, Paris, Éditions franciscaines, 2006, 414 p.

111 Archives Départementales du Puy-de-Dôme, 3 E 113 Fonds I. Le document est publié dans *L'histoire vue de l'Auvergne : choix de documents concernant la Basse-Auvergne et le Puy-de-Dôme, recueillis, présentés et annotés par André-Georges Manry, Roger Sève, Martial Chaulanges*, éd. A.-G. Manry, Clermont-Ferrand, G. de Bussac, 1959, tome 1, fasc. 1, p. 262.

112 Exemple cité dans Dessi, Rosa Maria, « La prophétie, l'Évangile et l'État. La prédication en Italie au XVe et au début du XVIe siècle », *La parole du prédicateur…*, *op. cit.*, p. 409.

113 *Op. cit.*, p. 417.

114 Leguay, Jean-Pierre, « Urbanisme et ordres mendiants : l'exemple de la Savoie et de Genève. XIIIe-XVIe siècles », *Religion et mentalités au Moyen Âge. Mélanges en l'honneur d'Hervé Martin*, éd. S. Cassagnès-Brouquet, A. Chauou, D. Pichot, L. Rousselot, Rennes, Presses universitaires de Rennes, 2003, p. 180.

Dans les diocèses d'Auvergne, les formes et les modalités de la prédication présentent des points communs avec celles attestées dans d'autres régions de France, par exemple sur les thématiques des sermons, la rémunération ou la reconnaissance du prédicateur. Malgré une augmentation quantitative de la documentation au cours du XVe siècle, les lieux de la prédication sont peu précis et demeurent mal documentés. Contrairement aux situations attestées au nord de l'Europe, les zones terminaires font tardivement l'objet de délimitations et sont surtout connues par les conflits entraînés par leur absence. L'action des frères et leur implication dans la *cura animarum* a seulement été esquissée, mais elle a permis de mettre en exergue la place des prédicateurs locaux dans la vie religieuse de la cité. De nombreuses questions restent en suspens. Il serait intéressant par exemple de réaliser une étude statistique sur la rémunération des prédicateurs dans les différentes cités et de retracer le parcours des prédicateurs de passage dans les villes d'Auvergne. Évaluer ville par ville les relations des prédicateurs avec les autorités religieuses et politiques urbaines permettrait par exemple de déterminer d'éventuelles stratégies d'alliance.

Claire BOURGUIGNON
Université Clermont Auvergne
– CHEC

ANNEXE
Lieux de la prédication mendiante en Auvergne

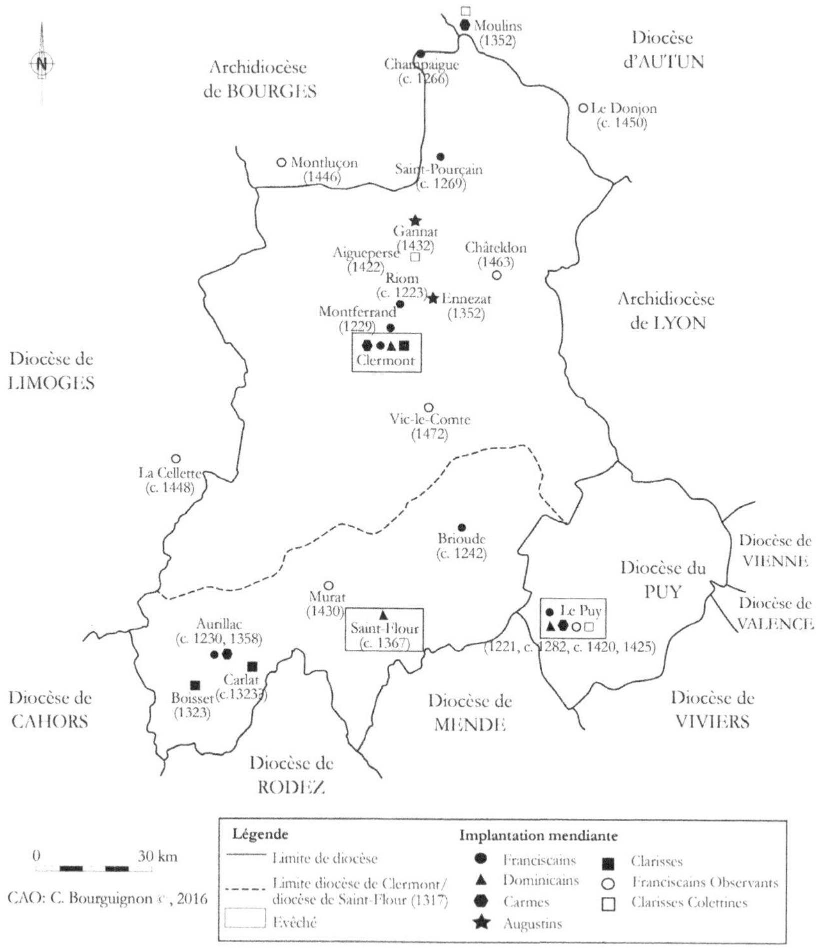

FIG. 1 – Implantation des couvents mendiants en Auvergne.

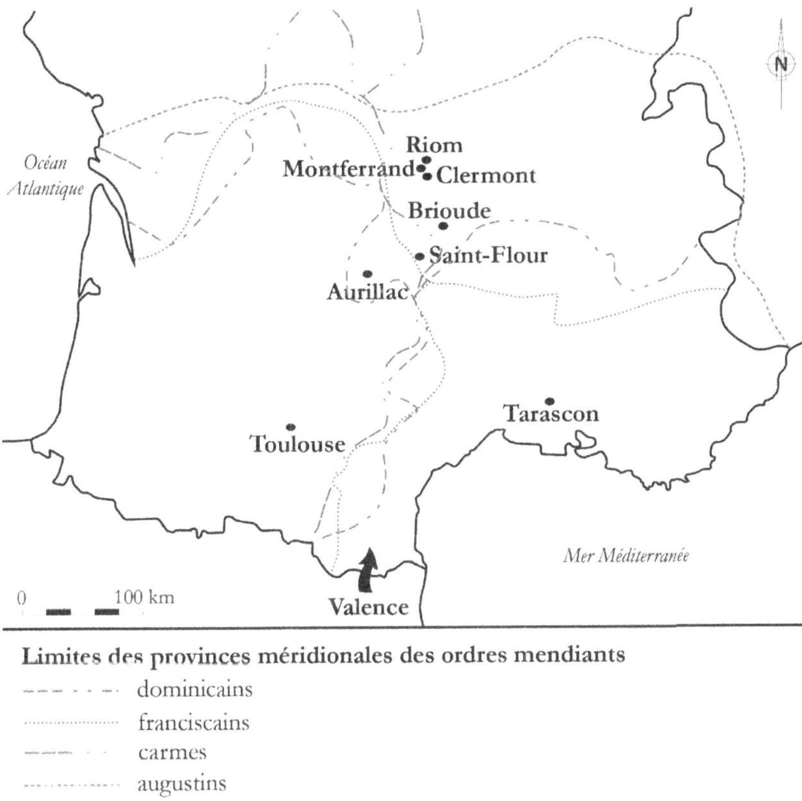

FIG. 2 – Espaces de circulation des prédicateurs mendiants.

CELEBRAZIONI E PREDICAZIONE ALLA VISITAZIONE DI MILANO TRA XVIII E XIX SECOLO

Linee di ricerca[1]

Abbreviazioni comuni

AVM Archivio del Monastero della Visitazione di Milano
ASV Archivio Segreto Vaticano
Circ. Circolare

Nel 1713 venne fondato a Milano il monastero della Visitazione di Santa Maria nell'edificio del soppresso Conservatorio di Santa Sofia da cui prese il nome[2]. La nuova istituzione poté nascere grazie all'interessamento

1 Il presente contributo è tratto da un capitolo della mia tesi di dottorato in Studi storici e documentari dal titolo *Il monastero della Visitazione di Milano (XVIII-XIX secolo). Religione, politica, società*, discussa presso l'Università degli Studi di Milano nell'a.a. 2014-2015. Il progetto di ricerca e il lavoro svolto sono stati seguiti con autorevolezza e competenza dalla Professoressa Paola Vismara la cui morte improvvisa nell'ottobre 2015 non ha impedito, d'altra parte, di vedere sostanzialmente terminata la stesura della tesi. A lei va dunque il mio ricordo affettuoso per lo straordinario rapporto umano e accademico che ha accompagnato i miei studi.

2 Per informazioni relative alla fondazione e alla storia del monastero si vedano: Bossi, Silvia, *Visitandine*, in *Dizionario della Chiesa ambrosiana*, vol. 6, 1993, p. 3979-3980; De Spirito-Devos-Rocca, *Visitandine*, in *Dizionario degli istituti di perfezione*, vol. 10, 2003, p. 160-181; Gorla, Carlo, *Gli inizi del Monastero della Visitazione in Milano*, 1912, Milano; Ronchi, Francesco, « L'Associazione San Francesco di Sales a Milano. 1734-1970 », in *Ricerche storiche sulla Chiesa ambrosiana*, n° 31, 2013, p. 183-222; Sora, Daniela, « La Visitazione tra Lombardia e Francia: i casi di Milano e Grenoble », *Lombardia ed Europa. Incroci di storia e cultura*, Milano, 2014, a cura di D. Zardin, p. 257-274; Vismara, Paola, « Un Monastero nella città: la Visitazione di Milano tra tardo Settecento e Ottocento », *Archivio storico lombardo*, n° 138, 2011, p. 213-237; Ead., « Le monastère de la Visitation et l'ésprit salésien à Milan au XVIIIe siècle », *Visitation et visitandines aux XVIIe et XVIIIe siècles. Actes du Colloques d'Annecy*, Saint-Ètienne, 3-5 juin 1999, B. Dompnier-D. Julia éd., 2001, p. 483-498; Ead., « Settecento religioso milanese, un secolo "salesiano" », *Lombardia monastica e religiosa*, Milano, 2001, a cura di G.-G. Merlo, p. 485-529. Si vedano inoltre:

di varie personalità influenti della città, *in primis* l'oblato Giovanni Battista Tonetta[3], grande sostenitore della spiritualità salesiana. Alcune nobildonne, tra cui Teresa Modrona Visconti e Camilla Barberina Borromea, ebbero un ruolo fondamentale in qualità di benefattrici supportate, inoltre, dal generale consenso della curia milanese che nella personalità dell'arcivescovo Odescalchi trovò un sostegno concreto e duraturo. Il momento della fondazione arrivò dopo numerose difficoltà dovute specialmente ai problemi posti dalla soppressione del preesistente Conservatorio e al ricollocamento delle donne « stabilite ».

La contesa venne definitivamente risolta con il decreto di soppressione pubblicato dalla Congregazione dei vescovi e regolari e firmato dal cardinal Carpegna il 27 marzo 1710[4]. La nuova fondazione poteva quindi aprire le sue porte a Milano. Le prime quattro religiose provenivano dal monastero visitandino di Arona. L'arrivo delle monache evidenzia, sin dall'inizio, una delle caratteristiche peculiari della Visitazione milanese e non solo, vale a dire la grande partecipazione e il coinvolgimento personale di molti esponenti dell'alta società e del mondo politico e religioso non solo della città in un evento per il quale non lesinarono preparativi e organizzazione.

Nel corso del '700, inoltre, la Visitazione di Milano svolse un ruolo di primaria importanza a svariati livelli, uno dei quali fu certamente quello educativo[5]. L'apertura dell'educandato per fanciulle costituì una delle ragioni che permisero la sopravvivenza dell'istituto anche nei difficili decenni a cavaliere tra Sette e Ottocento e fu un punto vivo

---

La gratitudine verso Dio per la nascita del Serenissimo Infante [...], Milano, 1716; Latuada, Serviliano, « Santa Maria della Visitazione in Santa Soffia, Monache dell'Istituto San Francesco di Sales », *Descrizione di Milano ornata con molti disegni [...]*, vol. 3, Milano, 1737, p. 26-32. Nell'archivio del monastero milanese è inoltre conservata una cronaca redatta dall'oblato Giovanni Battista Tonetta: *La Divina Provvidenza ammirabile nella fondazione del V. Monastero della Visitazione di Santa Maria in Santa Soffia in Milano [...]*, s.l.

3 Notizie biografiche sul personaggio sono disponibili in: Ronchi, « L'Associazione San Francesco di Sales », p. 14; Portaluppi, Antonio, « Giovanni Battista Tonetta », *Humilitas*, n° 1, 1929, p. 91 e ss.

4 Vismara Paola, *Settecento religioso milanese*, p. 495. ASV, *Congreg. Vescovi e Regolari*, *Registra Monial.*, 54.

5 Sull'argomento si vedano almeno: Terraccia, Francesca, « Gli educandati monastici della diocesi di Milano », *L'istruzione in Italia [...]*, Brescia, 2007, a cura di A. Bianchi, p. 491-522; Ead., « La diffusione dell'ordine della Visitazione in Italia », *Annali di storia dell'educazione e delle istituzioni scolastiche-L'educazione femminile tra Cinque e Seicento*, n° 20, 2015, p. 95-118.

di diffusione della spiritualità salesiana. L'attività educativa intrapresa contribuì alla nascita e al radicamento di una rete di rapporti solida e duratura con la società cittadina circostante.

L'importanza dell'insegnamento impartito presso la Visitazione milanese si comprende pienamente se si considera che, per espressa volontà di Maria Teresa e Giuseppe II, vennero a più riprese chiamate monache visitandine dei monasteri di Grenoble e Valence per potenziare l'insegnamento della lingua francese alle educande. Dal versante educativo si passa quindi a quello politico, considerando il peso rilevantissimo che l'obbedienza alle disposizioni austriache ebbe sulla sopravvivenza stessa dell'istituto. È necessario ricordare, infatti, che nel corso degli ultimi decenni del XVIII secolo, Milano fu oggetto di sperimentazioni e riforme politico-religiose di matrice dispotico-illuminata vòlte a riorganizzare ogni aspetto della società civile, ivi compresi quelli religiosi. Le varie ondate di legislazioni avverse agli ordini contemplativi circondarono da ogni parte la Visitazione milanese, senza però travolgerla nei tumultuosi avvenimenti di fine XVIII secolo.

Sopravvissuta agli anni rivoluzionari e napoleonici in virtù dell'attività educativa, Santa Sofia si affacciò alla Restaurazione con un'immutata capacità di apertura e rinnovamento. Quest'ultima ebbe diverse espressioni che si tradussero nella partecipazione diretta a nuove fondazioni visitandine e nel ruolo che la casa milanese svolse all'interno del processo di ripresa missionaria peculiare della Chiesa ottocentesca.

In questa sede non si vuole proporre una minuziosa ricostruzione delle vicende storiche del monastero, ma è sembrato utile ripercorrere i punti principali che condussero alla nascita di un istituto religioso, tutt'ora esistente, i cui sviluppi furono particolarmente fruttuosi e in sintonia con i più generali orientamenti religiosi e ambrosiani tra XVIII e XIX secolo.

Tra i vari aspetti d'indagine relativi alla Visitazione milanese risulta di un certo interesse quello attinente alle celebrazioni di vario tipo e alle diverse occasioni in cui presso il monastero si svolsero momenti di predicazione da parte di sacerdoti secolari o regolari. Dalla lettura e analisi della documentazione monastica è stato possibile ricavare un'immagine in alcuni casi piuttosto dettagliata delle cerimonie e dei festeggiamenti indetti per l'insediamento delle monache, la beatificazione e canonizzazione di Jeanne de Chantal, le feste di San Francesco di Sales ecc. Tali momenti furono sempre occasioni imperdibili per la costruzione e il mantenimento di legami forti con il tessuto cittadino circostante e non solo. Si ha infatti notizia di contatti di diversa entità e frequenza con personaggi del mondo politico e religioso, spesso di primo piano, che trovarono nella Visitazione di Milano un punto di riferimento solido e capace di accogliere istanze di vario tipo.

Questi personaggi sovente presero parte alle cerimonie che ebbero luogo presso il monastero e contribuirono in maniera sostanziale alla buona riuscita delle stesse pronunciando panegirici, sermoni, cicli di esercizi spirituali, confessando e celebrando messe solenni.

La poliedricità delle figure che vennero in contatto con le monache è certamente un elemento interessante che mostra il radicamento del monastero e il prestigio acquisito a livello non solamente locale.

L'IMPORTANTE RUOLO DEI OBLATI

Tra il 1713 e gli anni '60 dell'Ottocento la carica di padre spirituale del monastero venne ricoperta da esponenti della congregazione degli Oblati dei SS. Ambrogio e Carlo che spesso presero parte alle cerimonie ordinarie e straordinarie della vita monastica[6].

Furono infatti membri della congregazione i sacerdoti Giovanni Battista Tonetta, Carlo Antonio Gessaga, Giuseppe Antonio Sassi, Giuseppe Antonio Tarchetti, Carlo Antonio Zerbi, Giuseppe Branca, Antonio Turri e Luigi Piattelli[7]. Dell'oblato Tonetta si è parlato in precedenza,

6 Relativamente alla Congregazione degli oblati di S. Ambrogio si veda almeno Fumagalli, Pier Francesco, « Oblati dei SS. Ambrogio e Carlo », *Dizionario della Chiesa ambrosiana*, vol. 4, 1990, p. 2490-2492.

7 Circa l'oblato Tarchetti si vedano Ronchi, « L'Associazione San Francesco di Sales », p. 204; Vismara Chiappa, Paola, *Il buon cristiano* [...], Firenze, 1984, p. 81. Tarchetti inoltre fu uno dei più fervidi animatori del triduo dedicato alla beatificazione di Jeanne de Chantal nel 1752 (Archivio del Monastero della Visitazione di Milano – da qui in poi: AVM), circ., 1 maggio 1752) a tale proposito si ricorda l'*Orazione in lode di S. Giovanna Francesca Chantal [...]*, Milano, 1772. Relativamente a don Zerbi le notizie disponibili sono scarse: si ricordano Ronchi, « L'Associazione San Francesco di Sales », p. 205; Panizza, Mario, « L'Austria e gli studi superiori ecclesiastici nella diocesi di Milano », *Memorie storiche della diocesi di Milano*, n° 3, 1956, p. 200. Anche per il sacerdote Branca non vi è

il suo successore fu Carlo Antonio Gessaga: a lui si deve la fondazione dell'Associazione dedicata a San Francesco di Sales che, a partire dal 1734, riunì intorno al monastero sacerdoti e laici di entrambi i sessi. A norma degli statuti il direttore del sodalizio avrebbe dovuto sempre coincidere con il padre spirituale del monastero visitandino. Il primo a ricoprire entrambe le cariche fu lo stesso Gessaga[8]. Lo svolgimento delle sue funzioni lo portò a predicare e a pronunciare sermoni di vario argomento sia ai sodali di Francesco di Sales sia alle monache ed educande[9].

La presenza del sodalizio costituì un ulteriore motivo di collegamento tra il monastero e la città: vennero infatti organizzati con una certa regolarità celebrazioni o momenti di preghiera destinati agli associati a cui furono impartiti anche cicli di esercizi spirituali (Argelati, nella stesura della voce relativa all'oblato Gessaga, riporta alcune delle sue opere tra le quali figurano diversi cicli di esercizi spirituali da lui stesso composti e pronunciati)[10].

Nel 1727, in una di queste occasioni, il canonico Gabalia pronunciò alcuni sermoni e nelle feste degli anni successivi la Visitazione milanese vide la presenza di alcuni altri sacerdoti quali Serviliano Latuada e Massimo Uboldi che parteciparono con discorsi e panegirici d'argomento sacro (le circolari settecentesche riportano con una certa frequenza notizie relative alle feste organizzate dai sodali di Francesco di Sales)[11].

Una figura di grande importanza culturale e religiosa fu certamente Giuseppe Antonio Sassi oblato e prefetto della biblioteca Ambrosiana dal 1711 al 1751. La sua condivisione delle vicende monastiche passò attraverso la stesura del già citato volumetto celebrativo pubblicato a

---

particolare abbondanza d'informazioni; si veda ivi, p. 207. Notizie circa l'oblato Turri sono reperibili in Ronchi, « L'Associazione San Francesco di Sales », p. 207. Luigi Piattelli è menzionato in ivi, p. 208; altre informazioni su di lui sono reperibili in Brustolon, Antonio, *Diffusione della Congregazione degli Oblati di Maria Vergine*, Torino, 1995, p. 120.

8 AVM, circ., 30 ottobre 1741. Argelati, Filippo, « Gessaga Carolus Antonius », *Bibliotheca Scriptorum Mediolanensium [...]*, Milano, 1745, p. 1773-1774. Ronchi, Francesco, « La Societas di San Francesco di Sales », *Ricerche storiche sulla Chiesa ambrosiana*, n° 23, 2005, p. 57-59; *Id.*, « L'Associazione San Francesco di Sales a Milano », p. 183-222.

9 AVM, circ., 19 marzo 1734.

10 Argelati, Filippo, « Gessaga Carolus Antonius », *Appendix seu scriptores praetermissi [...]*, *Bibliotheca scriptorum mediolanensium*, Milano, 1745, p. 1774.

11 AVM, circ., 8 settembre 1727; 1 aprile 1729; 30 gennaio 1731; 7 febbraio 1737; 3 marzo 1746. Notizie biografiche relative a Serviliano Latuada sono reperibili in Poli Vignolo, Claudia, « Latuada, Serviliano (1703-1764) », *Dizionario della Chiesa ambrosiana*, vol. 3, Milano, 1989, p. 177-179. Nessuna notizia biografica ho trovato relativamente al canonico Gabalia e a don Uboldi.

Milano nel 1716, ma non solo[12]. Divenuto padre spirituale del monastero negli anni '40 ricoprì tale ruolo sino alla morte, avvenuta nell'aprile 1751. Presso la Biblioteca Ambrosiana è conservato un suo ciclo di *Esercizi spirituali per le monache*, manoscritto e privo di data, ma che con ogni probabilità venne predicato anche alla Visitazione milanese[13].

In aggiunta ai sacerdoti oblati che ricoprirono cariche ufficiali alla Visitazione diversi furono anche coloro che, pur non rivestendo alcun ruolo specifico, prestarono la loro opera di predicatori, panegiristi e confessori in varie occasioni. Si ricorda quindi il nome dell'oblato Paolo Maria Locatelli che fu dottore in teologia e lettore di filosofia presso il seminario maggiore (Giombi ricorda che « l'eco della ricerca di una religione "ragionevole" e la preoccupazione di sottolineare l'apporto del cristianesimo alla costruzione di un'ordinata e felice convivenza sociale emergono nel discorso pronunciato dall'oblato Paolo Maria Locatelli nel 1773 a Milano per l'inaugurazione dei tribunali »)[14]. Un altro sacerdote oblato, dottore di teologia e lettore di filosofia al Collegio Elvetico di Milano che prestò i suoi servizi religiosi alla Visitazione, fu Geronimo Guglielmetti[15]. Vi fu infine l'oblato Angelo Molteni, superiore di San Sepolcro e per un certo periodo confessore straordinario presso il monastero milanese[16].

Un altro elemento, costante, fu la presenza degli arcivescovi milanesi presso la Visitazione nell'ambito delle celebrazioni ordinarie o straordinarie

12 Si tratta della già citata opera *La gratitudine verso Dio [...]*. Notizie sulla vita e la feconda attività culturale del personaggio sono reperibili in Buzzi F., *Il Collegio dei Dottori*, p. 70 e ss. Le circ. nelle quali compare il nome dell'oblato Sassi sono: 3 marzo 1746; 30 gennaio 1750; 6 aprile 1752 (AVM).

13 Sassi, Giuseppe Antonio, *Esercizi spirituali per le monache*, XVIII secolo, collocazione: Trotti 382.

14 AVM, circ., 28 aprile 1768. Su di lui si possono vedere: Arrigoni, Giulio, « Locatelli, Paolo Maria », *Biografia degli italiani [...]*, vol. 8, 1841, p. 188-189; Majo, Angelo, *Storia della Chiesa ambrosiana*, vol. 3, Milano, 1983, p. 135. Giombi, Samuele, « Predicazione e storia della chiesa milanese tra XVII e XVIII secolo », *Studia borromaica. Saggi e documenti di storia religiosa e civile della prima età moderna*, n° 13, 1999, p. 41.

15 AVM, circ., 28 aprile 1768. Su di lui si possono vedere: Oldelli, Giovanni Antonio, « Guglielmetti Geronimo », *Dizionario storico-ragionato [...] degli uomini illustri del Canton Ticino*, 1807, p. 32-33. Dell'*Orazione in lode di Santa Giovanna Fremiot di Chantal [...]*, Milano, 1768, è disponile una copia presso la Biblioteca Nazionale Braidense di Milano, collocazione: VV. 04. 008/05.

16 AVM, circ., 9 aprile 1856. Il suo nome è citato in Cagliaroli, Pietro, *Vita di Sua Eccellenza Reverendissima Monsignore Angelo Ramazzotti patriarca di Venezia*, Rovigo, 1862, p. 67 e 165.

della vita monastica. Tale partecipazione sanzionò, di fatto, un sostegno evidente a un preciso orientamento religioso e culturale quale fu quello salesiano-visitandino. Giombi sottolinea la particolare dedizione degli episcopati Odescalchi, Stampa e Pozzobonelli « per i quali si è colto il carattere unitario in un orientamento comune verso la *salus animarum* e il buon governo ecclesiastico » e prosegue la sua analisi della Milano religiosa settecentesca ricordando che « si tratta dunque di un quadro che [...] univa il referente carolino e federiciano all'orientamento salesiano e all'afflato della spiritualità di Filippo Neri ». Non per nulla il modello di Francesco di Sales era largamente circolante e suggerito dagli stessi arcivescovi, nell'intento di proporre l'idea di virtù quotidiane pienamente praticabili da tutti e consistenti nel compimento dei doveri di stato praticati con scrupolo ogni giorno; e su questo asse si saldava il modello filippino di una « religione del cuore » sensibile alle forme della devozione e della pietà popolare tradizionale, al gusto della teatralità e della espressività comunitaria con un atteggiamento però di moderazione rasserenante che incanalava già gli eccessi barocchi entro un alveo di composta ragionevolezza. Di questa integrazione tra « religione del cuore » ed « etica quotidiana » si faceva poi buon interprete l'orientamento dei padri gesuiti, dei quali gli arcivescovi continuarono a servirsi con profitto nel solco borromaico[17].

Le fonti non tacciono le frequenti visite condotte al monastero da personaggi quali Odescalchi, Stampa, Pozzobonelli, Visconti e altri che in diversi casi si prestarono per presiedere le cerimonie di vestizione, professione religiosa, benedizione e posa della prima pietra del nuovo edificio monastico o della chiesa. Tale fu il caso, per esempio, dell'arcivescovo Giuseppe Pozzobonelli: nella circolare del 1 gennaio 1750 la sua presenza viene segnalata alla Visitazione per benedire l'inizio dei lavori di costruzione del nuovo edificio monastico. Nel corso dell'800 la presenza degli arcivescovi sembra essere stata una costante anche se non si sono rilevati casi di predicazione particolari.

La continuità dei legami intercorsi tra il monastero e la più alta carica religiosa della diocesi milanese si dispiegò dunque lungo tutto il XVIII e XIX secolo, mostrando l'esistenza di un rapporto solido e di reciproca stima.

17 Giombi, « Predicazione e storia della chiesa milanese », p. 34-35.

LA PREDICAZIONE DEI GESUITI

Per quanto concerne gli appartenenti al clero regolare, in termini numerici, i gesuiti furono l'ordine più presente nella vita della Visitazione milanese. Dalla lettura delle circolari e delle « vite » delle monache si sono ricavati i nomi di circa tredici religiosi della Compagnia che tra il 1724 e la seconda metà degli anni '50 dell'Ottocento ebbero legami con alcune visitandine in particolare o con il monastero[18]. Diverse educande ebbero come direttori spirituali dei gesuiti e non di rado furono da questi indirizzate alla Visitazione nel momento in cui manifestarono il desiderio di entrare in religione. La particolare consonanza esistente tra l'ordine ignaziano e quello salesiano è, d'altra parte, ben conosciuta[19].

Il primo gesuita di cui si ha notizia attraverso la documentazione è Gian Ambrogio Gallarati che collaborò con l'oblato Tonetta all'apertura della Visitazione milanese e fu anche direttore spirituale di Ignazia Vandoni Galli, una delle prime donne che scelsero di entrare nel nuovo istituto religioso[20]. Anche la monaca Ignazia Teresa Benedetta Serbelloni ebbe contatti con il Gallarati. In particolare la « vita » registra la sua partecipazione a un corso di esercizi spirituali predicati dal gesuita che la determinarono a fare domanda per essere ammessa a Santa Sofia.

La circolare di Milano del 28 ottobre 1724 informa che alla morte del Gallarati « *Les Reverends Pères Jesuites* [...] *nous assistent de predications et de confesseurs extraordinaires* », rilevando la continuità di un legame percepito come « naturale », in perfetta sintonia con i fondamenti della spiritualità salesiana[21]. Pochi anni dopo, intorno al 1729, un altro gesuita, tale padre Rota, predicò a Santa Sofia in occasione della festa di San Francesco di Sales e inviato a questo scopo dal monastero della Visitazione di Torino[22].

18 AVM, circ., 28 ottobre 1724, 1 maggio 1752, 28 aprile 1768, 9 aprile 1856; Vite (o *Abregé*) delle monache Ignazia Vandoni Galli, Angelica Scozia, Ignazia Francesca Bossi, Maria Teresa Benedetta Serbelloni, Ignazia Marianna Muttone Loria, Francesca Margherita Pallavicini.

19 De Guibert, Jean, *La spiritualità della Compagnia di Gesù. Saggio storico*, Roma, 1992.

20 Sul personaggio si può vedere: Sommervogel, Carlos, « Gallarati, Jean Ambroise », *Bibliothèque de la Compagnie de Jésus*, vol. 3, 1892, p. 1120.

21 AVM, *Abregé [...] Serbelloni*; circ., 28 ottobre 1727.

22 Ivi, circ., 1 aprile 1729.

La giovane Ignazia Francesca Bossi, decisa a farsi visitandina, venne inviata dal suo confessore alla sede milanese aperta da poco più di due anni e fu accolta dal gesuita Ravizza, di cui la « vita » della monaca non specifica il nome, ma che può essere individuato con qualche fondamento in Carlo Federico Ravizza, nato a Novara e vissuto per diversi anni a Milano[23]. Lo stesso sacerdote guidò la monaca Maria Teresa Benedetta Serbelloni in alcuni momenti di particolare difficoltà della sua vita prima di entrare alla Visitazione[24].

Il triduo celebrato al monastero milanese nel maggio 1752 in occasione della beatificazione di Jeanne de Chantal, avvenuta nel novembre precedente, vide la partecipazione di diversi personaggi religiosi esterni tra i quali il gesuita Marco Macassali[25]. Egli pronunciò un panegirico che venne molto apprezzato il terzo giorno dopo la messa pontificale dell'arcivescovo. Nato a Bergamo nel 1722, Macassali entrò in noviziato nel 1738 e fu destinato alla predicazione; morì infine nella stessa città natale in una data imprecisata tra il 1785 e il 1788 (nella descrizione del triduo, oltre a quelli di diversi altri prelati, compare anche il nome di Giuseppe Gallarati, sacerdote secolare divenuto vescovo di Lodi)[26].

La partecipazione e il supporto dei religiosi della Compagnia non vennero a mancare neppure nel corso dei festeggiamenti e delle celebrazioni organizzate a Milano per la canonizzazione della Chantal. La circolare del 28 aprile 1768 descrive in maniera minuziosa lo svolgimento dell'ottavario dedicato alla santa fondatrice e uno dei primi nomi che s'incontrano è quello del padre Guido Ferrari gesuita nonché autore e realizzatore della maggior parte delle iscrizioni sacre disposte in vari punti della chiesa e non solo al suo interno[27].

La realizzazione di apparati effimeri, ornamenti, iscrizioni e addobbi da parte di gesuiti non era una novità, si ricorda ad esempio il caso del

23 Sommervogel, « Ravizza Charles Frédéric », *Bibliothèque*, vol. 6, 1896, p. 1507-1508.

24 AVM, *Abregé [...] Serbelloni.*

25 Ivi, circ., 1 maggio 1752.

26 Su Macassali si veda Sommervogel, « Maccassoli Marc Antoine », *Bibliothèque*, vol. 5, 1894, p. 241. Raponi, Nicola, « Gallarati Giuseppe », *Dizionario biografico degli italiani*, vol. 51, 1998, p. 513-514.

27 AVM. Relativamente al padre Ferrari è possibile vedere: Zanfredini, Michele, « Ferrari Guido », *Diccionario Histórico de la Compañía de Jesús*, vol. 2, 2001, p. 1405; Codignola, Ernesto, « Ferrari Guido », *Pedagogisti ed educatori, Enciclopedia biografica e bibliografica italiana*, Roma, 1959, p. 353; Sommervogel, « Ferrari Gui », *Bibliothèque*, vol. 3, 1892, p. 670-676.

sacerdote Claude François Ménestrier che nella seconda metà del XVII secolo fu l'esponente di spicco di una cultura barocca delle immagini e della rappresentazione nella zona lionese. Si ricorda, tra le occasioni in cui il suo genio creativo espressione, il discorso pronunciato in occasione dell'ingresso al monastero visitandino di Sainte Marie d'en Haut a Grenoble di Magdeleine Angélique de la Croix, avvenuto il 24 ottobre 1666[28]. Tra i vari relatori e panegiristi nella stessa occasione si distinse, inoltre, il gesuita Francesco Gemelli che il quarto giorno pronunciò la sua *Orazione in lode della S. Madre Fremiot de Chantal*[29].

Non si può dimenticare, inoltre, l'importante figura dell'ex-gesuita Nikolaus Albert Diessbach, noto per essere il fondatore delle Amicizie cristiane. Tra il 1785 e i primi mesi dell'anno seguente egli fu al centro di una difficile diatriba sviluppatasi tra le opposte posizioni della curia arcivescovile di Visconti, il governo asburgico e il monastero visitandino rappresentato dalla monaca di origine francese Marie Éugenie de Bayanne. Diessbach, che si trovava allora a Milano, era richiesto come confessore e direttore spirituale di alcune monache oltre che come oratore per cicli di esercizi spirituali[30]. Al di là degli sviluppi specifici della situazione è possibile sottolineare la diversità di personaggi venuti in contatto con il monastero milanese e la loro non comune personalità e cultura.

Negli anni '60 del XVIII secolo anche Girolamo Tiraboschi sacerdote gesuita, erudito ed illustre letterato oltre che direttore della Biblioteca estense a partire dal 1770, pronunciò un panegirico di Francesco di Sales sia a Milano che a Modena. Lo stesso Tiraboschi « nel 1767 pronunciò per la ricuperata salute dell'Imperatrice Maria Teresa un'elegante Orazione latina, che fu poi stampata unitamente a sei bellissime Iscrizioni del P. Guido Ferrari ed ad alcuni versi del P. Pasquale Agudi sullo stesso

---

28 Sabatier, Gérard, *Claude François Ménestrier. Les Jésuites et le monde des images*, Grenoble, PUG, 2009.

29 Gemelli, Francesco, *Orazione in lode della S. Madre Fremiot de Chantal [...]*, Milano, 1768. Una copia di tale orazione è reperibile presso la Biblioteca Nazionale Braidense di Milano, collocazione: F. 02. 0472/14. – Informazioni biografiche relative al padre Gemelli sono disponibili in: Casati, Giorgio, « Gemelli Francesco », *Dizionario degli scrittori d'Italia*, vol. 3, post 1924, p. 147; De Tipaldo, Enrico, « Gemelli Francesco », *Biografia degli italiani illustri*, vol. 2, 1835, p. 96 e ss.; Turtas, Raimondo, « Gemelli Francesco », *Diccionario*, vol. 2, 2001, p. 1594; Sommervogel, « Gemelli François », *Bibliothèque*, vol. 3, 1892, p. 1307-1309.

30 La vicenda, ignorata dalla storiografia su Diessbach è stata studiata da Sora, Daniela, « Diessbach a Milano (1785) », *Rivista di storia della Chiesa in Italia*, n° 1, 2013, p. 165-196.

argomento [...] »; non sorprende la collaborazione tra i due gesuiti che vennero entrambi in contatto con la Visitazione milanese per predicare o allestire gli apparati decorativi delle celebrazioni[31].

Nel corso dell'Ottocento si ha ancora notizia del passaggio di alcuni gesuiti da Santa Sofia principalmente grazie alla circolare del 9 aprile 1856 che riporta la nota relativa alla predicazione presso il monastero di tre padri forse membri della Compagnia, vale a dire i sacerdoti Sopranis, Ambrosi e Vigitello[32]. La figura del padre Sopranis risulta di difficile approfondimento. Potrebbe forse essere identificato in colui che a Piacenza nel 1839 aprì uno studentato di filosofia nella rinnovata provincia gesuitica veneto-milanese[33]. L'uso del condizionale è però d'obbligo, dal momento che non è stato possibile reperire informazioni biografiche precise e, in aggiunta, la circolare non dice esplicitamente che si tratti di un gesuita, lasciando quindi il campo aperto per ulteriori possibili ipotesi[34]. Anche circa le vicende biografiche del padre Ambrosi sussistono molte incertezze. Si ha notizia infatti di un certo Luigi Ambrosi, sacerdote veronese inviato in missione a Hong-Kong e in Cina, legato al Pontificio Istituto per le Missioni Estere di Milano[35].

Le poche informazioni disponibili a suo riguardo rendono però piuttosto difficile identificare colui che predicò alla Visitazione milanese e in altre case dell'ordine negli anni '50 dell'Ottocento con il missionario, dal momento che la sua partenza avvenne nel 1845 e non viene fatto alcun cenno a periodi trascorsi in Europa negli anni successivi[36]. Il secondo personaggio che potrebbe, con maggiore probabilità, identificarsi con il predicatore della Visitazione è il gesuita Carlo Ambrosi, nato a Verona nel 1804 e morto a Udine nel 1866. Anche in questo caso le informazioni non sono particolarmente abbondanti, ma sono pervenute due sue opere di meditazione relative al Sacro Cuore di Gesù, oltre agli estremi biografici[37].

---

31 Sommervogel, « Tiraboschi Jérôme », *Bibliothèque*, vol. 8, 1898, p. 34-48; ivi, p. 46; ivi, p. 35. Notizie biografiche sul personaggio sono disponibili anche in: Zanfredini, « Tiraboschi, Girolamo », *Diccionario*, vol. 4, 2001, p. 3804-3805.

32 AVM, circ., 9 aprile 1856.

33 Pupi, Angelo, « Rosminiani e tomisti in età umbertina », *Cultura e società in Italia nell'età umbertina*, Milano, 1981, p. 124.

34 AVM, circ., 9 aprile 1856.

35 La vita di questo sacerdote è delineata in Scurati, Guido, *Vita del Sacerdote don Gaetano Favini Missionario Apostolico in Hong-Kong*, Lodi, 1874, p. 93-100.

36 AVM, circ., 9 aprile 1856.

37 Sommervogel, « Ambrosi Charles », *Bibliothèque*, vol. 1, 1890, p. 276.

L'unico dei tre sacerdoti sulla cui identità è possibile raggiungere un discreto grado di certezza è l'ultimo citato, vale a dire il padre Vigitello. Giuseppe Maria Vigitello fu infatti un gesuita, nato a Torino nel 1799, che trascorse la sua vita insegnando retorica al Collegio romano e predicando in varie città della penisola tra le quali Milano. Divenne successivamente rettore del collegio della Compagnia parmense e morì a Torino il 21 novembre 1859. Le informazioni desunte dalla sua biografia permettono quindi di individuare nel gesuita piemontese il relatore che svolse le sue prediche a Santa Sofia intorno al 1856[38].

I BARNABITI E ALTRI ORDINI RELIGIOSI

Il contributo e il sostegno dei gesuiti alla vita monastica visitandina non venne mai meno; ancora all'altezza dell'aprile 1880 le Circolari ricordano l'assidua assistenza ricevuta dai membri dell'ordine[39]. Anche i barnabiti ebbero contatti diretti con la Visitazione di Milano. A partire dagli anni '60 del Settecento diversi esponenti della congregazione intervennero in vari modi nella vita di Santa Sofia. In occasione dell'ottavario per la canonizzazione di Jeanne de Chantal svoltosi nel 1768 uno dei panegiristi che intervennero fu il barnabita Giuseppe Griffini, ma intorno alla sua figura non è possibile fare chiarezza[40].

Il barnabita don Pio Agostino Negri divenne confessore della Visitazione milanese nel 1820; la prima circolare che lo vede ricoprire tale carica porta la data del 25 aprile di quello stesso anno, il suo mandato durò sino alla morte, sopraggiunta nel 1832. Non di rado coloro che svolsero le funzioni di padri spirituali e confessori presso la Visitazione milanese furono personaggi di un certo rilievo culturale. Fu il caso, per

38 Notizie sul personaggio sono reperibili in Sommervogel, « Vigitello Joseph Marie », *Bibliothèque*, vol. 8, 1898, p. 744-745; Colpo, Mario, « Gradual dispersion de las provincias », *Italia, Diccionario*, vol. 3, 2001, p. 2102; AA.VV., « Cronaca contemporanea. 9 maggio 1857 », *La Civiltà Cattolica*, n° 8, serie III, 6, 1857, p. 498. Dello stesso Vigitello si ricordano le *Meditazioni e istruzioni per otto giorni di esercizi spirituali secondo la materia e la forma prescritte da Sant'Ignazio di Lojola*, Milano, 1856, che ben potrebbero essere state pronunciate anche a Santa Sofia.

39 AVM, circ., 19 aprile 1880.

40 Ivi, circ., 28 aprile 1768.

esempio, dell'oblato Carlo Antonio Gessaga, del già citato Giuseppe Antonio Sassi, di Luigi Piattelli o dello stesso don Negri. La fama del barnabita come predicatore e direttore d'anime è riconosciuta a livello cittadino[41]. Negri fu uno dei sacerdoti che maggiormente si spese per il ripristino dei barnabiti nella Lombardia degli anni '20 del XIX secolo.

Un esponente di primo piano della congregazione barnabitica fu certamente il padre Francesco Vandoni, confessore straordinario di Santa Sofia tra il 1844 e il 1856 circa[42]. Già in precedenza, sicuramente intorno al 1838, Vandoni aveva predicato al monastero: in particolare aveva tenuto un ciclo di esercizi spirituali e alcune lezioni alle educande che ebbero un gran successo anche tra le monache. Risale al 1854, inoltre, la pubblicazione dei *Panegirici* che testimonia la sua diretta partecipazione alle feste e alle celebrazioni specifiche dell'ordine visitandino[43]. Vandoni era nato a Milano nel settembre 1800; compiuti gli studi a Gorla e nei seminari arcivescovili, prese l'abito barnabita in San Barnaba. Dopo aver ricoperto vari incarichi venne nominato padre provinciale dell'ordine tra il 1843 e il 1848. Fu un prolifico autore di argomenti sacri e un apprezzato panegirista, morì a Milano nel 1860[44].

Particolarmente complicata risulta l'attribuzione di un'identità precisa al sacerdote Fumagalli citato in varie circolari a partire dall'aprile 1829 sino al gennaio 1879. È forse più corretto ritenere che siano esistiti diversi personaggi con uguale cognome che ebbero rapporti con la Visitazione di Santa Sofia; è infatti impossibile che il sacerdote Fumagalli citato nella circolare del 1829 possa coincidere con la persona cui fanno riferimento le circolari degli anni '80 dell'Ottocento. Nel primo caso viene infatti citato un certo don Paolo Fumagalli barnabita che intorno al 1829 predicò un ciclo

41 AVM, circ., 25 aprile 1820; 15 marzo 1835. Qualche notizia biografica relativa al personaggio è disponibile in De Ruggiero-Colciago, *Menologio dei barnabiti dal 1539 al 1976*, Roma, 2007, p. 210; non risulta invece segnalato in Boffito, Giulio, *Scrittori barnabiti*, vol. 3, 1934; Premoli, Orazio, *Storia dei barnabiti*, Roma, 1913, p. 499 e ss.

42 AVM, circ., 20 marzo 1838, 15 febbraio 1844, 9 aprile 1856.

43 Vandoni, Francesco, *Panegirici [...] recitati nella chiesa di Santa Sofia in Milano [...]*, Milano, 1854 con dedica alle madri della Visitazione di Santa Maria di Milano. Notizie sul barnabita sono reperibili in: Boffito, « Vandoni Francesco », *Scrittori barnabiti*, vol. 4, 1933, p. 122-124; De Ruggiero-Colciago, « Vandoni Francesco », *Menologio dei barnabiti*, p. 287; Colombo, Giuseppe, « Vandoni Francesco », *Profili biografici di insigni barnabiti*, Lodi, 1871, p. 269-272.

44 Tra le sue opere si ricordano: *La Madre di Dio oggetto di imitazione ai fedeli nei principali tratti di sua vita [...]*, Torino, 1861; *Spiegazioni de' Vangeli [...]*, 3 voll., Milano, 1862; *La dogmatica definizione dell'Immacolato Concepimento di Maria Vergine [...]*, Milano, 1856.

di esercizi spirituali alle educande del pensionato visitandino (« *Le Révérend Dom Paul Fumagalli barnabite, a eu la bonté de leur donner cette retraite* »)[45]. Si tratta però dell'unica indicazione precisa che riporti, oltre al nome, anche l'appartenenza all'ordine barnabita del sacerdote citato, sul quale peraltro non è stato possibile rintracciare che poche e frammentarie informazioni[46].

Nella documentazione successiva ricorre più volte il nome di un certo abate Fumagalli di cui però non viene specificato né il nome né l'appartenenza a un preciso ordine religioso. La prima circolare nella quale compare l'appellativo « *Abbé Fumagalli* » porta la data del 9 aprile 1856 e tale denominazione è rintracciabile in diverse altre occasioni sino agli anni '80 del XIX secolo. L'ampiezza dell'arco cronologico coperto dalla documentazione, collegata al fatto che per le circolari successive al 1829 non compaia più l'indicazione di appartenenza all'ordine, rende certa l'ipotesi che si tratti di due persone diverse di cui solamente una, la prima citata, sia stata barnabita. La fondatezza di tale ipotesi è inoltre avvalorata dal fatto che nella circolare del 19 marzo 1871 viene nuovamente sottolineata la dedizione di monsignor Gaetano Fumagalli, la cui generosità è ben conosciuta dai monasteri dell'ordine. Si tratta dunque di una persona diversa rispetto al predicatore di inizio secolo.

Quest'annotazione induce alcune considerazioni relative all'identità del sacerdote che viene ripetutamente definito un grande amico della Visitazione, oltre a svolgere un'importantissima funzione di collegamento tra i vari monasteri. Il nome del sacerdote compare infatti in concomitanza con gli spostamenti delle religiose da un monastero a un altro, come nei casi del ritorno da Torino di alcune monache e della nuova apertura a Montevideo negli anni '50 del secolo[47]. Non si può dimenticare, inoltre, il ruolo fondamentale rivestito dal sacerdote Fumagalli nella conversione al cattolicesimo della giovane anglicana Mary Eugénie Webster.

La fanciulla, nata e cresciuta a Londra, venne educata nel protestantesimo anglicano; ancora in età infantile vide una delle sorelle abiurare la propria fede e convertirsi al cattolicesimo per poter sposare uno dei conti Dal Verme che la condusse successivamente a Milano. Pochi giorni dopo

45 AVM, circ., 10 aprile 1829.

46 Premoli, *Storia dei barnabiti*, p. 499 e 504; Bianchi, Angelo, « La scuola di Lodi e nel lodigiano durante la Repubblica cisalpina (1706-1802) », *Napoleone e la Lombardia nel triennio giacobino (1796-1799). Atti del convegno storico*, a cura di L. Samarati, Lodi, 1997, p. 244.

47 Ivi, circ., 9 aprile 1856; 1 agosto 1858.

il suo arrivo la Webster venne avvicinata da « *un respectable ami de leurs familles* [*dei conti Dal Verme*] *M. l'Abbé Gaëtan Fumagalli*[48] ». A partire da questo momento le conversazioni e i contatti tra la giovane inglese e il Fumagalli divennero sempre più frequenti, strutturandosi in un vero e proprio rapporto di direzione spirituale. La fiducia che il sacerdote riuscì progressivamente a conquistarsi presso la Webster fu la prima delle ragioni per le quali nell'agosto 1842 chiese e ottenne di poter abiurare la fede anglicana, convertendosi al cattolicesimo. La conversione della fanciulla ebbe un certo effetto sulle monache, sulle educande e, presumibilmente, su una buona parte dell'alta società cittadina[49]. Il 2 febbraio 1846 la Webster emise i voti alla Visitazione milanese, ove rimase fino alla morte. Il legame tra la monaca e il sacerdote non venne meno con il suo ingresso in monastero, ma al contrario s'intensificò[50].

Le circolari di Santa Sofia citano a lungo don Fumagalli, protestando sempre la più grande affezione al sacerdote che molto si spese per mantenere vivo il legame tra le diverse case dell'ordine almeno d'area italiana. Il rapporto con i barnabiti si approfondì anche attraverso la conoscenza dell'associazione dell'« Apostolato della preghiera », avvenuta intono al 1865. La direzione di tale opera era stata infatti assunta dai padri barnabiti[51].

Non si può tralasciare l'opera di un gruppo eterogeneo di religiosi appartenenti a ordini diversi che prestarono la loro assistenza alla Visitazione tra XVIII e XIX secolo[52]. Furono circa una decina, infatti, i regolari che ebbero contatti saltuari con Santa Sofia per predicare, confessare, celebrare messe o semplicemente perché di passaggio a Milano e ivi condotti da persone in qualche modo legate al monastero. Il primo religioso di cui si ha notizia intorno al 1727 è l'agostiniano scalzo padre Piantanida, fratello della monaca Marta Fedele Piantanida, che procurò al monastero una reliquia di Sant'Agostino[53]. Sul personaggio non è stato però possibile ricavare alcun riferimento biografico più preciso. La stessa incertezza la si incontra per

48 Ivi, *Abregé [...] Webster.*

49 *Ibidem.*

50 La storia di Mary Webster, la sua presenza a Milano e il suo rapporto con don Gaetano Fumagalli vengono citati anche in Rev. P. a Sp. Sancto, Pietro, *Life of Father Ignatius of Saint Paul Passionist [...]*, Dublin, 1866, p. 324-327.

51 AVM, circ., 5 aprile 1865.

52 A partire dal primo di cui si ha notizia, nella circ. dell'8 settembre 1727, sino all'ultimo caso preso in considerazione riportato nella circ. del 9 aprile 1856.

53 Ivi, Circolare, 8 settembre 1727; *Abrégé [...] Marthe Fidèle Piantanida [...]*. L'agostiniano è con molta probabilità identificabile nell'autore de *L'appostolo che ingrandì le glorie*

quel che concerne padre Giovanni Battista Fontana, della Congregazione dell'Oratorio, che partecipò all'ottavario per la canonizzazione della Chantal, pronunciando un panegirico. Le uniche notizie relative sono quelle fornite dalla stessa Circolare che relaziona i festeggiamenti: « *Le troisième Monsieur Jean Baptiste Fontana, de la Congrégation de l'Oratoire, Docteur en Thèologie*[54] ».

Decisamente più conosciuto risulta invece il francescano Pietro Antonio del Borghetto, chiamato anch'egli a pronunciare un panegirico nella stessa occasione[55]. Nato nel lodigiano nel febbraio 1699, dopo gli studi nel collegio dei gesuiti prese l'abito francescano nel settembre 1716. Successivamente iniziò la sua attività di predicatore che riscosse un grande successo e lo condusse nelle più importanti città della penisola; ebbe contatti con gli ambienti colti della Milano settecentesca. Non si conosce con certezza la data della sua morte. Il teatino Antonio Maria Asti fu un altro dei panegiristi intervenuti a Santa Sofia nel 1768, pronunciando come i suoi « colleghi » un discorso in onore della santa fondatrice[56]. Anche su questo religioso è molto difficile fare luce[57]. Già in precedenza, in occasione del triduo per la beatificazione di Jeanne de Chantal, il sacerdote teatino Francesco Mazzetti aveva pronunciato un panegirico di cui non è stato possibile recuperare il testo[58]. L'oratoriano padre Taeri nel 1844 predicò un ciclo di esercizi spirituali alla Visitazione che durò otto giorni e che riscosse un grande successo tra le religiose per la perfetta consonanza con l'autentica religiosità salesiana[59].

Oltre ai sacerdoti regolari venuti in contatto con la Visitazione di Milano è opportuno ricordare, specialmente per l'Ottocento, i prelati,

---

dell'appostolato. Orazione [...] recitata dal m. rev. Padre Carlambrogio Piantanida agostinano scalzo milanese [...], Milano 1732.

54 AVM, circ., 28 aprile 1768.

55 Ivi, circ., 28 aprile 1768. Notizie sul personaggio in: Mazzucchelli, Giuseppe, « Borghetto », *Gli scrittori d'Italia [...]*, vol. 2, parte III, Brescia, 1762, p. 1731; Seregni, Guido, « La cultura milanese nel Settecento », *L'età delle riforme (1706-1796)*, *Storia di Milano*, vol. 12, Milano, 1959, p. 594, n. 2 e 598.

56 AVM, circ., 28 aprile 1768.

57 Una testimonianza della sua attività di oratore e panegirista è offerta dall'*Orazione panegirica di Sant'Ippolito martire recitata dal celebre Padre Antonio Maria Asti [...]*, Verona, 1766. Relativamente alla sua vita non ho trovato indicazioni più precise.

58 AVM, circ., 1 maggio 1752. Notizie biografiche in: Vezzosi, Antonio, *I scrittori de' Chierici regolari detti teatini*, vol. 2, Roma, 1780, p. 46-47, oltreché sulla banca dati World Biographical Information System (WBIS).

59 AVM, circ., 15 febbraio 1844. Un padre Taeri « filippino » è citato in Caffiero, Marina e altri, *Échelles de pouvoir, rapports de genres. Femmes, jésuites et modèle ignatien dans le long* XIXe *siècle*, Louvain, 2014, p. 153, n. 75.

i vescovi di altre diocesi e i preti missionari che transitarono da Santa Sofia, proponendo lezioni spirituali o resoconti dettagliati dell'opera di evangelizzazione da essi svolta in terre lontane[60]. Intorno al 1835 le monache ricevettero la visita del vescovo di Brescia, monsignor Carlo Domenico Ferrari e di quello di Como, monsignor Carlo Romanò[61]. Negli anni '50 del secolo il canonico Galli, sulle cui vicende biografiche non è stato possibile fare luce, teneva tutte le settimane una lezione di catechismo alle religiose[62]. Un ciclo di predicazione venne infine impartito alle religiose dal vescovo di Mondovì, monsignor Giovanni Tommaso Ghilardi, intorno al 1865 la notizia del suo passaggio alla Visitazione è infatti registrata nella circolare del 28 novembre di quell'anno[63].

Da quanto detto sinora emergono in maniera piuttosto chiara la varietà e la complessità dei rapporti che la Visitazione milanese seppe tessere e mantenere intorno a sé a partire dalla nascita e lungo il corso del XIX secolo, ma non solo. Le celebrazioni indette per festeggiare l'elevazione agli altari della Chantal o le feste organizzate dall'Associazione San Francesco di Sales e a lui dedicate furono occasioni privilegiate per ascoltare cicli di esercizi spirituali, panegirici o sermoni di argomenti diversi. I relatori furono, nella maggior parte dei casi, personaggi di assoluto rilievo nel quadro della vita culturale e religiosa della diocesi e non solamente di essa. L'alto livello intellettuale di coloro che, come Latuada, Sassi, Tiraboschi, Vandoni e altri presero parte attiva alla vita e alle vicende di Santa Sofia, risulta pienamente comprensibile e non stupisce se si considera il quadro degli specifici riferimenti culturali e spirituali della Visitazione come ordine religioso femminile. Quest'ultimo mostrò sin dall'origine un'alta vocazione intellettuale ben evidente, del resto, nell'elevato livello dell'educazione impartita presso i monasteri visitandini di tutta Europa.

---

60 Furono i casi delle visite ricevute intorno al 1856 dai vescovi di Buffalo, John Timon C. M., protettore della Visitazione di Saint Louis e da monsignor Cassinelli, missionario a Ceylon. – Notizie biografiche relative sono reperibili in: www.catholic-hierarchy.org; Wiltgen, Richard, *The founding of the Roman Catholic Church in Melanesia*; Camps, Arnulf, *Studies in Asian Mission History 1956-1998*, Leiden, 2000, p. 293. AVM, circ., 9 aprile 1856.

61 Sintetiche notizie biografiche relative sono reperibili sul sito www.catholic-hierarchy.org alle

62 AVM, circ., 15 marzo 1835; 9 aprile 1856.

63 Ivi. Notizie sul personaggio sono disponibili in: Griseri, Giacomo, « *Ghilardi Giovanni* », *Dizionario biografico degli italiani*, vol. 53, 2000, p. 732-734.

Si è già ricordata la profonda sintonia esistente tra la Compagnia di Gesù, gli Oblati e la Visitazione che nel caso del monastero milanese si concretizzò nel fitto e duraturo intreccio di rapporti di cui si è cercato di dare conto. Tali legami riguardarono diversi aspetti della vita monastica quali la predicazione, la pratica di alcune forme devozionali e l'educazione.

I gesuiti furono infatti coloro che, sin dal XVI secolo, svolsero una fondamentale azione di costruzione della società attraverso l'educazione rivolta in primo luogo ai principi, vale a dire a coloro che avrebbero dovuto reggere il peso del governo in tutti i suoi aspetti.

Attraverso i collegi gesuiti si diffuse progressivamente e capillarmente un modello di pensiero che concepiva la società all'ombra dell'ideale cristiano. Su queste basi si sviluppò un'ideologia specifica che permise di declinare tale premessa in un organico progetto politico, religioso, culturale: lo scopo fu quindi quello di fornire ai futuri governanti gli elementi necessari a concepire e costruire un ordine sociale cristiano.

Anche alla Visitazione avvenne qualcosa di simile attraverso la gestione dell'educandato per fanciulle cui si è accennato in precedenza. La differenza rispetto ai gesuiti fu che le visitandine si rivolsero *in primis* non ai principi, ma alle *élites* femminili e lo fecero proponendo un percorso educativo di alto livello, ricco di spunti spirituali e culturali che rese possibile un forte radicamento a livello cittadino e non solo. Lo stretto legame con Milano (ben visibile nel corso delle diverse cerimonie religiose) creò un vortice di attrazione che vide al suo centro Santa Sofia, richiamando personaggi di primo piano politico, religioso e culturale.

Gli oblati, congregazione di sacerdoti secolari al servizio dell'arcivescovo, furono dediti particolarmente all'evangelizzazione del popolo e alla formazione del clero sia nei seminari sia, successivamente, attraverso cicli di esercizi spirituali. Questi ultimi potevano essere rivolti anche ai laici o alle monache in una prospettiva ampia di educazione-formazione religiosa:

> Il nesso tra il mondo degli oblati e la spiritualità salesiana è evidente per quanto concerne la storia del monastero milanese della Visitazione. L'oblato Giovan Battista Tonetta [...] era convinto fautore della spiritualità salesiana, di cui si valeva [...] nella direzione spirituale[64].

È quindi possibile tracciare una linea diretta che collega la Visitazione in primo luogo a queste due congregazioni sacerdotali sotto differenti

64 Vismara P., *Settecento religioso milanese*, p. 492.

punti di vista e che ben s'inserisce nel più ampio contesto della situazione della diocesi milanese tra XVIII e XIX secolo.

A sostegno di tale collegamento e della profonda influenza che ebbe in particolar modo sulle *élites* cittadine Vismara ricorda che: « l'Esposizione delle reliquie e [la] predicazione in Santo Sepolcro costituirono tra 1711 e 1712 l'occasione per proporre alla devozione la figura di Francesco di Sales, ma anche per caldeggiare la fondazione del nuovo monastero [...] ciò influiva in modo assai marcato sul contesto nobiliare, soprattutto femminile, che per la direzione spirituale faceva riferimento a Santo Sepolcro e agli oblati, come pure ad alcuni gesuiti[65] ». Si è già ricordato, infatti, come nel corso del Settecento i modelli di riferimento degli arcivescovi milanesi, sul versante pastorale e della predicazione, furono quelli borromaico, salesiano e filippino, patrocinando di fatto un preciso orientamento religioso, culturale e spirituale che trovò un baricentro « naturale » nella nascita e sviluppo di Santa Sofia.

La presenza costante di oblati, gesuiti e ancora di barnabiti e sacerdoti secolari presso la Visitazione (verificata in questo caso attraverso le celebrazioni di vario tipo che ivi si svolsero) mostra l'importanza acquisita dal monastero milanese come centro propulsore di una specifica corrente religiosa e catalizzatore di istanze culturali di alto livello. La caratura dei personaggi che vennero in contatto con Santa Sofia ben si rispecchia nell'alta vocazione intellettuale dell'ordine stesso che aspirò alla costruzione di una *societas* cristiana dall'interno, attraverso la proposta di un modello culturale e spirituale ben definito, vale a dire quello salesiano dell'*Introduzione alla vita devota*.

Le celebrazioni di vario tipo e *l'excursus* relativo a coloro quali vi presero parte che si è tratteggiato forniscono dunque un interessante spaccato di questo proficuo intreccio di istanze religiose, culturali e spirituali di alto livello che non interessò esclusivamente l'interno delle mura monastiche, ma le oltrepassò in un ideale tentativo di abbracciare il mondo esterno e di rimodularlo in chiave salesiana.

Daniela SORA
Università degli Studi di Milano

65 Ivi, p. 497.

PRÊCHER LA CROISADE AU XIXe SIÈCLE

L'art oratoire du « Printemps des peuples » en Lombardie, entre politique et religion

Cette intervention vise à enquêter sur les discours et la pratique de la prédication patriotique à l'heure des révolutions italiennes de 1848. Nombreux furent les cas où les insurrections et la Guerre d'indépendance du « Printemps des peuples » prirent une connotation religieuse[1]. Je me limiterai, donc, à un cas d'étude bien localisé : Milan et la Lombardie. Souvent improvisés, les sermons des clercs quarante-huitards n'ont pas toujours été sténographiés, au grand regret de l'historien. Pourtant, nombreux furent les textes qui ont été imprimés par des éditeurs soucieux de mobiliser l'opinion publique et ainsi de contribuer à la lutte contre l'Autriche. Les auteurs accordaient souvent de bon gré leur autorisation aux éditeurs, afin de garantir l'aumône aux blessés[2]. Dans d'autres cas, le mobile était beaucoup plus lié au sujet des prêches, le but étant de répandre leur message :

> Je consens à publier ces quelques mots, dans l'espoir qu'ils tendent à exciter dans les esprits la confiance en ce Dieu qui a protégé si manifestement notre cause, et la tranquillité et l'union si nécessaires à l'obtention d'un triomphe complet[3].

---

1 Marazza, Achille, *Il clero lombardo nella rivoluzione del '48*, Milano, Edizioni del Milione, 1948 ; Francia, Enrico, *« Il nuovo Cesare è la patria ». Clero e religione nel lungo Quarantotto italiano*, in *Storia d'Italia. Annali 22, Il Risorgimento*, éd. A. M. Banti et P. Ginsborg, Torino, Einaudi, 2007, p. 423-450.

2 *Orazione funebre recitata nella chiesa di S. Eustorgio il giorno 10 aprile 1848 dal cittadino sacerdote Domenico Nava in occasione che si celebrava il solenne ufficio pei martiri della patria*, Milano, Presso la Tipografia di G. B. Redaelli, [1848], p. 3.

3 *Allocuzione recitata nella chiesa di S. Maria della Scala in S. Fedele dal prevosto paroco (sic) Giulio Ratti il 9 maggio 1848, ultimo giorno della novena per un publico voto alla B.V. Maria presenti sua Ecc. Rev. l'Arcivescovo di Milano, il Governo provvisorio, il corpo della Guardia nazionale (edizione a favore dei feriti nelle cinque giornate)*, Milano, Tipografia Ronchetti e Ferreri, [1848], p. 5. La traduction de tous les textes italiens est faite par nos soins.

Faute d'un catalogue exhaustif – qui nous manque encore – des discours, sermons ou oraisons, prononcés par le clergé séculier et régulier, mon enquête se concentrera sur un échantillon de textes. Au sein de cette masse déjà importante, je choisirai quelques exemples qui puissent illustrer les caractéristiques de cette prédication.

Dans une deuxième partie, j'essaierai de clarifier les origines culturelles des discours et de l'engagement religieux dans la guerre aux Autrichiens. Pour conclure, je reviendrai sur cette pratique exceptionnelle de la prédication en temps de guerre afin d'éclairer le court-circuit entre politique et religion qui s'y dessine.

LES BARRICADES DU CLERGÉ

Le 26 juin 1848, le gouvernement provisoire de Milan adressa au clergé de la ville un long manifeste. Après les premières victoires de la guerre contre l'Autriche, les revers de la lutte menacèrent la stabilité des dernières conquêtes. Ainsi on affirmait : « La guerre sainte que toute l'Italie mène pour se dégager de l'esclavage étranger [...] est devenue plus grande et la barbarie de l'ennemi, la rend de jour en jour plus mortelle ». Pour faire face à l'urgence, le gouvernement demandait de

> nouveaux sacrifices au pays [...] plein de confiance envers le patriotisme de tous les citoyens et sûr d'être efficacement aidé par la coopération de ceux qui exercent une autorité de parole, de conseil, d'exemple sur ce peuple héroïque de Lombardie.

Consciente que le clergé avait déjà « donné des témoignages solennels de [sa] dévotion à la cause nationale », la patrie attendait encore le service de l'« influence salutaire » que lui donnait son « ministère sacré ». La requête était en vérité bien détaillée. Parmi les premières exigences figurait celle d'ajouter « aux arguments de la fraternité citoyenne les arguments de la fraternité chrétienne », et pour cela le gouvernement exhorte le clergé : « par tous les moyens suggérez que la nôtre est une guerre sainte, une guerre pour obtenir le triomphe de la justice sur l'iniquité ». Aux clercs d'insister afin de « démontrer que [...] l'Italie se garde fidèle au principe religieux et catholique, occupée à tisser une alliance toujours plus solide entre la religion et la liberté ». Et puis surtout, « Persuadez vos paroissiens du devoir sacré qui oblige chacun à défendre la Patrie[4] ».

Si le gouvernement provisoire adressa de telles demandes, ce n'était pas par hasard ou par hardiesse, car le clergé milanais et lombard avait déjà accompli son exploit en tant que pilier de l'insurrection contre l'empire d'Autriche. Pendant les cinq journées du 18 au 22 mars, des prêtres, des séminaristes, des chapelains avaient même pris les armes et contribué à bâtir les barricades : ils avaient fait cause commune avec les patriotes[5]. Après la révolution, beaucoup d'entre eux demandèrent publiquement de participer à la lutte en cours contre l'étranger. À la fin avril, les élèves du Séminaire de Milan adressaient au Gouvernement provisoire un appel afin d'abandonner leur état et de s'engager dans le combat sur les champs de Lombardie :

> Nous avons entendu l'appel adressé à nos frères, pour que sous les drapeaux de la Patrie ils défendissent l'indépendance et la liberté. [...] Et c'est pour ça que nous nous adressons à Vous, ô Père de la Patrie, pour que à nous aussi soit assignée une partie d'action, d'efforts, de périls avec les frères lointains[6].

Le gouvernement de Gabrio Casati répondit avec gratitude mais aussi avec prudence, renvoyant les signataires à l'autorité ecclésiastique qui seule pouvait accorder l'enrôlement. Le 29 avril, les séminaristes adressaient à l'archevêque de Milan une longue lettre : ils affirmaient avoir entendu une « voix sacrée » les appelant à « vaincre pour la Patrie, ou mourir » ; ils demandaient la bénédiction de leur engagement dans la lutte :

> Oui, la Croix avec le crucifix est sur le champ, et le Pontife la confia aux combattants : pourquoi ne combattrions-nous pas nous aussi autour de la croix ? [...] Nous savons que l'arme du prêtre est la prière ; mais au cours des Cinq Journées nous avons appris avec quelle ardeur spontanée la prière déborde des cœurs au milieu des périls, avec quelle facilité on passe de l'oraison à la bataille, avec quelle humble contrition on juge sa vie lorsqu'on attend la mort d'un moment à l'autre[7].

---

4 Cité in Marazza, *op. cit.*, p. 105-108.

5 *Idem.*, p. 11-19.

6 Cité *ibid.*, p. 68-69. Une lettre semblable fût adressée au gouvernement par les séminaristes de Monza et de Crémone.

7 *Ibid.*, p. 74-75.

Aucune réponse publique ne parvint de la part de l'archevêque, qui préférait donc laisser agir son clergé, par prudence ou par conviction. Au-delà de l'engagement militaire d'une partie de ce clergé, « l'arme du prêtre » venait d'être maniée par de nombreux orateurs dans une pluralité de formes d'intervention, qui semble relever du genre de la prédication. Pour combattre, il faut être en effet bien motivé.

Une fois chassées les troupes autrichiennes, l'œuvre du clergé était consacrée non seulement au soin des blessés, mais aussi à la consécration du combat et des morts dans l'insurrection. Les morts pour la patrie étaient comparés aux martyrs chrétiens, la Passion de Jésus Christ à la passion des combattants pour l'indépendance. C'était le cas de l'abbé Giacinto Longoni, qui consacra « aux martyrs de l'amour de la patrie » le sermon du vendredi saint :

> Du haut du ciel, Dieu vit les magnanimes efforts de ces héros qui se battaient intrépides au cœur des barricades, et il bénit leur valeur. [...] La Providence inspira dans leur cœur l'enthousiasme de la cause sacrée, soutint leur bras, ôta tout sens de politique et de douceur à l'ennemi.
>
> Salut, nous nous exclamerons alors, ô troupe des Martyrs, qui avez versé le sang pour la patrie, pour la sainte cause de l'Indépendance italienne. Votre nom sera écrit avec d'ineffaçables caractères non seulement dans les généreux cœurs de vos concitoyens, et dans les traditions de la patrie ; mais ils seront marqués aussi sur les pages éternelles de l'histoire[8].

Il fallait justifier la mort de nombreux soldats improvisés et inciter tous les patriotes à persévérer dans le combat. Voilà le sens du discours de Longoni, comme de beaucoup d'autres clercs qui prirent la parole pour souligner que « qui meurt pour la patrie, ne meurt pas », car « son mourir est une renaissance ; sa mort est la vie[9] ».

8 *I martiri dell'amor patrio. Predica pel Venerdì Santo dell'abate Giacinto Longoni*, Milano, presso Luigi Ronchi e C., 1848, p. 22.

9 *Allocuzione in rendimento di grazie a Dio per la vittoria dei milanesi sopra gli austriaci ed Orazione funebre pei martiri della patria nelle cinque gloriose giornate lette nella Pre. suburb. di S. Gottardo dal Sac. Pred. Giovanni Meloni di Palazzolo Bresciano*, Edita per fornire attrezzi militari all'oratorio festivo della medesima prepositura, Milano, Boniardi-Pogliani, 1848, p. 10-11.

UNE PRÉDICATION DE GUERRE

Le rôle majeur joué par le clergé pendant les insurrections de 1848 en Italie a été maintes fois souligné[10]. Il a été profond, il a été répandu. Toutefois, on a surtout remarqué la fonction de médiation offerte par les prédicateurs, ainsi que les performances de quelques personnages, véritables histrions de la parole sacrée – tels les barnabites Ugo Bassi et Alessandro Gavazzi[11] – qui sévissaient sur les champs de guerre entre Bologne et Venise. Ces prédicateurs ont été assurément des médiateurs, appelés par les autorités civiles à cette tâche ; certains d'entre eux se produisaient en comédiens, rappelant les spectacles de théâtre plutôt que l'austérité de la chaire. Mais ils étaient aussi les porte-paroles d'un discours tout à fait particulier, ni instrumental ni naïf : ils ne prêtaient pas leur art oratoire à la cause nationale par simple obéissance ; ce n'étaient pas tous des fous, ou bien des acteurs qui jouaient leur rôle sans conviction. Au contraire, leur engagement relevait d'une élaboration tout à fait singulière et d'un agencement qui mérite l'attention de l'historien.

En se penchant sur les discours prononcés par quelques-uns d'entre eux, il est possible de saisir l'authentique profondeur de l'engagement des prédicateurs pour l'amour de la patrie à ce moment-là. La convergence entre leur propos et les requêtes du gouvernement témoigne moins du conformisme face au pouvoir que du partage d'un horizon d'attente. L'insurrection contre les Autrichiens et la Guerre d'indépendance ont été conçues réellement comme une « guerre sainte », la libération d'un peuple opprimé. Plusieurs prédicateurs n'hésiteront pas à évoquer la mémoire de l'Ancien Testament et de l'histoire d'Israël. Dans un discours

---

10 *Cf.* da Carmignano di Brenta, Arturo, « Padre Antonio Tornielli e altri cappuccini veneti durante i fatti del 1848-1849 », *Ateneo Veneto*, vol. 6, n° 1, 1968, p. 3-57 ; Brunello, Piero, « Mediazione culturale e orientamenti politici nel clero italiano intorno al 1848 : il *Giornale dei parroci ed altri sacerdoti* », *Archivio Veneto*, n° 104, 1975, p. 139-186 ; Lazzaretto, Alba, « Clero veneto e clero lombardo nella rivoluzione del 1848 », *1848-1849. Costituenti e costituzioni. Daniele Manin e la Repubblica di Venezia*, éd. P. L. Ballini, Venezia, Istituto Veneto di Scienze, Lettere e Arti, 2002, p. 391-425 ; Francia, Enrico, *op. cit.*

11 *Cf.* Beseghi, Umberto, *Ugo Bassi*, 2 vol., Parma, Donati, 1939-1940 ; Santini, Luigi, *Alessandro Gavazzi. Aspetti del problema religioso del Risorgimento*, Modena, Soc. Tip. Editrice modenese, 1955 ; Sylvain, Robert, *Clerc, garibaldien, prédicant des deux mondes. Alessandro Gavazzi. 1809-1889*, 2 vol., Québec, Le centre pédagogique, 1962.

pour le Cinquième dimanche de Carême, Gaetano Barni s'exclama dans l'église milanaise de Sainte-Euphémie :

> Ô la victoire ! Ô le triomphe ! Ô le don suprême, rare, saint, divin, que le Seigneur nous a offert, en brisant nos chaînes, nous appelant à la pure aura de la liberté ! Ô heureuse Milan ! Ô ma patrie chanceuse ! [...] N'entends-tu la voix de Jérémie qui crie à la nation autrichienne comme à la nation de Moab « Parce que Moab s'est glorifié contre le Seigneur, Moab cessera d'être un peuple » ? [...] Sus (donc) ! Réconforte-toi, ô ma patrie, entonne le cantique de jubilation au Seigneur, ce que Moïse, ce que Déborah, ce que Judith entonnèrent le jour de leur triomphe[12].

Et Domenico Nava, prêtre de la basilique Saint-Eustorgio, de rappeler les sentiments du peuple juif après le sacrifice des Macchabées, afin de célébrer le deuil pour la mort des patriotes milanais :

> Mes frères, rassemblés ce matin afin de pleurer et prier la paix pour nos proches qui sont morts pour la patrie, de quels sentiments pourrions-nous à bon droit nous nourrir de bon cœur, sinon de ceux mêmes qu'éprouvèrent les affligés Judéens, je veux dire d'admiration, de gratitude, de deuil sincère ? [...] Ah oui, les nôtres, comme Jude et les Macchabées, combattaient pour une cause sainte faisant confiance au Seigneur ; bénis par le Seigneur, comme les Macchabées, ils y opéraient des prodiges de valeur. Ils furent donc les vrais champions du Seigneur parce que vrais chrétiens, forts citoyens ; ils furent de vrais martyrs de la religion et de la patrie ; ils furent en un mot les Macchabées de la nouvelle alliance[13].

La nouvelle alliance sacrée entre souverains – dans le cas milanais, le gouvernement républicain – et les peuples entraînait une contrepartie qu'on ne peut pas négliger. Dans une oraison pour les morts des Cinq Journées récitée le 10 avril, le curé de Santa Maria del Carmine affirmait en toute clarté ce dont il s'agissait : « Dans notre actualité italienne, je n'en doute pas, on donnera à l'auguste Religion ce Siège qui lui convient, et ainsi à la Société sera donné le bénéfice majeur qui conduit au bonheur[14] ». Quelques jours plus tard, le vicaire de l'église du faubourg

12 *Per la liberazione dello straniero. Discorso recitato nella Chiesa prepositurale di S. Eufemia la domenica V^a di Quaresima dal professore Gaetano Barni*, Milano, Tipografia Pagnoni, 1848, p. 12-13.

13 *Orazione funebre recitata nella chiesa di S. Eustorgio*, *op. cit.*, p. 5-6. Même référence aux Macchabées in *Allocuzione recitata nella chiesa di S. Maria della Scala in S. Fedele dal prevosto paroco Giulio Ratti*, ouvr. cité.

14 *Orazione recitata il 10 aprile 1848 dal proposto parroco di S. Maria del Carmine Carlo Marcionni celebrandosi il solenne ufficio pei gloriosi cittadini caduti nelle cinque giornate di Milano*, Milano, Tip. Boniardi-Pogliani, 1848, p. 7.

de Saint-Augustin, près de Côme, s'en faisait écho à l'occasion de la bénédiction du drapeau de la Garde Nationale. Il prononça un discours afin de galvaniser la jeunesse réunie dans l'église, tout en comparant le drapeau de la guerre d'Indépendance à celui du *Triennio* républicain, un demi-siècle auparavant :

> Le souverain pontife Pie IX a béni le drapeau tricolore, et nos jeunes soldats, regroupés autour de lui, ont triomphé contre l'ennemi, l'étranger. Il n'y a qu'un mois que la guerre sainte a commencé [...] et un cri unanime sortit du monde, que la victoire était un miracle. *Ici*, s'exclame-t-on, *il y a le doigt de Dieu* [Mais il ajoutait] Le drapeau tricolore n'est pas l'œuvre de notre temps. [...] le premier [drapeau] était sans racines, dans un terrain qui n'était pas irrigué par les bénédictions du ciel. On déclara l'indépendance sans religion, et l'indépendance fut éphémère, sans honneur, le drapeau faible comme un roseau, et bientôt le tourbillon le renversa. Pie IX a voulu religion et indépendance, et avec la religion germèrent foisonnants et l'indépendance et l'enthousiasme pour la patrie et la colère contre l'étranger[15].

Les discours concernant les drapeaux de la Garde Civile fleurissaient dans les semaines qui suivirent l'éclatement de la Guerre d'indépendance. Ces bannières reçurent la bénédiction des clercs, mais elles étaient aussi offertes par le clergé. L'archevêque de Milan, le cardinal Bartolomeo Romilli, avait offert lui-même un drapeau tricolore à la Garde métropolitaine à la fin du mois d'avril. Cela va de soi, le geste venait d'être exploité par la milice qui l'arborait comme le symbole de consécration de sa mission. Lorenzo Sant'Ambrogio, Chancelier de la Compagnie nationale métropolitaine, imprima le bref discours qu'il avait prononcé à l'occasion du don de l'archevêque, afin de se souvenir « à la fois du Don précieux, dont vous fûtes honorés, et de qui en fut le Donneur[16] ». Ce discours n'était qu'un appel à l'unité sous le drapeau de l'archevêque : « serrez-vous autour de cette Bannière, symbole pour vous de victoire et auspice de paix ». Le drapeau n'était pas seulement le symbole de la victoire, mais aussi d'une nouvelle forme de fraternité. Dans les mots du Chancelier, la première venait d'être assurée par la seconde :

15 *Benedizione della bandiera tricolore in Sant'Agostino. Discorso*, Como, Tipografia provinciale di Carlo e Felice Ostinelli di Carlantonio, 1848, p. 5-6.

16 *Nella solenne circostanza in cui Monsignor Bartolomeo Carlo Romilli arcivescovo di Milano faceva di propria mano dono di una bandiera alla Compagnia Nazionale Metropolitana. allocuzione del Cancelliere della Compagnia stessa Lorenzo Sant'Ambrogio, 24 aprile 1848*, [Milan], Tipografia patriotica [*sic*] Borroni e Scotti, [1848], p. [3].

> Nous sommes frères, luttant tous pour la même cause, qui est juste, qui est sainte, qui est bénie par Dieu. Luttons tous unis, et nous serons tous victorieux, et nous savourerons tous les fruits très doux de cette Paix qui, commencée au nom de Dieu, en Dieu seul doit avoir son but[17].

La nouvelle alliance comportait en échange une obéissance renouvelée envers la religion, soit donc envers l'Église catholique. Nous y reviendrons. Pour l'instant, il faut observer de près la réactivation d'une forme spécifique de guerre sainte au milieu du XIXe siècle, à savoir la croisade.

GUERRE JUSTE, GUERRE SAINTE, CROISADE

La victoire contre les Autrichiens était conçue comme l'accomplissement de la volonté divine. Et la guerre devenait de fait une « croisade », une lutte sous la bénédiction de la croix. Le 6 avril, le prévôt de l'église de Saint-François-de-Paule, Andrea Merini, prononça une oraison funèbre en l'honneur des morts « pour la libération de la patrie ». Le lieu était le Dôme de Milan, qui avait était occupé par les troupes du maréchal Radetzky durant l'insurrection. À cette occasion, Merini développa une comparaison directe entre la guerre d'Indépendance et les croisades du Moyen Âge :

> Maintenant que vos proches sont déposés sous les vénérables auspices de la Religion, et que la Nation toute entière appelle sur eux la miséricorde divine, vous consommerez le grand sacrifice sur l'autel de la Religion et de la Patrie. [...] Le veut ce Dieu, qui a clairement montré qu'il adoptait la grande cause pour laquelle ces généreux sont tombés. [...] L'Italie se lève comme un seul homme : nous voulons tous être des frères, nous sentons tous que nous le sommes. Élan admirable, prodige d'une idée maîtresse et tyran des esprits, dont [...] je ne trouverais pas meilleure comparaison dans les histoires que dans les croisades, ce fait du Moyen Âge qui n'a pas été efficace dans ses buts, mais qui fut fécond d'utiles résultats, qui n'avaient pas été pressentis par les hommes, mais préparés par la Divine Providence. *Dieu le veut* était alors le cri universel, qui entraînait irrésistiblement l'Occident sur les voies de l'Orient : *Dieu est avec nous* est le mot d'ordre d'aujourd'hui, qui sort de la bouche de

17 *Ibid.*, p. [7].

> Pie [IX] et qui a résonné et résonne sur les lèvres de tous, galvanise chacun, pousse tout le monde à l'œuvre de la régénération[18].

Giovanni Lega, aumônier de la Garde nationale, utilisait des mots semblables dans l'église de Saint-Barthélemy, à l'occasion de la bénédiction finale du Carême. Il invoquait la bénédiction divine sur le souverain pontife, et poursuivait avec la bénédiction des combattants contre l'étranger, tout en comparant ceux-ci aux premiers martyrs de l'Église. Le combat des patriotes était aussi sacré que celui des martyrs chrétiens :

> Mais après Pie le Grand, sur qui descendront, ô Seigneur, vos bénédictions, si non sur ces courageux nos frères, qui brandirent les armes pour la cause sainte, et qui se trouvent dans les périls des glorieuses agonies du conflit ? Ô la vertu de cette croix, dont ils sont armés spirituellement, ne produira-t-elle pas ces prodiges d'héroïsme et de sacrifice, dont les histoires des premiers martyrs de l'Église sont fières ? Car [...] elle est noble, ô Seigneur, elle est sainte leur cause, lorsqu'elle est inspirée par des sentiments de magnanimité, lorsqu'elle est sublimée par la religion de la patrie. Que votre esprit, ô Dieu des armées, descende par conséquent au milieu de ces champs, qu'il entre dans ces troupes élues qui luttent pour les droits sacrés de la nationalité, et que dans l'horreur des massacres, dans l'ardeur des batailles, dans l'étreinte des dangers, il insuffle en eux le courage surhumain, contre lequel toute résistance est vaine. [...]
>
> Grâce à Vous, ô Seigneur, grâce à votre Vicaire sur terre, ces derniers jours une alliance sacrée ne fut-elle pas scellée entre rois et peuples[19] ?

Merini et Lega n'étaient pas les seuls qui développaient cet argumentaire. C'est un fait, l'analogie avec les croisades du Moyen Âge était fort répandue dans l'art homilétique du « Printemps des peuples » : une réinvention de l'histoire médiévale qui ne peut pas surprendre dans une période qui était justement imprégnée par le parfum de cette époque[20]. Or, cette réinvention ne fut rien de moins qu'une manipulation de la mémoire, dont les oraisons de 1848 sont autant de témoignages. Et

18 *Orazione funebre in onore dei morti per la liberazione della patria letta nella metropolitana il 6 aprile 1848 dal cittadino sacerdote Andrea Merini preposto parroco di S. Francesco di Paola*, Milano, Stamperia nazionale, 1848, p. 7-9.

19 *Benedizione finale della Quaresima recitata nella Chiesa di S. Bartolomeo la domenica in Albis e dedicata alla Guardia Nazionale di S. Francesco da Paola dall'oratore cappellano della suddetta*, Milano, dalla Tipografia di Claudio Wilmant, Milano, 1848, p. 3-4.

20 Soldani, Simonetta, *Il Medioevo del Risorgimento nello specchio della nazione*, in *Arti e storia nel Medioevo*, éd. E. Castelnuovo et G. Sergi, vol. IV. *Il Medioevo al passato e al presente*, Torino, Einaudi, 2004, p. 149-186.

pourtant, les discours des prédicateurs nous confient aussi – et c'est n'est pas la moindre valeur de ces textes – l'horizon d'attente des acteurs, à savoir le sens que patriotes et prêcheurs attribuaient à l'expression « guerre sainte » / « guerre juste ». Par conséquent, ces textes nous laissent percevoir l'essence même de l'entente entre laïcs et clercs à une époque spécifique de l'histoire européenne.

Prenons encore l'oraison funèbre de Nava. Elle rend bien compte des moyens d'appropriation de la mémoire des croisades, tout en montrant comment cette mémoire analogique pouvait servir à fournir une explication – dans le langage des acteurs – de l'engagement dans la lutte pour la libération de Milan et de la Lombardie :

> Ah oui ! Jamais cause ne fut si sainte ! Comme l'Europe religieuse déjà au Moyen Âge, lorsque des saints pontifes intimèrent la sainte croisade, toute l'Europe déferlait terrible sur l'Orient, et avec le fer et le feu égarait les infidèles qui brandissaient la menace de l'extermination et des chaînes : de la même façon les nôtres, une fois que l'ange gardien d'Italie, le grand Pie, eût béni la cause italienne, et qu'ils eussent entrevu le cher désir, le vœu ardent de ce magnanime, une fois qu'ils eussent aperçu les ministres du sanctuaire eux-mêmes enflammés par une telle entreprise, les nôtres se précipitèrent, et ils brisèrent les douloureux billots. Dieu le veut, criait-on jadis, Dieu le veut, la guerre est sainte, le Vicaire du Christ l'a proclamé ; et ce cri redoublait les forces, redonnait confiance au bras, donnait le frisson, l'ivresse aux cœurs. Et également : Dieu est avec nous, s'écriaient nos combattants sur les barricades, Dieu est avec nous, la cause est sacro-sainte, Pie IX l'a bénie ; et ce cri encourageait [les barricades], les fortifiait, les faisait terribles, invincibles[21].

Dans le discours des prédicateurs, l'appel à la croisade provenait de la voix du pouvoir ecclésiastique : grâce aux bénédictions du clergé et à son engagement spontané, « les nôtres » (le peuple milanais) trouvèrent la force de briser leurs chaînes. La guerre contre les Autrichiens était juste car ceux-ci étaient identifiés aux « infidèles » de l'Orient ; par conséquent, ils étaient dépeints comme des barbares sans pitié :

> Il s'agit de sauver les tendres enfants innocents, nos églises, les reliques des saints, les cendres sacrées de nos ancêtres, le Christ lui-même dans le Saint Sacrement, de la profanation, du massacre, du carnage, de l'incendie, de l'infamie, et du plus barbare, très injuste, sacrilège et sanglant pillage, dont

21 *Orazione funebre recitata nella chiesa di S. Eustorgio*, ouvr. it., p. 7-8.

> nous sommes menacés, et en partie déjà frappés, comme je le vis moi-même avec des larmes saignantes ; ah ! Quelle vue[22] !

Mais cette guerre était aussi « sainte » en raison de l'onction assurée par les ministres de la religion. Or, si pour les patriotes milanais (et italiens) la cause de la nation gardait une certaine valeur de sacralité indépendante de la religion catholique[23] ; l'effet de cette prédication de guerre était de court-circuiter cet idéal avec la revendication d'une sanction ecclésiastique par le biais d'une réactivation de l'idée de croisade. Ce faisant, les prédicateurs lombards se rattachaient à une longue tradition qui remontait au moins au XIe siècle, lorsque les pontifes romains relancèrent le *negotium crucis*[24]. Bien qu'ils ne nommassent que les croisades en Orient, une autre tradition réapparaîtrait derrière les discours des orateurs lombards : celle des croisades contre les ennemis de la papauté en Italie[25]. Dans l'un et l'autre cas, la prédication n'avait jamais cessé d'être la voix du mouvement croisé ; à partir du XIIIe siècle, les sermons donnèrent cohérence à la pratique de la croisade, en expliquant les buts, en énumérant les obligations et en assurant l'encouragement des croisés[26]. L'expérience de 1848 s'inscrivait donc dans une longue histoire, à peu près millénaire.

Comme l'écrivait Alphonse Dupront dans sa thèse monumentale, « c'est un fait que la Croisade survit aux croisades[27] ». Et pourtant, ce

---

22 *Viva Iddio, Viva Cristo nostro generalissimo, Viva il suo grande vicario Pio Nono, Viva l'Italia risorta. Pensieri declamati all'improvviso dal sacerdote Antonio Arrigoni, Parroco di Buccinigo, ora in Milano, ai prodi milanesi nelle memorande giornate 18, 19, 20, 21, 22 marzo dell'anno 1848 mentre assisteva pur anche i feriti milanesi*, Milano, da Andrea Colombo Librajo-Editore, 1848, p. 5.

23 Banti, Alberto Mario, *La nazione del Risorgimento. Parentela, santità e onore alle origini dell'Italia unita*, Torino, Einaudi, 2000.

24 Dans une bibliographie désormais aussi imposante que partagée, voir au moins Erdmann, Carl, *Die Entstehung des Kreuzzugsgedankens*, Stuttgart, W. Kohlhammer, 1935 ; Flori, Jean, *La guerre sainte. La formation de l'idée de croisade dans l'Occident chrétien*, Paris, Aubier, 2001 ; Demurger, Alain, *Croisades et croisés au Moyen Âge*, Paris, Flammarion, 2006. Mérite d'être cité aussi le texte pionnier et toujours fascinant de Kantorowicz, Ernst Hartwig, « *Pro patria mori* in Medieval Political Thought », *American Historical Review*, vol. 56, n° 3, 1951, p. 472-492.

25 Housley, Norman, *The Italian Crusades. The Papal-Angevin Alliance and the Crusades against Christian Lay Powers, 1254-1343*, Oxford, Clarendon Press, 1982. *Cf.* Tyerman, Christopher, *The Invention of the Crusades*, Toronto, University of Toronto Press, 1998 (tr. it. *L'invenzione delle crociate*, Torino, Einaudi, 2000, p. 69-82).

26 *Idem*, p. 103-123.

27 Dupront, Alphonse, *Le mythe de croisade*, Paris, Gallimard, 1997, t. I, p. 15.

fait ne peut pas être expliqué par l'évocation d'un vague « psychisme de guerre sainte ». Dans notre cas, tout appel à la croisade fait référence à l'autorité ecclésiastique qui possédait le pouvoir de le lancer. Ce n'est pas un hasard si le pape Pie IX était la référence commune à tous ces discours que je viens de citer. Les prédicateurs ne négligeront jamais de nommer le nouveau pontife ; et cela ne concerne pas seulement Milan : le prêtre Pietro Baronio, curé de Serle en province de Brescia, dans un discours improvisé à la Garde Nationale – qu'il enverra par la suite au gouvernement de Brescia par écrit – invitant les troupes à prêter serment de « mourir les armes à la main », s'empressait de soulager ses soldats : « Mais ne craignez rien : Dieu est avec nous ; le grand Pie, nouveau Moïse, lève ses mains au ciel, et la victoire est certaine[28] ».

Si la guerre contre l'Autriche pouvait être envisagée en tant que croisade, c'est grâce à la présence de Pie IX, dont la bénédiction à l'Italie du 10 février 1848 avait excité les esprits[29]. Or, si ses actes étaient interprétés comme un appel à la guerre sous la croix, c'est aussi parce qu'une élaboration culturelle très influente s'était interposée entre le fait de la guerre et les paroles du pape.

ARCHÉOLOGIE DE LA CROISADE QUARANTE-HUITARDE

Le thème de la première croisade avait été évoqué dans la culture figurative et littéraire italienne de l'âge romantique. Le peintre milanais Francesco Hayez avait réalisé deux tableaux à grand succès : le premier, datant de 1827-1829, représentait Pierre l'Ermite prêchant la croisade sur son mulet blanc, la croix à la main[30] ; dans la deuxième, datant de

28 Cité in Cistellini, Antonio, *Il contributo del clero*, in *48 e 49 bresciani*, éd. A. Frugoni, Brescia, Morcelliana, p. 231.

29 Gualdi, Tommaso Maria, *"Benedite Gran Dio l'Italia" : i primi anni del pontificato di Pio IX, la celebre benedizione e la questione romana*, Carpi, Off. graf. Gualdi, 1952. Sur l'investissement émotif dont Pie IX était l'objet dans ces années-là voir Veca, Ignazio, *Il mito di Pio IX. Storia di un papa liberale e nazionale*, Roma, Viella, 2018.

30 Hayez, Francesco, *Pietro l'Eremita che cavalcando una bianca mula col Crocifisso in mano, e scorrendo le città e le borgate predica la Crociata*, 1827-1829, huile sur toile, 210x280 cm. Milan, Collection privée.

1835, Pierre l'Ermite s'accompagnait du pape Urbain II[31] : il s'agit, bien évidemment, du moment où le pape lançait l'appel à la première croisade sur la place de Clermont, le 27 novembre 1095.

Cette mémoire plus ou moins altérée d'un épisode historique fut exploitée par les patriotes italiens. Une lithographie de l'époque nous montre Pie IX bénissant l'allégorie de l'Italie, un *labarum* à la main qui évoquait la devise constantinienne et le *vexillum* des croisades[32]. Des tels courts circuits pouvaient bien convaincre un large public (laïc et ecclésiastique) que Pie IX avait vraiment affirmé que dans cette guerre : « Dieu est avec nous ». Tout cela, bien entendu, grâce à l'aide d'ingénieux esprits.

Le marquis piémontais Massimo d'Azeglio, pamphlétaire de talent et membre du corps d'expédition volontaire qui avait quitté Rome avant même la déclaration de guerre du roi Charles-Albert, se rendit sur la frontière avec le Royaume lombardo-vénitien. En tant qu'aide de camp du général Giovanni Durando, D'Azeglio s'occupa de la propagande de guerre. Il conçut plusieurs ordres du jour qu'il faisait signer par Durando[33]. Il s'agit de véritables manifestes de propagande pour l'armée. Le plus célèbre fut celui du 5 avril 1848[34], où il écrivait que « Le Saint Pontife a béni vos épées, qui, unies à celles de Charles-Albert doivent mener ensemble l'extermination des ennemis de Dieu et de l'Italie ». La devise des croisades « Dieu le veut » était écrite en caractères gras sous le texte du manifeste. Mais D'Azeglio ne s'arrêta pas à ce texte : il habille les volontaires en costumes médiévaux avec une grande croix sur la poitrine ; il organise aussi un défilé du *Carroccio*, le grand chariot autour duquel se rassemblaient et combattaient les milices des communes italiennes, notamment dans la bataille de Legnano, épisode majeur de l'histoire de la Ligue lombarde[35].

Comme l'affirma l'historien de la littérature Mario Fubini, l'épopée de la Ligue lombarde a été *le* mythe du romantisme italien à l'époque

31 Hayez, Francesco, *Papa Urbano II sulla piazza di Clermont predica la prima Crociata*, 1835, huile sur toile, 157x265 cm. Collection de la Cassa di Risparmio delle Provincie Lombarde, Milan.

32 Morelli, Ercole – Guglielmi, Paolo, *Benedite Gran Dio l'Italia*, Rome, M. Danesi, 1848, Lith. 53 × 55,5 cm. Museo Centrale del Risorgimento, Rome.

33 D'Azeglio, Massimo, *Scritti e discorsi politici*, éd. M. De Rubris, vol. I, *1846-48*, Firenze, La Nuova Italia, 1931, p. 546-556, qui en recueille une grande partie.

34 [D'Azeglio, Massimo] *Ordine del giorno*, Bologne 5 avril 1848. Tract. Biblioteca di storia moderna e contemporanea, Rome.

35 *Cf.* Voltmer, Ernst, *Il carroccio*, Torino, Einaudi, 1994.

du *Risorgimento*[36]. À cette construction mythologique ont contribué les meilleurs hommes de lettres de l'époque, de Tommaso Grossi à Cesare Balbo, de Giovanni Berchet à Massimo D'Azeglio lui-même, qui avait entamé un roman intitulé précisément *La Lega di Lombardia*, jamais terminé[37]. La réactivation de cet épisode nous ramène en Lombardie, où la mémoire du serment de Pontida, prélude à la guerre fédérale contre l'empereur Frédéric Barberousse, venait d'être à son tour mobilisée pour donner une signification plus profonde à la lutte contre l'Autriche. La Ligue lombarde était conçue en tant que symbole d'une véritable capacité des états italiens à chasser l'ennemi étranger.

Après la victoire de l'insurrection de Milan, on pensait commémorer l'anniversaire du serment de Pontida, le 7 avril 1167. Afin de mieux organiser la cérémonie, la commémoration fut reportée au 7 mai, le jour de la Saint Albert, fondateur du monastère de Saint Jacques où la Ligue prononça son jurement. À cette occasion, un nouveau serment fut proposé.

Le prêtre Domenico Locatelli prononça une allocution à la Garde civique, rappelant aux soldats leurs devoirs envers la religion qui consacrait la défense de la patrie :

> Oyez la voix de la Religion qui bénit aujourd'hui vos ardeurs martiales, qui consacre et sanctifie. Rappelez-vous que, en allant volontaires sous le drapeau tricolore, vous avez endossé les devoirs les plus sacrés, les plus inviolables, envers Dieu, envers la religion, envers la patrie. [...] Ici, la main sur ce drapeau sacré, au nom de Pie IX et d'Alexandre III, dont il porte les images, ici prêtez serment solennel de ne jamais manquer à vous-mêmes, à la patrie, à la religion, à Dieu[38].

36 Fubini, Mario « La Lega Lombarda nella letteratura dell'Ottocento », *Popolo e Stato in Italia nell'età di Federico Barbarossa : Alessandria e la Lega Lombarda*, XXXIII Congresso storico subalpino per la celebrazione dell'VIII centenario della fondazione di Alessandria (Alessandria, 6-9 ottobre 1968), Torino, Deputazione Subalpina di Storia Patria, 1970, p. 399-420. *Cf.* Laven, David, « The Lombard League in Nineteenth-Century Historiography, c. 1800-c. 1850 », *Nationalizing the Past. Historians as Nation Builders in Modern Europe*, éd. S. Berger et C. Lorenz, London, Palgrave Macmillan, 2010, p. 358-383.

37 Sur la généalogie de ce thème, qui n'a pas été l'apanage exclusif du néoguelfisme, voir Veca, Ignazio, *Il mito di Pio IX. Realtà e rappresentazioni di un papa liberale e nazionale in Italia e in Francia (1846-1849)*, Thèse de doctorat, Scuola Normale Superiore di Pisa / École Pratique des Hautes Études, 2015, p. 615-622.

38 *La Lega lombarda giurata in Pontida il 7 aprile 1167 ivi festeggiata il 7 maggio 1848. Descrizione coi discorsi pronunziati dal sacerdote Locatelli, Cesare Cantù, Francesco Cusani*, Milano, Tipografia e Libreria Pirotta, 1848, p. 9-10.

S'ensuivit le discours de l'historien catholique Cesare Cantù, toujours centré sur la nécessité de rappeler que l'indépendance italienne venait d'être gagnée grâce aux vertus de la religion :

> Embrassez, embrassez [*baciate*] ce drapeau, sanctifié par la bénédiction du Christ ; [...] il est le symbole de l'alliance renouvelée entre l'Église et l'État, entre la raison et la foi. [...]. Et sur ce drapeau prêtez serment, jurons de racheter [*redimere*] toute motte de terre italienne à l'abomination allemande ; la racheter avec tous nos efforts ; la racheter le plus tôt possible, coopérant à la Croisade de toute l'Italie[39].

Un autre orateur laïc, Francesco Cusani, prit la parole au milieu du banquet de deux cent cinquante convives dans le monastère. Il décrivit les Autrichiens en tant qu'« hordes barbares », comparables à celles de Barberousse. Et il conclut lui également, avec le rappel aux armes et à la guerre sainte :

> Ce drapeau que le très grand Pie IX a béni de sa main, arboré par des prêtres, précède les troupes croisées, et sorti de Rome déjà flotte sur les bords menacés de la Piave. Dieu le veut avec la voix de son Vicaire ! L'Italie ressuscite libre et glorieuse de son hibernation de trente ans [...] ! [...] Oui, comme nous qui fêtons l'héroïsme de nos pères, la postérité fêtera l'héroïsme des Lombards d'aujourd'hui, lesquels après tant de siècles montrent au monde qu'ils ne sont pas la lignée dégénérée des forts de Pontida et de Legnano[40] !

La liaison entre cet épisode local de l'histoire italienne et le souvenir de la première croisade permit à la propagande patriotique – dont la prédication des clercs faisait partie intégrante – de transformer la guerre d'Indépendance en une véritable « guerre sainte ».

SURVIVANCE DES CROISADES

La présence de Pie IX en tant que catalyseur d'une mémoire historique bien manipulée s'impose dans les textes que nous venons de citer. Les prédicateurs lombards, tant clercs que laïcs, ont pu investir l'imaginaire de la croisade pour donner sens au combat de milliers de

39 *Idem*, p. 13-14.
40 *Ibid.*, p. 18.

patriotes. Ceux-ci se jetèrent dans la lutte avec la conviction de vivre une expérience eschatologique majeure : approcher une ère nouvelle à travers leur combat[41]. De fait, la prédication du « Printemps des peuples » contribua à dessiner une circularité entre religion catholique et nationalisme italien. En tant que « marqueur culturel[42] » l'acte de prêcher liait politique et religion en une configuration originelle, qui ne manquait pas d'évoquer des conflits, dissimulés sous la rhétorique de la concorde et de l'harmonie.

De la part du clergé, le nouveau pacte entre religion et patrie entraînait un attachement renouvelé du peuple à la première (la religion) par l'intermédiaire de la seconde (la nation). Si l'église lombarde avait participé activement à la révolution, ce n'était pas seulement pour revendiquer les anciennes libertés auxquelles le joséphisme autrichien avait porté atteinte[43]. La participation des prédicateurs à la mobilisation patriotique relevait d'un espoir plus profond : faire en sorte que la religion puisse se rétablir en tant que premier moteur d'une société organique. C'est bien cette perspective qui émerge sans cesse des textes que nous venons de lire. Le « besoin du secours de Dieu » était à la base de la « consonance mutuelle entre les devoirs du bon chrétien et du bon citoyen » dont les prédicateurs parlaient souvent : « Tout pour la patrie, mais tout pour le Seigneur ; et donc, ce qu'on fait pour la patrie, qu'il soit digne d'être offert au Seigneur[44] ».

On est bien loin d'une sécularisation des notions théologiques. L'appel à la croisade de 1848 relève peut-être ici d'un apprivoisement de la violence qui s'inscrit dans la longue durée des sociétés européennes, basculant entre cultures chrétiennes et postchrétiennes, modernité et pré-modernité[45] ; en témoignerait l'emploi d'images et de formules stéréotypées, caractéristique de la pratique oratoire. De toute façon, cet appel a été le produit d'un travail collectif d'acteurs particuliers, visant à des objectifs enracinés dans leur temps, et qui nous permet

41 *Cf.* Vauchez, André, « Les composantes eschatologiques de l'idée de croisade », *Le concile de Clermont de 1095 et l'appel à la Croisade*, Actes du Colloque Universitaire Internationale de Clermont-Ferrand (23-25 juin 1995), Rome, École française de Rome, 1997, p. 233-243.

42 Roy, Olivier, *La sainte Ignorance. Le temps de la religion sans culture*, Paris, Seuil, 2008.

43 *Cf.* Lorenzetti, Pietro, *« Catene d'oro » e libertas ecclesiae. I cattolici nel primo Risorgimento milanese*, Milano, Jaca Book, 1992.

44 *Allocuzione recitata nella chiesa di S. Maria della Scala*, ouvr. cité, p. 7, 9, 13.

45 Buc, Philippe, *Guerre sainte, martyre et terreur. Les formes chrétiennes de la violence en Occident*, Paris, Gallimard, 2017.

d'esquisser une configuration originale dans la longue tradition de la prédication de la guerre sainte, à l'heure du nationalisme moderne. La transposition des ennemis de Dieu aux ennemis de la nation se faisait sous condition d'une réorientation du sens de la révolution éclatée en mars 1848 : garantir la régénération de la patrie passait par l'assurance d'un nouveau lien avec les autels, une re-christianisation profonde de la société. Cette expérience a été aussi fondatrice. Le discours de guerre qui éclate dans les sermons quarante-huitards semble bien être l'antécédent le plus proche – pour son intensité et sa diffusion – de la mobilisation du clergé après l'unité italienne et surtout pendant la Grande Guerre[46]. Du Moyen Âge à la guerre moderne, aller et retour.

Ignazio VECA
École normale supérieure de Pise

46 *Cf.* Paiano, Maria « Religione e patria negli opuscoli cattolici per l'esercito italiano. Il cristianesimo come scuola di sacrificio per i soldati (1861-1914) », *Rivista di storia del cristianesimo*, n° 1, 2011, p. 7-26 ; *La Chiesa italiana nella Grande Guerra*, éd. D. Menozzi, Brescia, Morcelliana 2015 ; Lesti, Sante, « Predicare l'"Apocalisse" al tempo della Grande Guerra. Il caso di don Angelo Roncalli », *La guerra come apocalisse. Interpretazioni, disvelamenti, paure*, éd. M. Mondini, Bologna, il Mulino, 2016, p. 179-195.

LES CHAIRES DE VÉRITÉ « BELGES »

Modèles ou exceptions ?

Si vous préparez un séjour touristique en Belgique, vous irez peut-être vous renseigner sur internet. Les moteurs de recherche vont sans doute vous orienter vers Cityzeum, guide touristique en ligne à télécharger gratuitement fondé en 2006. Quelle ne sera pas votre surprise quand vous lirez à propos de l'église Saint-Jean-Baptiste de Bruges[1] :

> Cette chaire de vérité date de 1757, et n'est pas à sa place d'origine. Elle vient en réalité de l'église des dominicains, à Malines, et fut placée ici seulement au 19e siècle. C'est pourquoi le personnage sculpté grandeur nature, en dessous de la cuve de la chaire, représente saint Dominique, qui piétine un homme représentant l'hérésie. C'est une œuvre du sculpteur Joseph Parent. Ces meubles sont nés, pourrait-on presque dire, avec la contre-réforme entreprise au 16e (siècle) par les catholiques pour fidéliser et reconquérir des fidèles partis au protestantisme. Car avant cela, n'oublions pas que les fidèles n'assistaient pas à la messe qui était réservée au clergé, lui-même abrité derrière les fameuses barrières appelées « jubés ». Faire des prêches est donc une innovation des protestants qui sera reprise ensuite par les catholiques. D'où l'arrivée massive des chaires dans les églises.

Si vous regardez la page sur Bruxelles, le site vous explique que, dans la cathédrale[2], vous pourrez contempler « de beaux éléments baroques comme sa chaire centrale, la plus ancienne de la ville. Elle suscitait l'admiration de Victor Hugo, qui disait : "Cette chaire est dans l'art un des rares points d'intersection où le beau et le rococo se rencontrent." ». Pour mieux présenter le meuble, il est précisé :

> La chaire donne un message théologique précis, qui est celui de la Rédemption de l'Homme à travers sa conversion. En dessous, Adam et Ève chassés par l'ange,

1 http://www.cityzeum.com/dossier/du-grand-beguinage-a-la-cathedrale-saint-michel/1944/la-chaire-de-verite [consulté le 7 juin 2016]. Nous recopions le texte en laissant au site la responsabilité de ses propos.

2 http://www.cityzeum.com/cathedrale-saints-michel-et-gudule-de-bruxelles [consulté le 7 juin 2016].

> poursuivis par la mort, représentent le péché originel, la chute de l'homme par sa propre faute. Au-dessus, sur l'abat-voix, se tient la Vierge Marie, debout, dominant l'assemblée. Or, dans la théologie traditionnelle, Marie est souvent associée à la nouvelle Ève, celle par qui arrive le Pardon de l'humanité, puisqu'elle est la mère du Christ. Ainsi, nous avons à la base la première Ève, celle qui fait chuter l'homme, et au sommet la nouvelle Ève, celle qui le sauve. Entre les deux, il y a le prêtre qui prêche la bonne parole. C'est en écoutant la voix de l'Église que l'on sera sauvé. Voilà le message de cette chaire ! Alors ? Convaincus ? Quand on voit ça, on comprend comment l'art est un puissant vecteur d'idées, surtout pour des gens qui, comme le peuple de l'époque, était peu instruit[3].

Le site conclut : « Les chaires baroques flamandes sont des discours en soi ». Si des historiens seront surpris des approximations, voire des erreurs, quelle est la réaction du grand public face à ces descriptions ? De tels propos n'émanent pas d'un site internet visant à la catéchèse ou s'adressant à des lecteurs férus d'art religieux. Son fondateur, Julien Laz, professionnel de la vente de services touristiques en ligne[4], se présente comme un « spécialiste de l'infomédiation francophone qui édite des portails thématiques[5] ». C'est donc bel et bien un espace commercial. Pourtant, il n'hésite pas à longuement insister sur les chaires à prêcher, un meuble qui, d'habitude, passe inaperçu. Cet intérêt n'est pas gratuit : ces monumentales sculptures font pleinement partie du patrimoine belge.

À partir du XIXe siècle, guides touristiques et essais littéraires les célèbrent. Alexandre Dumas ou Victor Hugo leur consacrent des pages enthousiastes. Cet engouement semble montrer l'exemplarité artistique de ce qui fut jadis les Pays-Bas méridionaux. Pourtant d'autres chaires remarquables existent, comme celle d'Amiens, dressée en 1773 sur les plans de l'architecte Christophle (1715-1782) et grâce aux sculptures de Jean-Baptiste Michel Dupuis (1698-1780). Elles n'ont pourtant pas la même renommée. Comment alors comprendre le statut particulier des chaires de vérité belges ? Pour tenter de le comprendre, nous devons revenir à la chronologie ; à ce temps qui, à partir du début du XVIIe siècle et jusqu'à la fin du XIXe, a construit un objet, entre religion et culture.

---

3 http://www.cityzeum.com/dossier/du-grand-beguinage-a-la-cathedrale-saint-michel-1/2018/la-chaire-de-verite-3 [consulté le 7 juin 2016].

4 Il est directeur général d'Hôtels Privés (plateforme de mise en relations entre des hôtels et des voyageurs créée en 2014) et fondateur du site ALundi (site d'idées de week-end en France). Il a racheté les guides de voyage Navigaia et Pocketvox en 2011.

5 Cité sur le site http://lechotouristique.com/carnet-des-decideurs/laz-julien,61448 [consulté le 5 juin 2016].

UN ART BAROQUE[6]

AVANT 1650

Si la chaire à prêcher s'impose dans le contexte de la Contre-Réforme et de la pastorale d'encadrement des catholiques[7], longtemps la structure du meuble est restée fluctuante. Les Pays-Bas méridionaux demeurent, au début du XVIIe siècle, proches d'un modèle hérité de la Renaissance : une cuve à pans, souvent au nombre de six, sur lesquels des arcades abritent des personnages ; panneau de fond assez strict destiné à soutenir l'abat-voix.

Sur ce modèle, tel qu'il se voit à l'église Saint-Pierre de Lo-Saint-Pierre (1626-1628), les artistes se laissent aller à décorer les panneaux, à utiliser les ressauts, à créer des saillies… À Saint-Blaise de Heppen (1634) ou Notre-Dame et Saint-Pierre de Zaffelaere (1636), les colonnes d'angles s'apparentent à de la vigne grimpante. À Saint-Quentin-et-Notre-Dame à Hasselt (1637) ou Saint-Blaise de Heppen (1634), le relief des figures s'affirme. Le nom d'artistes est parfaitement connu, spécialement Érasme Quellin (1584-1640) dit le vieux qui intervient pour la chapelle de l'hôpital Sainte-Élisabeth d'Anvers (1635).

Artus Quellin I le vieux (1609-1668) et Pierre Verbruggen le vieux (1615-1686) annoncent les temps futurs dans leur travail pour Saint-Gommaire de Lierre (1640-1642). La cuve est soutenue par des cariatides en *contrapposto*. Il en va de même pour l'abat-voix qui, du coup, s'étale plus largement. Naît un effet de pyramide inversée avec le haut plus vaste que le pied. Mais la cuve reste à pans décorés de têtes d'anges et de cartouches ; le relief est accusé mais isolé comme en applique.

LE TOURNANT DES ANNÉES 1650-1680

Le milieu du siècle affirme la « grande sculpture figurée » caractéristique du « haut baroque ». Artus Quellin II le jeune (1625-1700) lui

6 Philippot, Paul, Coekelberghs, Denis, Loze, Pierre, Vautier, Dominique, *L'architecture religieuse et la sculpture baroques dans les Pays-Bas méridionaux et la principauté de Liège 1600-1770*, Sprimont, Mardaga, 2003. Cet ouvrage est le résultat d'une vaste enquête menée par l'Association du Patrimoine Artistique soutenue par le Fonds de la Recherche Fondamentale Collective.

7 Martin, Philippe, « La chaire : instrument et espace de la prédication », *Annoncer l'Évangile (XVe-XVIIe siècle)* éd. M. Arnold, Paris, Cerf, 2006, p. 397-415.

donne immédiatement ses lettres de noblesse avec, en 1665, la chaire de Saint-Georges d'Anvers, installée maintenant à Notre-Dame de Vilvorde. Les figures sont en action. Les cariatides lèvent un pied, tournent une tête, esquissent un geste de la main. Quatre anges se penchent en avant pour porter la cuve sur le haut du dos ; ils participent à une sorte de rayonnement qui dirige l'œil vers la cuve. Là, il se perd dans le détail des feuillages et des drapés. Les angelots accolés à la cuve semblent arrêtés en plein vol. L'abat-voix est en saillie, supporté par deux anges qui soutiennent le panneau de fond. Les figures de la Foi et de l'Espérance encadrent l'escalier dont la rampe est extrêmement ouvragée. L'artiste utilise un système similaire pour Sainte-Walbruge, église des jésuites de Bruges (1667-1669) : deux figures à l'ouverture de l'escalier ; la Foi soutient la cuve avec un ample mouvement des bras ; deux angelots armés de trompettes supportent l'abat-voix ; celui-ci n'a plus une forme architecturale mais ressemble à une coquille.

Si le style Renaissance a encore ses amoureux[8], le nouveau schéma s'impose, marqué par une architecture rigoureuse et l'autonomisation de la représentation (voir document n° 1). C'est celui qui est adopté par Charles Hurtrel pour Saint-Martin de Courtrai (1655), Jan Mason pour Sainte-Catherine du Béguinage à Diest (1671), Louis Willemssens et Octave Herry pour Saint-Jacques d'Anvers (1675), Baudoin Lalou pour la collégiale Saint-Vincent de Soignies (1670-1680), Mathieu van Beveren à Notre-Dame de Termonde (1681-1684)…

Pièce du meuble	Décor
Escalier	Ouverture encadrée de deux personnages Rampe sculptée
Pied supportant la cuve	Personnages formant un support évasé Mouvements marqués des personnages
Cuve	Présence de personnages au relief bien accentué
Panneau de fond	Panneau encadré de personnages volants
Abat-voix	En saillie

FIG. 1 – Le schéma des chaires de vérités.

8 Voir, par exemple, la chaire de Saint-Remy de Waudrez (vers 1650).

L'ÉPANOUISSEMENT APRÈS 1680

À partir de 1680 s'ouvre un siècle d'apothéose et d'essoufflement pour le baroque. Une certaine influence italienne le soutient[9] et bien des sculpteurs sont attirés par Rome, à l'image de Laurent Delvaux qui y séjourne de 1728 à 1732 dans l'entourage du cardinal Lorenzo Corsini, futur pape Clément XII[10]. Dans le mouvement de « barocisation » des églises des Pays-Bas méridionaux, la chaire n'est pas le meuble privilégié par les artistes. En général, elle accuse un retard d'une dizaine d'années par rapport aux maîtres-autels. Le plus souvent, elle est l'aboutissement d'un processus de transformation d'un sanctuaire. Cela se voit bien à la collégiale Sainte-Gertrude de Nivelles. La chaire de vérité date de 1772, précédée par un retable de la conversion de saint Paul (1735), une statue en chêne de la bienheureuse Itte d'Aquitaine (1750), une autre pour le bienheureux Pépin de Landen (1750)…

Entre 1680 et 1795, 97 chaires de vérité sont érigées dans les Pays-Bas méridionaux. Sur ce siècle, le mouvement est assez uniforme avec deux moments un peu plus forts : les années 1700-1720 et autour de 1750 (voir document 2[11]).

La chaire baroque du XVIIIe siècle a deux caractéristiques (voire document n° 3). La première est la cuve supportée par des figures humaines. Le choix des personnages est exceptionnellement dicté par les circonstances locales[12], les sculpteurs préférant les figures liées à l'acte de prêcher qui sont des cautions silencieuses pour le clerc qui parle. Le Christ est abondamment convoqué : en 1736, il est parmi les docteurs à Saint-Laurent de Lokeren[13] ; en 1736-1741, il est entouré des bergers à Saints-Jean-Baptiste-et-l'Évangéliste de Malines[14] ; en 1774, sur un globe entouré de Marie et de Joseph à Sainte-Catherine de Malines[15] ; vers 1778, à Saints-Pierre-et-Paul de Lenhout, il parle à la Samaritaine

9 Schoy, Auguste, *Histoire de l'influence italienne sur l'architecture dans les Pays-Bas*, Bruxelles, Hayez, 1879 (voir spécialement p. 432).

10 Jacobs, Alain, *Laurent Delvaux*, Paris, Arthéna, 1999.

11 Les graphiques sont placés dans l'annexe 2 en fin de texte.

12 Signalons le cas de Jacques van der Neer (1718-1798). À Olen, en 1767, il choisit un cavalier offrant son manteau à un pauvre accroupi près de lui : c'est saint Martin patron de l'église.

13 Chaire réalisée par Théodore Verhaegen (1700-1759).

14 Chaire réalisée par le même Théodore Verhaegen.

15 Chaire réalisée par Pierre Valckx (1734-1785)

près du puits[16]... Sont également présents ceux dont la parole a forgé la religion, prophètes et Pères de l'Église : en 1697, saint Augustin est assis sur un globe chez les augustins d'Anvers[17] ; en 1718, les quatre évangélistes tiennent leurs ouvrages à la main à Notre-Dame au-delà de la Dyle à Malines[18] ; en 1721, Élie est nourri par l'ange à Notre-Dame-de-la-Chapelle de Bruxelles[19] ; en 1738, deux Pères tiennent de lourds volumes à Saints-Sulpice-et-Denis de Diest[20] ; en 1750, Pierre et Paul discutent à Saint-Pierre de Leeuw-Saint-Pierre[21]... Parmi cette galerie, saint Jean Baptiste est peu présent, absence remarquable puisque, dans la gravure européenne, il est le prédicateur par excellence[22]. Dans quelques rares cas, mais remarquables par la qualité des œuvres réalisées, les personnages sont un appel aux fidèles, un avertissement que le péché les corrompt et que seule une vie vraiment pieuse, selon les préconisations de l'Église, peut les sauver : en 1696-1699, Adam et Ève sont chassés par Dieu en colère chez les jésuites de Louvain[23] ; Adam et Ève s'enfuient d'une grotte à Notre-Dame d'Hanswijk de Malines en 1743-1746[24] ; la Vierge triomphe du démon à Saint-Charles-Borromée d'Anvers en 1718[25]...

La seconde caractéristique de ces chaires baroques, ce sont ces personnages qui portent l'abat-voix. Ils sont moins fréquents (voir document nº 3) mais complètent le couronnement. Si les anges s'imposent partout, l'imagination des sculpteurs a su leur donner d'infinies attitudes : en 1697, Hendrick-Frans Verbrugghen leur fait porter un phylactère à Saint-Augustin d'Anvers alors qu'ils sont perdus dans des frondaisons

16 Chaire réalisée par Frans II Somers actif vers 1778.

17 Chaire réalisée par Hendrick-Frans Verbrugghen (1654-1724).

18 Chaire réalisée par Jan-Frans Boeckstuyns (1650-1734).

19 Chaire réalisée par Pierre-Denis Plumier (1688-1721). Sur cet artiste, voir : Jacobs, Alain, « Pierre-Denis Plumier », *Revue belge d'Archéologie et d'Histoire de l'art*, LXVIII, 1999, p. 113-170.

20 Chaire réalisée par Guillaume-Ignace Kerrick le jeune (1682-1745).

21 Chaire réalisée par Jean-François Turnhout (1702-1757).

22 Une analyse réalisée d'après la base JOCONDE le présente 112 fois contre 28 pour Paul, 23 pour Jésus... Voir : Martin, Philippe, « Lieux et gestes de prédicateurs », *La parole publique en ville des réformes à la Révolution*, éd. S. Simiz, Villeneuve-d'Ascq, Presses universitaires du Septentrion, 2012, p. 197-222.

23 Chaire réalisée par Verbrugghen. Elle est transférée à la cathédrale Saint-Michel-et-Sainte-Gudule de Bruxelles en 1776.

24 Chaire réalisée par Théodore Verhaegen.

25 Chaire réalisée par Jean-Pierre van Baurscheit (1669-1728).

chez les jésuites de Louvain en 1696-1699 ; Jean-Pierre van Baurscheit le vieux préfère les faire souffler dans des trompes à Saint-Charles-Borromée d'Anvers en 1718 ; Guillaume-Ignace Kerrick le jeune leur fait regarder la nef à Saints-Sulpice-et-Denis de Diest en 1738…

Le style naturaliste, qui fait souvent la réputation de ces chaires, demeure exceptionnel : 20 % des meubles (voir document 4). Puisqu'il n'y a pas de période vraiment privilégiée, c'est sans doute plus des considérations économiques que des impératifs de goût ou de pastorale qui expliquent le choix de ces décors. Il est vrai qu'ils sont foisonnants : troncs d'arbres supportant la cuve ; branches s'immisçant dans l'abat-voix ; oiseaux qui pépient sur les rambardes ; petits animaux qui courent dans les décors… C'est sans doute le meuble construit par Pierre Valckx (1734-1785), d'après Verhaegen, pour Sainte-Catherine de Malines (1774) qui est le plus connu. La cuve est un balcon de maçonnerie qui domine un appentis de paille figurant la crèche où est rassemblée la sainte Famille. De part et d'autres des buissons dissimulent un escalier de pierre en ruine qui permet au prêtre de monter prêcher. Au-dessus de lui, en guise d'abat-voix, des nuages où volettent des angelots. Bien d'autres provoquent l'admiration. En 1830, un poète célèbre à la cathédrale Saint-Michel-et-Sainte-Gudule de Bruxelles :

Le coq, aux plumes d'or, chantant avec emphase,
Et le paon, de sa roue épris jusqu'à l'extase,
Et le singe malin, et l'écureuil mignon.
L'homme a, de son côté, l'aigle avec le faucon[26]

Cette imitation de la nature n'est pas propre à la sculpture. Bien des graveurs, en représentant la prédication de saint Jean Baptiste, le placent sous de simples arbres[27]. C'est un rappel de la simplicité des premiers temps, des débuts du christianisme pendant lesquels il n'y avait pas d'église ou de sanctuaire. Cet espace est cependant artialisé : le saint est sous des frondaisons qui imitent une voûte ; sa main se pose sur une branche qui forme une balustrade comme la cuve d'une chaire ; il est juché sur un petit monticule parce que la chaire est élevée dans la nef… Le plein air est factice ! En enfermant l'image de la nature dans

26 Le Mayeur, Adrien Jacques Joseph, *La gloire Belgique. Poème national en dix chants*, Louvain, Vanlinthout et Vandenzande, 1830, tome 2, chant 6, p. 17.

27 Martin, Philippe, « Lieux et gestes… », *op. cit.*

un sanctuaire, l'artiste veut montrer sa virtuosité et céder au goût champêtre de son temps ; il souhaite aussi appuyer une pastorale qui fait de la parole du prédicateur un retour aux temps de l'évangélisation quand les apôtres parlaient aux foules dans les champs ou à la lisière des forêts.

Une telle exubérance des formes n'est possible que grâce au peuple des maîtres-sculpteurs. Le plus célèbre est Hendrik Frans Verbrugghen (1654-1724) qui travaille pour : les augustins d'Anvers (1697) pour qui il réalise aussi le maître-autel ; les jésuites de Louvain (1696-1699), chaire transférée à la cathédrale Saint-Michel-et-Sainte-Gudule de Bruxelles ; les jésuites de Malines, meuble maintenant dans église Saints-Pierre-et-Paul (1700)... Aux gigantesques constructions aux pieds riches et foisonnants, il ajoute des chaires-balcons, modèle apprécié par les Italiens, comme il le fait pour les minimes de Bruxelles avec une forme sphérique ornée d'une ceinture marquée des signes du zodiaque. Son œuvre ne doit pas dissimuler celles d'autres artistes de génie. Marc de Vos (1650-1717) intervient pour l'église des augustins (1697), chaire transférée à Notre-Dame du Sablon à Bruxelles, dont le schéma a été copié par Charles-Philippe de Rose pour Saint-Martin de Asse (1732). Dans le Brabant, c'est Michel van der Voort (1667-1737), pour l'abbaye Saint-Bernard de Hemiksen[28], qui adopte deux volées d'escalier partant vers la cuve avec une pause sur un palier. Théodore Verhaegen (1700-1759), qui aime les anges et les décors naturalistes, travaille à Sainte-Catherine de Hoogstraten (1735), Saint-Laurent de Lokeren (1736), Notre-Dame d'Hanswijk à Malines (1743-1746)... Laurent Delvaux (1696-1778) œuvre pour la cathédrale Saint-Bavon de Gand (1741-1745).

Des variations régionales sont perceptibles. La région de Namur/Liège est moins exubérante : bien des chaires sont perchées contre un pilier avec un escalier s'enroulant autour ; la cuve est portée par une simple colonne, plus ou moins ouvragée ; l'abat-voix est simplement tenu par un panneau ou fixé sur le pilier. La Flandre est également plus simple sans supports de cuve décorés, préférant les meubles accrochés ou de simples colonnes. Le Hainaut, de son côté, flirte avec le style rocaille qui s'affirme après 1740-1750 comme le montre la chaire de Saint-Hubert de Wespelaar (1750-1775). D'autres apprécient désormais les cuves cylindriques, telle celle de Saint-Antoine de Liège sans doute due à Jean Del Cour.

28 Chaire transférée à la cathédrale Notre-Dame d'Anvers en 1819-1820.

Insensiblement, le baroque recule. Dès les années 1710-1720, des artistes hésitent entre baroque et classique ; c'est le cas chez les jésuites d'Anvers. Dans la seconde moitié du XVIIIe siècle, les érections se font de plus en plus rares d'autant plus que les églises disposent désormais de leur mobilier, il n'est donc plus nécessaire d'en faire. À partir des années 1780, suivies de la période liée à la Révolution française, le déclin du modèle se manifeste. Avec le retour de la paix, la volonté de créer des chaires baroques semble disparaître. Lorsque Jean-Baptiste Christyn rédige ses *Délices des Pays-Bas*, maintes fois réédités au XVIIIe siècle, il ne s'intéresse d'ailleurs quasiment pas aux chaires à prêcher. Il mentionne rapidement celle des jésuites de Louvain soulignant rapidement qu'elle « est d'une structure admirable[29] ». L'impression est bien différente de Cityzeum. Alors qu'il est capable de décrire des bibliothèques ecclésiastiques et d'en dénicher les manuscrits, il ne s'intéresse pas à notre meuble. Celui-ci est un objet comme les autres.

UNE FIERTÉ BELGE ?

UNE SPÉCIFICITÉ DEVENUE BELGE

Au début du XIXe siècle, la chaire de vérité baroque s'est installée dans l'espace liturgique, au même titre que le maître-autel ou le confessionnal. Elle est une structure utile mais qui ne marque pas spécialement les imaginations. Certains les trouvent embarrassantes tant elles sont majestueuses et peuvent gêner un art oratoire qui est devenu plus discret ; d'autres considèrent leur exubérance d'un œil sévère tant elle semble éloignée d'un catholicisme qui, maintenant, professe une plus grande simplicité ; d'autres encore s'offusquent d'un goût déplacé, préférant les lignes classiques. Les chaires auraient pu disparaître dans l'indifférence, remplacées au bout de deux ou trois générations par des meubles modernes. Il n'en a rien été car le politique leur a donné une nouvelle dimension.

29 Christyn, Jean-Baptiste, *Les délices des Pays-Bas ou description géographique et historique des XVII Provinces Belgiques…*, Liège, J.-F. Bassompierre, 1769 (6e éd.), tome 1, p. 248.

Avec la Révolution française et ses occupations militaires, s'affirme une volonté identitaire d'indépendance nationale. Elle se manifeste clairement dans la grande manifestation de Bruxelles du 7 décembre 1792, mouvement durement réprimé par le général Dumouriez, ce qui n'empêche pas l'apparition d'une guérilla anti-française, spécialement en Ardenne. Le Congrès de Vienne recrée les anciens Pays-Bas de la Renaissance avec la naissance du Royaume-Uni des Pays-Bas. Immédiatement, les populations du sud se sentent dominées par les Néerlandais, voyant peser sur elles l'« exploitation fiscale ». Les catholiques hésitent, basculant par moment dans l'opposition comme en 1826 quand le roi tente d'imposer un règlement organique de l'Église. Lentement, beaucoup rejoignent les libéraux formant un courant appelé « unionisme » ; mouvement souvent qualifié de spécifiquement « belge[30] » alors qu'au XVIIIe siècle cette dénomination était moins utilisée que celle de « Pays-Bas », « Flandre » ou « Brabant ». La Belgique voit le jour en 1830 et, malgré les prétentions françaises, la conférence de Londres de janvier 1831 confirme l'existence du nouvel État.

Encore faut-il lui donner une épaisseur historique, lui créer une destinée qui traverse les temps, lui révéler son identité. Bien des personnages ou des évènements sont mobilisés par cette construction mémorielle, processus classique maintenant bien étudié[31]. Un des particularismes belges est d'avoir convoqué les chaires de vérité dans le panthéon national. Le processus est en marche dès les années 1830. Un petit guide de vocabulaire s'en sert : « Chaire prêchoir, pour chaire de vérité ou simplement chaire. – Dites : la chaire de vérité, et non pas, la chaire prêchoir : la chaire de Ste Gudule à Bruxelles est fort estimée des connaisseurs[32] ». Et voilà un des principaux meubles baroques devenu exemple linguistique.

Dans le contexte de la Révolution de 1830, Adrien Jacques Joseph Le Mayeur la chante comme un des monuments de la gloire nationale. Cet

30 Wils, Lode, *Histoire des nations belges : Belgique, Flandre, Wallonie : quinze siècles de passé commun*, Bruxelles, Quorum, 1996, p. 143-147.

31 Voir l'ouvrage fondateur Nora, Pierre (éd.), *Les lieux de mémoire*, Paris, Gallimard, 1984-1986. Bien des pays européens ont suivi cet exemple, réalisant des études sur leurs lieux de mémoire, parmi d'autres signalons : Kmec, Sonja, Majerus, Benoît, Margue, Michel, Pééporté, Pit (éd.), *Dépasser le cadre national des « Lieux de mémoire ». Innovations méthodologiques, approches comparatives, lectures transnationales*, Frankfurt a.M., Peter Lang, 2009.

32 *Flandricismes, wallonismes et expressions impropres dans la langue française*, Bruxelles, M.-E. Rampelbergh, 1821 (3e éd.), p. 37.

ancien secrétaire général de la faculté de droit de Bruxelles est connu pour ses vers de circonstances ; il a écrit sur l'avènement de Napoléon (1804), le pape (1804), les Belges et « leurs progrès dans les arts et les sciences » (1812) ou Waterloo (1816). En 1830, est republiée sa *Gloire Belgique. Poème national en dix chants*, imaginé à partir de 1812. Il peut sembler logique qu'il célèbre la résistance face aux légions de César, les Archiducs Albert et Isabelle ou la beauté des draperies de Bruxelles, mais il est beaucoup plus original qu'il présente longuement les chaires de vérité dans le chant 6[33]. Il loue les artistes :

À la chaire sacrée, au lugubre tombeau
Que nos concitoyens appliquent le ciseau,
Qu'on en verra sortir de merveilleux ouvrages !
À que chez nos ayeux vous comptez de suffrages

Il apprécie particulièrement la chaire de Saint-Michel-et-Sainte-Gudule de Bruxelles :

À l'œil observateur Gudule ouvre son temple.
Entrons. Quel monument nous servira d'exemple ?
C'est celui que tailla la main de Verbruggen
Sur la chute de l'homme et son exil d'Éden

Sa conclusion est empreinte de fierté et de nostalgie :

D'abord j'admire l'art, fier de pareils sculpteurs ;
Mais quand je réfléchis aux nombreux orateurs
Dont l'éloquente voix anima cette chaire,
Je porte mon esprit plus haut que la matière [...]
L'imagination fait que mon œil s'empare
De leur temps et du mien : ma raison les compare.
Tous deux ils ont vécu me dis je épouvanté,
À l'époque où brillait la foi, la piété,
Et moi, pendant la nuit que l'on nomme Lumière,
Je sommeille indolent dans la barque de Pierre.
À leurs écrits, au moins, je vais avoir recours :
Ils seront ma boussole, ils seront mon secours.
Tels sont les sentiments qu'en ce beau temple amène
La sculpture, taillant quelques morceaux de chêne

33 Le Mayeur, Adrien Jacques Joseph, *op. cit.*, p. 17-19.

Pour Adrien Jacques Joseph Le Mayeur, gloire nationale et exaltation pieuse se rejoignent dans les chaires de vérité, manifestation du génie artistique belge et de la pureté d'un catholicisme victorieux. Ce sont deux des facettes de l'identité belge naissante, d'autant plus facile à mettre en valeur que ces meubles baroques distinguent le pays naissant de ses voisins, que leur répartition géographique semble prédestiner à la création d'un État.

UN PATRIMOINE RECONNU

Le choix de la chaire de vérité comme incarnation d'un art national est partagé quasiment unanimement. Dans les cercles savants, nombreux sont ceux à militer pour qu'elle soit mieux considérée. Le 16 décembre 1837, dans un discours prononcé devant l'Académie Royale de Bruxelles, le baron de Stassart regrette que la chaire de Saint-Michel-et-Sainte-Gudule soit « trop oubliée peut-être[34] ». Les guides touristiques lui accordent pourtant une place de choix dans les circuits proposés aux visiteurs. Pour l'un d'entre eux, c'est le « morceau le plus curieux de ce temple [...] La ciselure est d'une hardiesse, d'un fini qui se rencontrent rarement dans ces sortes d'ouvrages[35] ». Pour un autre manuel, elle est « digne d'un examen attentif[36] ».

Les amoureux du patrimoine s'emparent de ces meubles, à l'image d'Henry Raepsaet (1816-1871), juge de paix à Lokeren auteur de notices historiques[37]. Dans la longue description qu'il consacre à l'église de sa ville[38], il s'attarde sur la chaire érigée en 1736 : « Nous le confessons, nous ne nous sentons pas capable de relever tout ce qu'il y a de beautés dans ce chef d'œuvre ». Il s'extasie sur ce qu'il nomme le « style Mansard rocaille » pour décrire le bas de la cuve : le Christ enfant enseignant au milieu des docteurs ; derrière lui, la Vierge et Joseph se présentent au Temple, « l'ensemble qu'ils forment est de toute beauté. Grandiose expression, position, dessin, tout y est ». La cuve a trois médaillons mettant en scène le Christ : parlant ; confiant l'Église à saint Pierre ;

---

34 *Revue de Bruxelles*, février 1838, Bruxelles, Société Nationale, p. 137.

35 *Tablettes belges...*, Bruxelles, Lejeune Fils, 1825, p. 57.

36 *Le guide indispensable du voyageur sur les chemins de fer de la Belgique*, Bruxelles, Eugène Landoy, 1841, p. 76.

37 Citons son *Essai sur la loi salique* (1848).

38 Raepsaet, Henry, « Sculptures en bois de l'église de St-Laurent à Lekeren », *Messager des sciences historiques des arts et de la bibliographie de Belgique*, Gand, L. Hebbelynck, 1854, p. 501-516 (spécialement sur la chaire p. 512-513). L'église de Lokeren ayant été détruite par un incendie le 19 juillet 1719, la première pierre d'un nouveau sanctuaire est posée le 10 août 1721.

rencontrant saint Thomas. Au-dessus, « l'abat-voix ou baldaquin excite l'admiration. Les draperies sont du plus large et du plus somptueux fini ».

Admettant l'importance de ces chaires, les étrangers scrutent leurs décors. Le cas de celle installée à Saint-Michel-et-Sainte-Gudule de Bruxelles est révélateur. Rares sont ceux qui sont critiques. Adepte de la simplicité, l'abbé Jean-Hippolyte Michon (1806-1881)[39] estime qu'elle est

> trop vantée. Ces boiseries de chaires en Belgique, où le ciseau capricieux se joue dans les feuillages, dans les découpures de toute espèce, peuvent flatter au premier coup d'œil. Voilà pourquoi elles sont tant estimées en France, où elles sont citées comme ce qu'il y a de plus beau en ce genre. On oublie seulement une chose, c'est ce que ces chaires ne sont nullement favorables au prédicateur : il est rapetissé au milieu de ces personnages ; il ne se voit plus entre tant de guirlandes ; l'attention va se perdre sur les détails du meuble sculpté qui l'enveloppe de toutes parts. D'un autre côté, la statuaire de ces jolis ouvrages est loin d'être irréprochable[40].

De telles critiques sont rares. Le plus souvent ces meubles sont admirés. *Le magasin pittoresque* de 1836 offre une gravure et un texte sur une sculpture considérée comme la première curiosité de Bruxelles : « Sainte Gudule n'offre rien de bien remarquable que la magnifique chaire en bois [...] Ce morceau est un vrai chef d'œuvre. C'est une configuration du paradis terrestre[41] ». Alexandre Dumas (1802-1870) est réservé mais impressionné : « C'est une œuvre de mauvais goût sans doute, mais d'un mauvais goût plein de puissance et d'imagination[42] ». Les guides touristiques sont enthousiastes. L'un d'entre eux conseille : « on s'arrête avec étonnement à l'aspect d'une chaire, merveilleux produit du ciseau [...] Je n'ai jamais vu, dit un voyageur, de morceau de sculpture en bois aussi singulier et aussi curieux par la hardiesse et le fini de la ciselure [...][43] ».

---

39 Prêtre archéologue, il est, en 1844, un des fondateurs de la Société Archéologique et Historique de la Charente. Il publie de nombreuses notices historiques, dont *Statistique monumentale de la Charente* (1849). Ayant abandonné le ministère paroissial, il devient directeur d'un collège. Il est un des pères de la graphologie avec *Les mystères de l'écriture* (1872) ou le *Système de graphologie* (1875).

40 Michon, Jean-Hippolyte, *Voyage religieux en Orient*, Paris, Ve Comon, 1853, tome 1, p. 20-21.

41 *Le magasin pittoresque...*, 4e année, 1836, Paris, p. 169 (gravure), p. 171 (texte).

42 *Œuvres d'Alexandre Dumas*, tome 5, *Nouvelles impressions de voyage. Excursions sur les bords du Rhin*, Bruxelles, Meline, Cans et Compagnie, 1842, p. 460.

43 *Histoire des cathédrales, églises, basiliques, temples, mosquées, pagodes et autres monuments religieux...*, Paris, Librairie Populaire des Villes et des Campagnes, 1850, p. 133.

Bruxelles n'est pas la seule ville à retenir l'attention. Alexandre Ferrier de Tourettes (né en 1810)[44] décrit les chaires de Malines, Gand, Anvers… De passage à Nivelles, il entre dans la collégiale où son œil est frappé par les deux chaires de vérité

> dont l'une représente, en grandeur naturelle, le prophète Élie recevant de l'ange sa nourriture dans le désert ; les habitants prétendent que la chaire de l'église de la Chapelle de Bruxelles, qui offre le même sujet, n'est qu'une copie de celle de Nivelles. L'autre est encore plus remarquable par le goût et la délicatesse des ornements ; c'est, comme la première, un arbre dans les branches duquel s'étend une draperie pour former le dais ; la chaire est ornée de bas-reliefs ou médailles de marbre blanc[45].

L'auteur met en évidence les deux leviers de la patrimonialisation des chaires : la beauté et la hardiesse des artistes ; la fierté locale, manifestation d'un processus d'appropriation par la population.

UN PATRIMOINE VIVANT

L'importance de ce patrimoine est reconnue par les autorités, religieuses et civiles, prêtes à financer son entretien. Ainsi, en décembre 1859, 500 francs sont attribués par la Couronne à la fabrique Notre-Dame de Hanswiyck, de Malines, pour des travaux à « une chaire de vérité appartenant à cette église[46] ».

La patrimonialisation des chaires baroques favorise une réhabilitation d'un style décrié pendant quelques décennies. Ce renouveau du goût peut s'appuyer sur l'émergence d'une nouvelle dynastie d'artistes : les Geefs. Pour Saint-Paul de Liège, Joseph Geefs[47] réalise la statue du Génie du Mal. Haute de 1,65 m, elle est insérée sous la chaire qui doit

---

44 Il tente, en vain, de mettre sur pied une compagnie privée pour un télégraphe optique diurne et nocturne ; projet qu'il présente dans *Établissement d'un télégraphe commercial et public* (1830). Membre de la Société de Géographie de Paris et de la Société Française de Statistique Universelle, il est l'auteur de nombreuses brochures dont *Description historique et topographique de Malines* (1836) ou *Description historique et topographique d'Amsterdam et de ses environs* (1837).

45 Ferrier de Tourettes, Alexandre, *Guide pittoresque du voyageur en Belgique*, Bruxelles, Société Belge de Librairie Hauman et Cie, 1841 (3e éd.), p. 61.

46 *Le Moniteur belge. Journal officiel*, jeudi 1er décembre 1859, n° 335, p. 5124 : arrêté royal du 19 décembre 1859.

47 Joseph Geefs (1808-1885) fait des études à l'Académie Royale des Beaux-Arts d'Anvers et à celle de Paris. En 1841, il devient professeur de l'Académie d'Anvers qu'il dirige à partir de 1876.

présenter « Le triomphe de la religion sur le Génie du Mal » : le mal, en marbre, écrasé par la vérité apportée par le prédicateur. Installée en 1843, elle ne satisfait pourtant pas le conseil de fabrique. Le 4 août 1844, le journal *L'Émancipation* s'offusque encore : « Ce diable là est trop sublime ». Beaucoup craignent que sa beauté ne trouble les jeunes paroissiennes. Il est donc retiré[48] et Guillaume Geefs[49] est chargé de réaliser une nouvelle version du mal. En 1848, le démon apparaît sous les traits d'un jeune homme pourvu d'une paire d'ailes de chauve-souris ; il est enchaîné à un rocher et se couvre la tête de la main comme pour se préserver du courroux divin ; dans la main gauche, il tient un sceptre brisé. De ses cheveux émergent deux petites cornes. Si ses pieds aux ongles crochus peuvent effrayer, son visage est séduisant. L'artiste se serait inspiré du poème *Éloa, la sœur des Anges* (1824) d'Alfred de Vigny. Le chant 1 commence ainsi :

Il naquit sur la terre un Ange, dans le temps
Où le Médiateur sauvait ses habitants.
Avec sa suite obscure et comme lui bannie,
Jésus avait quitté les murs de Béthanie ;
À travers la campagne il fuyait d'un pas lent,
Quelquefois s'arrêtait, priant et consolant,
Assis au bord d'un champ le prenait pour symbole,
Ou du Samaritain disait la parabole

Le retour à un art exubérant n'est pas propre à la Belgique. La construction de chaires monumentales est une des armes d'un catholicisme qui s'affirme tout en renouant avec ses racines. Si à Angers, en 1855, l'abbé Choyer privilégie une variation du néo-gothique, les artistes belges flirtent avec un néo-baroque, souvenir de l'âge d'or d'un État souvent défini comme « fédéral, catholique et romain[50] ».

Les Pays-Bas méridionaux sont un espace exceptionnel tant la densité de chaires baroques est grande. Elles semblent la quintessence de la parole d'un catholicisme post-tridentin voulant former et impressionner,

48 La statue est maintenant aux Musées Royaux des Beaux-Arts de Belgique.

49 Frère aîné de Joseph, Guillaume Geefs (1805-1883) fait ses études à Anvers et Paris. Très admiré par le roi Léopold Ier, il est son sculpteur officiel.

50 Wils, Lode, *op. cit.*, chap. V.

marquer les imaginations et favoriser l'appropriation d'une culture biblique. Elles sont une apothéose ; une remarquable scène pour la parole du prédicateur et un point fixe en son absence. Entrant à la cathédrale de Bruxelles, Victor Hugo résume l'impression commune : « Chaire magique qui parle toujours[51] ».

Si ce modèle est aussi remarquable pourquoi a-t-il si peu quitté le berceau de sa naissance ? Cela peut surprendre si on se réfère à l'idée de « dorsale catholique » forgée par René Taveneaux[52]. Si cet espace existe, s'il est caractérisé par des échanges entre les régions et s'il affirme une haute idée de la Réforme catholique, pourquoi la Lorraine, la Franche-Comté ou la Savoie ne se sont pas plus systématiquement emparés de ce modèle ? Il est si efficace qu'il aurait dû essaimer dans ce « croissant tridentin » comme l'a fait la dévotion de Notre-Dame de Montaigu[53] qui, née aux Pays-Bas, s'est répandue au Luxembourg, en Lorraine, en Franche-Comté… En fait, la « dorsale » n'a été que très temporaire, phénomène propre au début du XVIIe siècle. Les transferts pieux y ont surtout été le fait des archiducs soucieux de maintenir des alliances avec de petits souverains qui craignaient l'expansion française[54]. Au moment où le schéma de la chaire de vérité se met en place, il n'y a plus d'autorité politique capable de favoriser la dissémination des modèles. Les dynasties locales ont perdu les liens qui les unissaient jadis et Bruxelles n'attire plus les regards des Lorrains ou des Franc-Comtois. D'ailleurs ces petits États, disparu ou sous contrôle[55], sont entrés dans l'orbite de nouveaux centres artistiques ou manquent de moyens pour

51 *Œuvres inédites de Victor Hugo. En voyage. France et Belgique*, Paris, Hetzel-Quantin, 1892, p. 107. Victor Hugo a voyagé dans le nord de la France et Belgique en 1834-1837. Il est frappé par l'exubérance de l'art gothique et baroque.

52 Pour un point sur cette notion, voir : Deregnaucourt, Gilles, Krumenacker, Yves, Martin, Philippe, Meyer, Frédéric (éd.), *Dorsale catholique, jansénisme, dévotions : XVIe-XVIIIe siècles. Mythe, réalité, actualité historiographique*, Paris, Riveneuve Éditions, 2014.

53 Ce culte se retrouve dans les Pays-Bas, Lorraine, Franche-Comté… Voir Martin, Philippe, « Les deux chemins de Montaigu en Lorraine », *Les « Trente Glorieuses ». Pays-Bas méridionaux et France septentrionale*, éd. C. Bruneel, J.-M. Duvosquel, P. Guignet, R. Vermeir, Bruxelles, Archives et bibliothèques de Belgique, 2010, p. 337-348.

54 Sur l'importance du partage des modèles entre ces « petits États », voir, par exemple, le cas des pompes funèbres princières : Martin, Philippe (éd.), *La pompe funèbre de Charles III*, Metz, Éditions Serpenoise, 2008.

55 La Franche-Comté est devenue française et la Lorraine est sous le contrôle français pendant une grande partie du XVIIe siècle. Voir : Louis, Gérard, *La guerre de Dix Ans (1634-1644)*, Besançon, Annales littéraires de l'Université de Franche Comté, 1998 ; Martin, Philippe, *Une guerre de Trente Ans en Lorraine (1631-1661)*, Metz, Éditions Serpenoise, 2002.

transformer le mobilier de leurs sanctuaires. En revanche, les Pays-Bas tentent d'affirmer leur personnalité en des temps troublés. La chaire exubérante du XVIIIe siècle s'est développée sous l'influence conjuguée de commanditaires puissants (princes, villes ou ordres religieux), d'artistes passionnés et de fidèles sensibles à la piété baroque qui s'épanouit du Saint-Empire au monde ibérique. C'est au siècle suivant qu'elle devient patrimoniale c'est-à-dire qu'elle se mue en objet identitaire. Tout en demeurant un meuble essentiel à la célébration religieuse, elle est un lieu touristique et politique dans une région qui a besoin de construire son identité et de célébrer son passé.

Philippe MARTIN
Université de Lyon 2 –
ISERL-LAHRHA

ANNEXE I
Poème : Adrien Jacques Joseph Le Mayeur, *La gloire Belgique. Poème national en dix chants*, Louvain, Vanlinthout et Vandenzande, 1830, tome 2, chant 6, p. 17-19

« À la chaire sacrée, au lugubre tombeau
Que nos concitoyens appliquent le ciseau,
Qu'on en verra sortir de merveilleux ouvrages !
À que chez nos ayeux vous comptez de suffrages
De Germes et De Verne, habiles à saisir
Le goût nommé gothique, ardent à tout finir !
Votre art minutieux ne manque point de grâce :
Dans ses antiquités que Montfaucon vous place. » p. 13

« À l'œil observateur Gudule ouvre son temple.
Entrons. Quel monument nous servira d'exemple ?
C'est celui que tailla la main de Verbruggen
Sur la chute de l'homme et son exil d'Éden.
Voici l'arbre fatal qui dans les airs s'élève.
À droite, c'est Adam, à la gauche, c'est Ève.
L'ange, le glaive en main, précipite leurs pas.
Celle-ci de ses doigts tient, serre encore, hélas !
Le fruit fallacieux, instrument de sa perte ;
Eplorée, elle fuit, du bras gauche couverte.
Le faible époux la suit, comme un roi détrôné
S'éloigne, en regrettant le trône abandonné.
Plus haut, la faux en main, à frapper toujours prête,
S'élance de la mort l'effroyable squelette.
Comme pour les saisir, le monstre étend un bras,
Et déjà lève un pied, pour suivre tous leurs pas.

Pour accompagnement de ces deux personnages,
L'art de leur caractère a sculpté les images.
Du côté de la femme, on voit les animaux

Importans à ses yeux, à raison qu'ils sont beaux.
Le coq, aux plumes d'or, chantant avec emphase,
Et le paon, de sa roue épris jusqu'à l'extase,
Et le singe malin, et l'écureuil mignon.
L'homme a, de son côté, l'aigle avec le faucon,
Et d'autres animaux, emblèmes du courage,
Livre, depuis ce temps, jadis dans le servage.

Jusque là, je m'attriste, et je pousse un soupir
Sur mon malheur présent, mon malheur à venir.
Ma tête est inclinée, et la douleur m'obsède ;
Mais je lève les yeux, et je vois le remède.
Au-dessus de la chaire apparaît le secours
Promis aux deux époux dans ces malheureux jours.
La fille de Jessé, de grâce environnée,
Espoir du genre humain, à ses vœux est donnée.
La voilà qui s'avance avec l'auguste enfant.
Un de ses bras saisit l'étendard triomphant,
Tandis que du serpent, qui dresse en vain la crête,
Son pied victorieux foule, écrase la tête.

D'abord j'admire l'art, fier de pareils sculpteurs ;
Mais quand je réfléchis aux nombreux orateurs
Dont l'éloquente voix anima cette chaire,
Je porte mon esprit plus haut que la matière :
Je crois entendre encore les Griffet, les Lenfant
M'expliquer les effets de cet événement ;
M'exposer, d'une voix tonnante, enchanteresse
Du Dieu libérateur l'ineffable tendresse ;
M'opposer ma froideur à son excès d'amour,
Et mon ingratitude, augmentant chaque jour.
L'imagination fait que mon œil s'empare
De leur temps et du mien : ma raison les compare.
Tous deux ils ont vécu me dis-je épouvanté,
À l'époque où brillait la foi, la piété,
Et moi, pendant la nuit que l'on nomme *lumière*,
Je sommeille indolent dans la barque de Pierre.
À leurs écrits, au moins, je vais avoir recours :

Ils seront ma boussole, ils seront mon secours.
Tels sont les sentiments qu'en ce beau temple amène
La sculpture, taillant quelques morceaux de chêne »

ANNEXE II
Graphes et tableaux

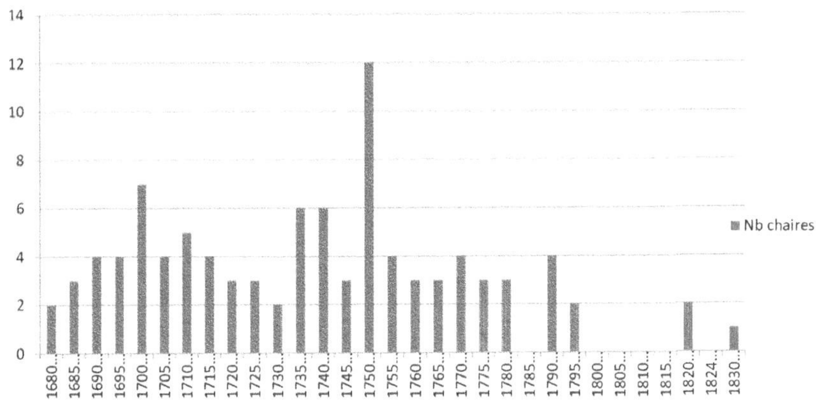

FIG. 2 – Nombre de chaires.

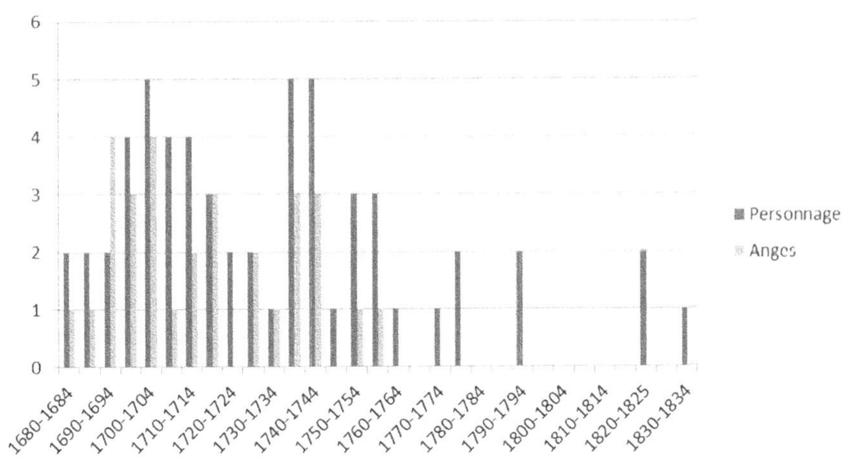

FIG. 3 – Personnages et anges.

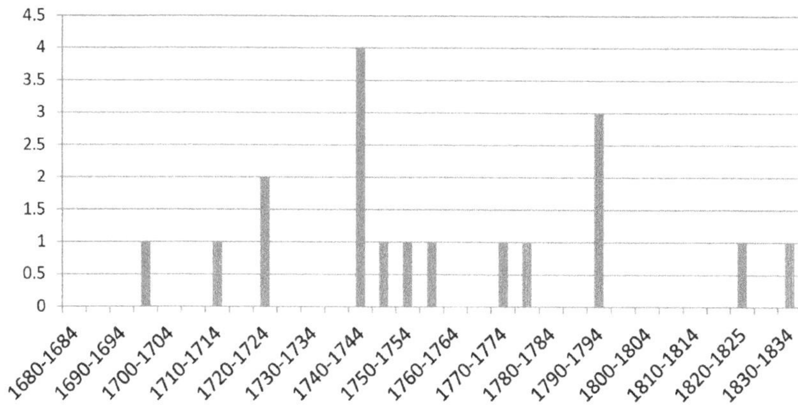

FIG. 4 – Décor naturaliste.

ANNEXE III
Chaires à prêcher

FIG. 5 – Chaire réalisée Louis Willemssens et Octave Herry en 1675 pour l'église Saint-Jacques d'Anvers.

Fig. 6 – Chaire réalisée par Michel van der Voort en 1713
pour l'abbaye Saint-Bernard de Hemiksen ;
aujourd'hui, installée dans la cathédrale Notre-Dame d'Anvers.

FIG. 7 – Chaire réalisée par Théodore Verhaegen en 1736 l'église Saint-Laurent de Lokeren.

FIG. 8 – Chaire réalisée par Baudouin Lalou vers 1670-1680
pour la collégiale Saint-Vincent de Soignies.

FIG. 9 – Chaire réalisée par Mathieu van Beveren en 1681-1684
pour l'église Notre-Dame de Termonde.

FIG. 10 – Chaire réalisée par Hendrick-Frans Verbrugghen pour l'église Saints-Jean-et-Étienne des minimes de Bruxelles.

CONCLUSIONS

Il peut paraître peu pertinent de confier les conclusions d'un tel colloque à quelqu'un qui n'est pas spécialiste de l'histoire de la prédication, même si j'ai croisé souvent ce thème dans mes recherches sur les réguliers ou sur les bureaux épiscopaux. Je salue la témérité de mes collègues à me les proposer, alors même que l'introduction, elle, a été pensée par un spécialiste reconnu de ces questions. Je rappellerai seulement – piètre justification – que la parole tint une place essentielle dans le projet ANR Lodocat dès ses origines, tant elle fut un marqueur de la frontière interne ou externe, et un élément clé de la production de la norme orthodoxe. Saluons l'essentiel : cette rencontre fut riche d'apports divers, malgré le petit nombre des communications. En fonction des interrogations initiales qu'avaient posées les organisateurs (sur l'homme de la parole, l'exercice de la parole, la dimension comparatiste), et en intégrant quelques textes supplémentaires sur des points que les conclusions *in vivo* avaient suggérés (ce qui démontre au final l'utilité des délais de publications !), il me semble que quelques directions ont été privilégiées d'abord pour l'histoire même de la prédication, puis pour celle – générale et récurrente – de l'existence ou non d'une Lotharingie-dorsale catholique.

LA PRÉDICATION ET SES APPORTS

Le premier apport, et je me réjouis que des étudiants assidus aient suivis nos débats, est l'aspect méthodologique de notre travail dans le cadre géographique convenu. Les sources mobilisées par les intervenants furent nombreuses, parfois classiques, parfois inattendues. Elles ont permis de bien resituer les acteurs du processus de la prédication. Les manuscrits et les imprimés de telle ou telle bibliothèque, comme celles de la bibliothèque nationale et universitaire de Turin, recèlent encore des ressources considérables. On nous a ainsi présenté les sermons de Carême du franciscain Bartolomeo da Pisa, mais aussi de plusieurs autres frères mineurs, transcrits par le frère Ludovic de Chieri. La documentation urbaine, les villes diligentant souvent des prédications de Carême ou d'Avent, est particulièrement abondante lors du passage de vedettes de la chaire, comme lorsque Vincent Ferrier prêche à Turin en 1402. Les historiens du XIXe siècle piémontais (Cibrario et d'autres) l'avaient déjà montré. Les correspondances s'avèrent également des sources très pertinentes pour notre sujet. On connait certes la richesse de celle de Charles Borromée, conservée pour l'essentiel à Milan. Mais d'autres furent évoquées comme entre la cour de Savoie et les prédicateurs, en particulier milanais, mais aussi celle des ambassadeurs qui avaient assisté à ces sermons. L. Gaffuri parle, pour le XVe siècle, de « triangulation » entre la cour, la ville et l'ordre religieux fournissant le prédicateur. D'autres sources furent proposées encore. Certaines sont familières comme les textes normatifs, les sermons imprimés, les vies de prédicateurs illustres. Mais de moins célèbres apparurent : les annales des couvents des ordres mendiants, les lettres pastorales des pasteurs calvinistes, les « prières au gouvernement » des rabbins pour le shabbat ou pour saluer les grands événements de la monarchie dès le XVIIIe siècle, ou les archives judiciaires enregistrant des plaintes contre des curés. Les débats avec la salle en ont fait surgir d'autres, qui restent à exploiter dans la problématique de cette rencontre, comme les autorisations accordées par les évêques aux prédicateurs dans les diocèses, les bénédictions de chapelles, qui sont autant d'occasions de prêcher. La liste n'est pas exhaustive et promet de belles découvertes futures.

Tous les intervenants ont insisté ensuite sur la fréquente grande qualité des prédicateurs, reconnue autant par leurs supérieurs que par leurs auditoires. Ce qui peut conduire, on le savait mais confirmation en a été donnée ici une nouvelle fois, à obtenir la fondation d'un nouveau couvent urbain lorsqu'il s'agit d'un régulier. C'est encore plus vrai quand le prédicateur est issu d'un ordre observant, comme les franciscains à Pignerol en Piémont au XVe siècle, ou gravitant autour des visitandines à Milan au XVIIIe siècle, dossier que Daniele Sora a repris après les pistes innovantes de la regrettée Paola Vismara. Enseignement, spiritualité, prédications lors des grandes cérémonies allaient de pair dans la capitale lombarde autour du monastère, attirant les meilleurs prédicateurs italiens : parmi eux voici les Oblats de Saint-Ambroise milanais, mais aussi les archevêques, les jésuites (et ex-jésuites), les barnabites jusqu'au XIXe siècle (convertissant en 1842 la jeune anglicane Mary-Eugenie Webster, qui entra à la Visitation en 1846), comme si un tel lieu encourageait l'émulation entre tous les spécialistes de la parole.

Il nous a été donné de voir – et souvent de découvrir – des figures de prédicateurs atypiques par rapport à leur Église, leur ordre, leur institution de tutelle. Nous aurons connu des parcours humains sinueux : un jésuite forézien démissionnaire, sécularisé, grand vicaire à Metz, devenu bénédictin et abbé (contesté) de Saint-Arnould mais demeuré avant tout un talentueux prédicateur (André Valladier à Metz, v. 1568-1638) ; un savant (docteur en théologie, en médecine et en jurisprudence) qui devint un prédicateur minime et un responsable de son ordre (le père Humblot, 1569-1612) ; un sulpicien qui fut ensuite novice dominicain puis carme, finit par rompre avec le catholicisme traditionnel, rejoignit Genève et l'Église Vieille catholique, se maria à une américaine protestante convertie au catholicisme et devint curé (marié) de la cité du Léman (Hyacinthe Loyson, 1827-1912). Autant de destins personnels ballottés dans les méandres des réformes religieuses, mais souvent talentueux et parfois étonnants, tenant un peu – on me pardonnera ces facilités – du « *looser* » (Loyson) ou du « *boarder line* » (Valladier). Ce qui montre aussi que les Églises produisent davantage d'anticonformistes (sinon d'anticonformisme), qu'on ne le dit trop souvent.

Sur le plan de l'objet lui-même, nous avons pu juger de l'importance des paroles contestées, parfois contestataires, voire complètement décalées par rapport aux attentes de l'Église, des institutions qui les engageaient ou des fidèles qui les écoutaient. Ce qui est rare, car traditionnellement les sources nous disent la satisfaction des princes ou des villes après le passage d'un prédicateur, pas leur déconvenue. Nous savons pourtant que la Ligue fut au XVIe siècle un lieu d'engagements très conflictuels autour de la parole urbaine (on rappelle ici le rôle des minimes Jean de Hans à Paris, Claude Sellier à Troyes, Gaspard Dinet à Dijon). D'où une volonté commune des autorités religieuses comme laïques de contrôler les prédicateurs et leur parole, en les autorisant ou non. Pourtant il est clair que tout ne fut jamais complètement dominé et que la volonté normative fut souvent prise en défaut, comme lorsque des fidèles savoyards ne se gênent pas pour tonner contre leur curé dans sa propre église et en pleine messe au XIXe siècle. Ne faut-il pas craindre là un effet de source, qui insiste davantage sur les déviances que sur l'application sereine de la norme ? Ce n'est pas sûr. Cette contestation dans une église était un phénomène rare sous l'ancien régime, à tel point qu'on ne pouvait vraiment l'imaginer, et sa révélation au XIXe siècle marque sans doute une sécularisation rapide[1]. Dans la liturgie de la messe, bien rodée et qui ne semble pas faire place à l'imprévu, le prône apparait alors comme un élément de faiblesse du desservant face à son auditoire. La parole était riche et parfois inattendue depuis la nef ! Sans aller jusqu'à une telle contestation frontale, de nombreux exemples nous montrent ailleurs une forme de liberté assez large, cette fois du prédicateur en chaire, dans sa gestuelle, dans son accent, dans ses effets oratoires.

Cette rencontre chambérienne avait fait le pari de la très longue durée, au-delà des frontières pourtant larges de Lodocat (IXe-XVIIIe siècle). Si le haut Moyen Âge fut absent, la présence féconde de textes sur le XIXe siècle rappelle que tout ne change pas forcément avec la Révolution française, au moins jusque vers 1850. Déjà l'hommage à René Taveneaux rendu en 2011 à Nancy et à Lyon avait repoussé sa frontière chronologique jusqu'à la fin du XIXe siècle[2]. Mais quelques constats s'imposent. La sacralisation du prédicateur et de sa parole va croissante avec l'emprise des réformes religieuses, quelle que soit la confession. Elle va sans doute de pair avec la sacralisation comparable de l'homme de Dieu dans l'ensemble de la chrétienté occidentale du XIVe au XIXe siècle. Elle explique aussi la chasse au mauvais prédicateur, sa déposition éventuelle, son arrestation parfois. On se demande souvent ce que les fidèles pouvaient comprendre et assimiler des longs sermons auxquels ils assistaient ou qu'ils lisaient s'ils savaient le faire, de façon régulière ou non, comme lors des conférences

1 Les actes ne reprennent pas les textes de deux communications qui ont été présentées à Chambéry, celle de Sylvain Milbach (Université Savoie Mont Blanc), « Les tentations de la chaire : discuter la parole du prêtre, Savoie, 1815-1860 » et de Federico Zuliani (Université de Milan), « Predicatori deposti o allontanati dai pulpiti in Lombardia, 1542-1600 ». Je choisis d'y faire référence néanmoins, en raison de leur qualité et de l'active participation de leurs auteurs dans les débats. Espérons que ces textes puissent être publiés bientôt dans un autre cadre.

2 *Dorsale catholique, jansénisme, dévotions : XVIe-XVIIIe siècles. Mythe, réalité, actualité historiographique*, sous la direction de G. Deregnaucourt, Y. Krumenacker, P. Martin et F. Meyer, Paris, Riveneuve, 2014, 467 p. Voir en particulier le texte de Jean El Gammal, « Frontières de catholicité et histoire politique à l'époque contemporaine », p. 453-464.

de Carême ou de retraites spirituelles, fondés qu'ils étaient sur des références scripturaires bien complexes. Ces paroles sont proférées par des hommes souvent gradués de l'université (une majorité d'entre eux est licenciée en Auvergne dès le XVe siècle), très souvent observants dans leur ordre, issus des quatre ordres mendiants traditionnels puis de leurs réformes (récollets, capucins), enfin des jésuites. On note la quasi absence des minimes avant le XVIe siècle, puis leur intervention nette dans le débat, l'ordre évoluant vers plus d'intellectualisme et un vrai professionnalisme des prédicateurs, comme le montrent l'évolution de leurs statuts et leurs publications entre 1610 et 1660. Les fidèles étaient peut-être plus sensibles à ces subtilités théologiques qu'on ne le croit aujourd'hui, tant la culture religieuse a reculé ; d'autant que les publics visés étaient sans doute préparés à leur réception par une ambiance culpabilisatrice. La barre était mise très haut. L'ensemble des quarante sermons du franciscain Marco di Sommariva del Bosco, destinés à la seule princesse Bonne d'Achaïe en 1419 après son veuvage, est un exercice spirituel avant l'heure, et sans doute bien plus relevé que les sermons couramment prononcés. Jean Delumeau revenait récemment sur le *contemptus mundi* de l'ancienne société, si présent encore dans les prédications du père Bridaine au XVIIIe siècle, évoqué plus haut, pour qui l'homme était fait pour pleurer et gémir[3].

On constate donc que l'anticonformisme, l'hétérodoxie ou la nouveauté eurent du succès auprès des fidèles, comme le montre aux deux bouts de la chaîne chronologique, à Clermont le prêche d'un franciscain observant dénoncé par les conventuels en 1495 et à Genève l'exemple du père Loyson en 1873 dont les conférences attiraient des milliers de personnes. Il y avait une attente forte de la parole divine. Cela n'excluait pas les conflits, comme on l'a parfois dit. La reconquête catholique sur les frontières du protestantisme, sur le clergé à réformer, les villes à « normer », puis l'apologétique face aux Lumières ou à la sécularisation, l'affirmation religieuse face aux révolutions politiques, scientifiques, économiques, mais aussi face au modernisme, tous ces faits (aspects) ont fait de la parole une arme parfois cruelle. Nous avons croisé de multiples concurrents des prédicateurs, et souvent les mêmes sur un temps très long : l'hérétique, le diable, le protestant, le libertin, l'anticlérical… La force des mots est donc bien réelle, l'ambiance spirituelle bien lourde :

3 Delumeau, Jean, *L'avenir de Dieu*, Paris, CNRS, 2015, p. 74.

le prédicateur accuse ses ennemis d'hérésie ou de sorcellerie, comme il le ferait en utilisant n'importe quelle autre injure. Pouvait-on oublier que la dorsale fut la grande zone de répression de la sorcellerie ? Le lien fait entre sa cristallisation et le dynamisme des mouvements observants mus par des religieux mendiants, très actifs dans les deux phénomènes, que L. Viallet appelle les « prédicateurs-réformateurs[4] », est tout à fait passionnant. Mais il y eut aussi l'influence de l'étranger, du militaire, du marchand, du voyageur, qui apportaient leur propre vision du monde, parfois triviale jusqu'au « bricolage religieux » du père Loyson, « ni catholique romain, ni catholique national, ni protestant » (S. Scholl) !

De fait, la parole religieuse est toujours aussi politique, et elle le resta tardivement, au moins jusqu'à la fin du XIXe siècle. Mais elle ne peut triompher que si elle prêche la paix sociale. N'est-ce pas le cas quand on la voit surveillée de près par les autorités, aussi bien par Henri IV après l'édit de Nantes, qu'au XXIe siècle à Istanbul, à Londres ou à Paris ? La prédication ne peut pas se contenter d'être déstabilisatrice : elle doit porter un projet. Les rois de France attirent à leur cour les minimes au XVe siècle, les ducs de Savoie multiplient les « orants » et les « priants » autour d'eux. À Milan au XVIIIe siècle, la spiritualité salésienne est apaisante. A. Valladier questionne (pour la défendre) la légitimité de la souveraineté française sur Metz au XVIIe siècle ; il apparaît bien par là comme un agent politique du roi en Lorraine (c'est lui qui le dit, comme il dit avoir inventé le terme de « Henri le grand » pour Henri IV). Cette parole accompagne les attentes des populations et l'évolution du monde. À la fin du XVIIIe siècle, à Bruxelles, à Besançon, via la Lorraine, des calvinistes et des juifs se positionnent face à la Révolution française. En 1848, à Milan, dans le contexte particulier du règne de Pie IX qui a béni l'insurrection italienne contre l'Autriche, des prédicateurs soutiennent le *Risorgimento* en rejouant l'idée de croisade, où l'Autrichien remplace le Turc, assimilant les morts pour la liberté aux martyrs chrétiens, incluant même le *Triennio* révolutionnaire dans cette mémoire héroïque. On y distingue bien sûr un espoir clérical de voir la religion retrouver son influence sociale et politique. Dans la Genève des années 1873-1874 les catholiques libéraux soutiennent le père Loyson. On peut juger tout ça contradictoire. Mais que cela soit vu comme une instrumentalisation ou comme un élément fondateur autonome, c'est dire l'adaptabilité de la prédication aux temps nouveaux. Louis Châtellier

---

4 Viallet, Ludovic, *Sorcières ! La grande chasse*, Paris, A. Colin, 2013, 224 p.

nous l'a montré jadis, la zone allant des Pays-Bas à la Lombardie fut aussi celle du « chrétien des Lumières », ce dévot christocentrique, tourné vers la charité et la modération après l'explosion baroque, fondant un nouvel « ordre social chrétien » (selon l'expression ici de D. Sora) et annonçant la démocratie chrétienne du XXe siècle.

LA LOTHARINGIE-DORSALE CATHOLIQUE

Lodocat recherche, depuis les débuts de son projet, les spécificités lotharingiennes qui marqueraient l'originalité et l'unité de cette zone géographique de frontière allant des anciens Pays-Bas à la Lombardie. Dans la rencontre de Chambéry, quelques pistes ont été explorées, mais qui ne vont pas forcément toutes dans un sens unique de renfort d'une identité régionale. Quelles que soient les époques, les prédicateurs circulaient largement dans ce vaste espace, et souvent bien au-delà, se jouant des frontières politiques, et même de la Lotharingie. Et encore, si nous avons évoqué certaines vedettes de la chaire comme Jean de Capistran au XVe siècle ou le controversiste Humblot au tournant des XVIe et XVIIe siècle, nous ne sommes pas revenus sur des « stars » de réputation européenne comme le père Bridaine au XVIIIe siècle qui ne furent pas spécifiquement lotharingiens. On vient de dire que le contrôle s'était accru au fil du temps sur le choix et la liberté des prédicateurs. Mais on constate aussi que la parole ne s'arrêtait pas aux frontières d'États souvent ennemis, qui vécurent dans des contextes souvent humainement dramatiques (guerres quasi permanentes, épidémies, petit âge glaciaire, etc.). Dans ces conditions, il est encore plus difficile de suivre les prédicateurs hétérodoxes, comme ceux par exemple qui fuient l'Italie au XVIe siècle pour la Suisse. Furent alors à nouveau posées des questions en partie restées sans réponse : en quelle langue prêchait-on en Flandres ou en Savoie ? On ne sait pas quelle était celle des « leyssos », ces sortes de conférences grand public des dominicains en Auvergne à la fin du Moyen Âge. Quelle influence eut le contexte économique sur la circulation des prédicateurs ? Qui défrayait le prédicateur de ses frais de voyage : un donateur, des consulats urbains ?

L'unité de la Lotharingie-dorsale catholique n'en ressort néanmoins pas forcément très évidente, il faut bien le reconnaitre. Les communications ne se sont pas limitées à cette zone, ce qui est de bonne pratique scientifique et évite la tautologie. Les prédicateurs ne se contentaient que rarement de prêcher en Lotharingie. La Lorraine fut souvent évoquée ; elle a cultivé longtemps la mémoire du père minime Humblot (1569-1612), qui allia la mémoire d'Ange de Joyeuse dont il fit l'oraison funèbre en 1608 à celle du duc Charles III ; la province en vint même à faire de Humblot un vrai Lorrain (du duché) après sa mort, alors qu'il était né à Verdun (dans l'obédience française). Mais si François Humblot œuvra dans la dorsale, en Lorraine puis en Lombardie, il fut également actif au-delà et ailleurs, à Lyon, en Provence, à Tours, à Saumur ou à Paris, élargissant alors un espace de l'ordre des minimes qui avait correspondu davantage avec la Lotharingie à ses origines. J'avais eu une impression similaire avec le Savoyard François de la Pérouse, actif prédicateur à la fin du XVIIe siècle, mais dont le passage au séminaire de Saint-Sulpice à Paris détermina les réseaux et une carrière qui fut bien plus française que piémontaise[5]. Certes l'art oratoire est un élément fort d'identité religieuse nationale au temps de la confessionnalisation en Europe (et dans le monde chrétien sans doute) où religion et politique se confortent mutuellement. On l'a mesuré ici en Piémont au XVe siècle comme en Lombardie au XIXe. Mais la Lorraine, la Champagne, la Franche-Comté ou la Bourgogne furent-elles des pivots de la parole face aux pôles de Lyon (catholique) ou de Sedan (protestant) ? Cela reste à difficile à démontrer : pensons à l'exemple des minimes, dont l'axe de circulation (des hommes, des livres, des influences) est-ouest entre Lorraine et Paris (et non nord-ouest/sud-est de la dorsale) resta fort comme le montre F. Henryot. De bonnes remarques ont été faites sur le rôle structurant des provinces des ordres religieux. Longtemps mouvantes, celles-ci stimulent d'abord la mobilité de leurs prédicateurs sur l'axe lotharingien, au moins jusqu'au milieu du XVIIe siècle ; mais bien délimitées ensuite, la mobilité des frères diminue, et avec elle la réalité de l'espace lotharingien.

Peut-on alors parler d'une culture partagée en Lotharingie-dorsale catholique ? La réflexion sur les chaires à prêcher, dites « chaires de

5 Meyer, Frédéric, « Chambéry, Turin, Paris, Avignon. Le réseau dévot de François Bertrand de La Pérouse au XVIIe siècle », M. Ortolani, C. Sorrel et O. Vernier, dir., *États de Savoie, Églises et institutions religieuses des Réformes au Risorgimento*, 7e colloque du PRIDAES, Lyon, octobre 2013, Nice, Serre, 2016, p. 31-43.

vérité », si extraordinaires par leur architecture et leur décor dans les Pays-Bas méridionaux (Malines, Liège, Bruxelles) que nous a présentées P. Martin, redécouvertes au XIXe siècle et devenues alors un vrai patrimoine national belge, pourrait nous le faire croire. Créées surtout au XVIIe siècle, les chaires à prêcher sont elles-mêmes un discours sculpté, s'ornant des images des spécialistes de la parole, le Christ, les évangélistes, saint Augustin… Mais elles ne sont pas propres à l'ensemble de la zone, à la différence de quelques dévotions plus « ciblées » que l'on y trouve autour de quelques madones (comme celle de Montaigu) que Lodocat a analysées dans d'autres rencontres. Elles ne sont pas non plus réservées au christianisme, puisqu'on les voit imposées dans les synagogues par le Consistoire juif au début du XIXe siècle. Y aurait-il une vérité au-delà de la Meuse et une erreur en deçà ? Peut-être comme le note judicieusement P. Martin, la dorsale catholique n'a-t-elle existé que brièvement, dans la première moitié du XVIIe siècle, dans un contexte religieux et militaire particulier. Ce sont les événements politiques à venir et le renforcement des États-nations, poussant aux ruptures et aux oppositions, qui ne lui ont plus permis ensuite de se développer. Il faudra y réfléchir dans la conclusion générale de Lodocat que l'atlas proposera. On peut aussi remarquer que la zone resta toujours très complexe au niveau religieux, affirmant autant de divisions que d'unité normée. On constate ainsi que dans les Alpes au XVe comme au XVIIe siècle, les réguliers prêchant de chaque côté des monts (y compris dans le duché de Savoie-Piémont) ne sont pas les mêmes hommes, malgré l'unité politique (sans doute à cause des différences linguistiques) ; que très vite ces zones de conflits sont devenues également des zones de cohabitation religieuses entre catholiques, vaudois, et calvinistes, voire juifs, et enfin que cette zone de frontière religieuse fut également une zone de refuge pour d'anciens ligueurs, des hétérodoxes, des huguenots, des libertins, etc. Tout ceci brouille les cartes et notre vision de la dorsale catholique n'en ressort pas plus claire.

Une seule rencontre ne peut jamais tout dire et on émettra quelques regrets en pointant quelques points obscurs de nos débats. Les grandes figures de la prédication, que l'on croit trop souvent bien connues, ont été peu évoquées : pensons à Charles Borromée, François de Sales, le curé d'Ars…, de même que les « laboratoires » comme disait Marc Venard de Milan (M. Fumaroli parle d'un « atelier »), d'Annecy, de Besançon, de Nancy, de Liège… Comme souvent chez les historiens du religieux, les questions économiques et financières ont été négligées : outre le discours sur la place de l'argent dans la société et le salut, on aimerait savoir combien coûtait une tournée internationale de prédication, qui la payait, quelle place tenait la quête (en ces zones « terminaires » entre couvents mendiants) dans son financement, quelles conséquences la mobilisation des fidèles pendant plusieurs jours avait sur l'environnement social. C. Bourguignon nous met l'eau à la bouche en nous disant que le père Beate avait reçu 15 livres tournois en 1480 pour sa prédication à Clermont. On attend encore, au-delà des ordres mendiants eux-mêmes, une histoire économique de la prédication[6]. L'exercice de la prédication elle-même, étudiée ailleurs (en Espagne par exemple[7]) ne l'a pas été suffisamment ici (à propos de l'oralité, la gestuelle, la place de l'écrit pour le prédicateur comme pour les fidèles). On peut aussi considérer le sermon comme une source d'histoire tout court, et pas seulement d'histoire religieuse (ses références au contexte, à l'environnement du moment). Les prédicateurs ne sont jamais seuls : évêques, grands vicaires, chanoines, théologaux, doyens, religieux mendiants, jésuites, prêtres séculiers (comme I. Brian l'a montré pour Paris et Rome[8]) se côtoient ; on aimerait voir leur rôle précisé. L'iconographie fut à juste titre convoquée pour les chaires à prêcher mais aussi pour évoquer la Lombardie du XIXe siècle, mais elle peut l'être davantage comme avec ces somptueuses chaires jésuites de Lecce représentant des missionnaires en Chine ou en Amérique, sans parler des tableaux, gravures, etc. si nombreux dans nos musées ou nos bibliothèques, ou l'architecture des églises évoquée par C. Bourguignon. Lodocat a considéré ces questions, dans le colloque de Nancy en novembre 2015 sur l'aménagement des églises, de même que ceux organisés à Lyon sur les dévotions et sur divers points qui ne furent qu'évoqués ici, comme par exemple l'utilisation des reliques entre paroisse et culte de la Passion chez les mendiants. Un programme général offre nécessairement des croisements entre les thèmes et on se permet de renvoyer à l'édition de leurs actes.

---

6 Voir néanmoins De Cévins, Marie-Madeleine, *Marginalité, économie et christianisme. La vie matérielle des couvents mendiants en Europe centrale (v. 1220 – v. 1550)* (acronyme : MARGEC), programme ANR Blanc ; site internet : www.margec.tge-adonis.fr. De 2001 à 2009, Nicole Bériou et Jacques Chiffoleau avait dirigé l'enquête *Économie et religion* sur une « économie réelle » des couvents mendiants entre XIIIe et XVe siècle.

7 Vincent-Cassy, Cécile, *Les saintes vierges et martyres dans l'Espagne du XVIIe siècle. Culte et images*, Madrid, Casa de Velasquez, 2011, 534 p.

8 Brian, Isabelle, « Les prédicateurs à Paris et à Rome et dans quelques autres villes de l'Âge classique aux Lumières », *Histoire urbaine*, n° 34, août 2012, p. 51-69.

La Lotharingie, qui était le vrai sujet de cette rencontre, prolongée jusqu'au Milanais dans le cadre de la dorsale catholique, fut-elle donc une zone dramatisée par et pour la prédication, comme le proposait avec prudence Stefano Simiz en introduction, au vu de toutes ces conditions ? De façon inégale sans doute. La séduction par la parole religieuse y a atteint des sommets, comme dans le monde Habsbourg ou le Chablais de François de Sales. La frontière politique, qui complexifie la religieuse, imposait une nette politisation des sermons de Valladier à Metz. Mais il faut relativiser : il y eut des chaires à prêcher hors des Pays-Bas ; la parole de François de Sales n'était pas que douceur. La forme l'emportait-elle sur le fond ? On en retient surtout la probable existence d'un lien plus marqué qu'ailleurs entre religion et politique, que la prédication fut sans doute un bon moyen de renforcer. Il y a peut-être là, au-delà de la problématique du projet Lodocat, une perspective pour une autre recherche entre les laboratoires partenaires sur la circulation de l'argent et des textes dans les petits États de l'espace lotharingien (principauté de Liège, duchés de Lorraine ou de Savoie, comté de Bourgogne…). Mais ce sont d'autres histoires.

Frédéric MEYER
Université Savoie – Mont Blanc –
LLSETI

INDEX DES NOMS[1]

1 Les noms propres de personnes en italique renvoient à des historiens actuels.

INDEX DES NOTIONS

INDEX DES LIEUX

RÉSUMÉS

Stefano SIMIZ, « Introductions »

La prédication peut-elle traduire des identités particulières et véhiculer des discours de la frontière, particulièrement dans les espaces « lotharingiens » entre Moyen Âge et période contemporaine ? Répondre à cette interrogation en cernant du mieux possible l'art oratoire des confins, est l'objet même du volume, articulé en trois approches complémentaires : les contextes et les rapports aux autorités ; la mobilité des prédicateurs ; les espaces et sanctuaires de la prédication.

Laura GAFFURI, « Predicatori tra città e corte nel Piemonte sabaudo del Quattrocento »

La contribution propose le bilan d'une recherche engagée sur les sources de la prédication savoyarde au XVe siècle. Outre les sermons, souvent dispersés ou perdus, d'autres sources (documentation municipale, chroniques urbaines, correspondances des ambassadeurs) permettent d'enquêter sur le *modus operandi* des prédicateurs, leurs réseaux relationnels, les modalités du recrutement, les temps et les lieux de leurs interventions, enfin sur les contenus et la réception de leurs paroles.

Céline BORELLO, « La parole de chaire des minorités protestante et juive à l'épreuve du changement institutionnel. Années 1770-1815 »

Le propos cherche à comprendre comment se positionnent en chaire les prédicateurs des religions juives et protestantes face aux changements institutionnels de la Révolution française au retour des Bourbons en passant par l'Empire napoléonien. De fait, l'analyse des thématiques et des conditions matérielles de prédication, tout comme les réponses homilétiques des Églises minoritaires face aux sollicitations nouvelles des diverses autorités politiques de la période constituent le cœur de cet article.

Ludovic VIALLET, « Sous le soleil de Satan. Mouvements réformateurs mendiants et genèse de la chasse aux sorcières au XVe siècle »

L'étude est consacrée à formuler l'hypothèse d'un lien entre les réformes religieuses *de observantia* et la cristallisation d'une construction imaginaire aux lourdes conséquences au XVe siècle : le crime de sorcellerie. Par-delà les traités, en-deçà des textes qui formulent motifs et croyances, soubassement d'une répression séculaire, il y eut une action pastorale notamment prêchée par des hommes partageant une vision du monde modelée dans la conscience de l'urgence du combat contre le diable.

Fabienne HENRYOT, « Entre Verdun, Lyon et Tours. François Humblot et la prédication minime au début du XVIIe siècle »

Le minime François Humblot a eu un itinéraire personnel étonnant. Il incarne une génération de qui, après un siècle d'anti-intellectualisme, participe activement à l'institutionnalisation de la prédication minime. Sa mobilité géographique caractéristique du premier XVIIe siècle entre Verdun (lieu de naissance), Lyon (formation), Tours et Saumur (apostolat antiprotestant), ou Paris ne valide pas l'existence d'un axe religieux médio-européen. Sa figure a néanmoins connu une mémoire durable en Lorraine.

Julien LÉONARD, « Une prédication politique en zone de frontière. André Valladier et la souveraineté française à Metz (1608-1638) »

André Valladier est un personnage dont la carrière est intimement liée à la prédication, arrivé à Metz en 1609 dans la suite de l'évêque. Son message se fait politique lorsqu'il est postulé abbé de Saint-Arnould. Régulièrement invité à Paris, sa prise de parole est diffusée par l'imprimé. Il y martèle ses idées sur la souveraineté du roi à Metz, ses relations avec d'autres acteurs de pouvoir locaux. À travers la prédication, avant Cardin Le Bret, il bâtit une théorie des droits du roi à Metz.

Sarah SCHOLL, « La prédication au-delà des frontières confessionnelles. Le XIXe siècle du père Hyacinthe Loyson (1827-1912) »

Le père Loyson (1827-1912) est l'un des prédicateurs francophones les plus importants de la seconde moitié du XIXe siècle. Son parcours religieux, depuis sa sortie de l'Église catholique en 1869, est fait de ruptures, notamment à Genève où il échoue dans ses projets de renouveaux ecclésiastiques. Mais le succès de sa prédication ne se dément pas, tant auprès de catholiques que de protestants, et fait de lui une forme d'incarnation de la liberté religieuse – croyance et culte – du XIXe siècle.

Claire BOURGUIGNON, « Les lieux et les espaces de la prédication mendiante en Auvergne (v. 1250 – v. 1530) »

L'étude porte sur les diocèses de Clermont, du Puy et de Saint-Flour. Elle est fondée sur les sources historiques, iconographiques et l'architecture des couvents. Il s'agit d'identifier les formes de la prédication, ses modalités de diffusion, les lieux et les espaces dans lesquels elle s'inscrit afin de mesurer l'action des frères dans le développement d'une pastorale dynamique leur assurant la reconnaissance de la communauté et une place de choix dans l'encadrement religieux des fidèles.

Daniela SORA, « Celebrazioni e predicazione alla Visitazione di Milano tra XVIII e XIX secolo. Linee di ricerca »

Cet article traite et présente synthétiquement les biographies, culturelles et spirituelles, des différents personnages en contact avec le couvent milanais de la Visitation, au croisement des XVIIIe et XIXe siècles. La recherche s'appuie sur les documents de l'ordre, qui traitent des différentes célébrations ayant eu lieu dans l'église de la Visitation et dont souvent il nous reste des relations écrites détaillées.

Ignazio VECA, « Prêcher la croisade au XIXe siècle. L'art oratoire du "Printemps des peuples" en Lombardie, entre politique et religion »

Cette contribution enquête sur le discours et la pratique de la prédication en Lombardie à l'heure des révolutions italiennes de 1848. Après avoir célébré les « martyrs » de l'insurrection, les prédicateurs de cet espace apportent leur sanction à l'idée de « guerre sainte » contre l'Autriche, pour la libération de la patrie. La pratique exceptionnelle de la prédication quarante-huitarde met en court-circuit les éloquences religieuse et politique, à une époque de prétendue sécularisation.

Philippe MARTIN, « Les chaires de vérité "belges". Modèles ou exceptions ? »

Les chaires de vérité font maintenant partie du patrimoine de la Belgique. Cet article se propose de revenir sur la réalisation de ces exceptionnels meubles qui sont parfaitement caractéristiques d'une province, ce qui nie l'idée de dorsale catholique. C'est justement parce qu'ils incarnent une identité régionale que le XIXe siècle les patrimonialise.

Frédéric MEYER, « Conclusions »

La recherche de la spécificité d'une prédication dans la zone étudiée (Lotharingie-dorsale catholique) sur un temps long (époques médiévale et moderne, poussées jusqu'au XIXe siècle) révèle, grâce à une grande variété de sources mobilisées, trois apports principaux : la grande qualité des prédicateurs ; les tensions qui poussent à la promotion des réformes, amènent inévitablement des contestations et des affrontements ; mais ces prédicateurs se limitaient rarement à ce seul espace géographique.

TABLE DES MATIÈRES

TROISIÈME PARTIE

ESPACES ET SANCTUAIRES DE LA PRÉDICATION

IMPRIM'VERT®

Achevé d'imprimer par Corlet Numéric,
Z.A. Charles Tellier, Condé-en-Normandie (Calvados), en juillet 2020
N° d'impression : 167269 - dépôt légal : juillet 2020
Imprimé en France